新能源汽车技术创新

——政策设计与网络治理

刘兰剑　著

New Energy Vehicle Technology Innovation

Policy Design and Network Governance

中国社会科学出版社

图书在版编目(CIP)数据

新能源汽车技术创新:政策设计与网络治理/刘兰剑著. —北京:中国社会科学出版社,2019.10

ISBN 978-7-5203-4710-5

Ⅰ.①新… Ⅱ.①刘… Ⅲ.①新能源—汽车工业—产业发展—研究—中国 Ⅳ.①F426.471

中国版本图书馆 CIP 数据核字(2019)第 145521 号

出 版 人 赵剑英
责任编辑 李庆红
责任校对 王佳玉
责任印制 王 超

出 版 中国社会科学出版社
社 址 北京鼓楼西大街甲 158 号
邮 编 100720
网 址 http://www.csspw.cn
发 行 部 010-84083685
门 市 部 010-84029450
经 销 新华书店及其他书店

印 刷 北京明恒达印务有限公司
装 订 廊坊市广阳区广增装订厂
版 次 2019 年 10 月第 1 版
印 次 2019 年 10 月第 1 次印刷

开 本 710×1000 1/16
印 张 16.25
插 页 2
字 数 246 千字
定 价 79.00 元

凡购买中国社会科学出版社图书,如有质量问题请与本社营销中心联系调换
电话:010-84083683

序　言

传统创新理论认为，企业的技术创新主要是内部创新。但20世纪80年代后人们发现，技术创新是一个复杂的过程，由于专业分工，不同的行为主体在不同专业领域经营，没有一个行为主体具有完全掌控创新结果的能力。[①] 因而行为主体之间的联系和相互依赖就显得非常重要。为了实施创新，这些组织不得不与其他组织发生联系，以获得所需的信息、知识和资源等，这样就导致了在分工基础上的创新——技术创新网络的产生，关于创新网络的研究因此而拉开了序幕。所谓技术创新网络是指由多个企业及相关组织组成的，以产品或工艺创新及其产业化为目标，以知识共享为基础，以现代信息技术为支撑，松散耦合的动态开放新型技术创新合作组织，参与者在新产品的开发、生产和商业化过程中，共同参与创新活动，实现创新的开发与扩散。在形式上技术创新网络表现为两个以上主体参与合作而形成的战略联盟、合资企业和研究公司、合作 R&D 协议、技术交流协议、由技术因素推动的直接投资、许可证协议、分包、生产分工和供应商网络、研究协会、政府资助的联合研究项目等类型。

目前，学术界对创新网络也进行了许多研究，在创新网络治理机制研究方面，体现出关注点从自我中心向整体网络转变的特点。Jones（1997）认为网络治理是企业应对任务复杂性、不确定性、资产专用

---

① 张巍：《比较情境因素对合作技术创新企业间知识转移的影响研究》，硕士学位论文，西安理工大学，2008年。

性等网络特征的活动。[①] Nooteboom（1999）提出关系风险主要分为“hold-up”和“spillover”风险，对两类风险的控制进行了治理机制的研究[②]，其立场是自我中心网络。彭正银（2002）分析了科层、市场、网络治理的适用条件。[③] 李维安、周建（2005）认为网络治理的核心是网络主体决策的科学化、合理化，包括网络组织之间、网络组织自身的决策科学化问题。[④] 陈傲、柳卸林（2010）提出应当高度关注创新体系内各主体分工与协同的动态均衡。[⑤] 刘宏程、仝允桓（2010）认为创新网络运行是所有参与者合力的结果，并受到产业政策、市场规律以及技术发展等因素的限制[⑥]，其立场已经逐步转向整体网络。

在创新政策研究方面，体现出从应对市场失灵到应对网络失灵转变的特点。Arrow（1962）最早提出由于发明的不可分性、研发收益的外部性以及市场的不确定性，自发的基础研究投入会低于社会最优投入，为应对市场失灵，需要政府对不足部分进行补充。[⑦⑧] Solow（1957）对技术进步的要素进行了解构，认为创新政策着重于对高水平研发的支持。[⑨] Nelson（1982）强调了路径依赖对技术创新的影响，认为制度

① Jones, C., W. S. Hesterly, and S. p. Borgatti, “A General Theory of Network Governance: Exchange Conditions and Social Mechanisms”, *The Academy of Management Review*, Vol. 22, No. 4, 1997, pp. 911 – 945.

② Nooteboom, B., Innovation and inter-firm linkages, “new implications for policy”, *Research policy*, Vol. 28, No. 8, 1999, pp. 793 – 805.

③ 彭正银：《网络治理理论探析》，《中国软科学》2002 年第 3 期。

④ 李维安、周建：《网络治理：内涵，结构，机制与价值创造》，《天津社会科学》2005 年第 5 期。

⑤ 陈傲、柳卸林、吕萍：《创新系统各主体间的分工与协同机制研究》，《管理学报》2010 年第 10 期。

⑥ 刘宏程、仝允桓：《产业创新网络与企业创新路径的共同演化研究：中外 PC 厂商的比较》，《科学学与科学技术管理》2010 年第 31 期。

⑦ Arrow, K., “Economic welfare and the allocation of resources for invention, in The rate and direction of inventive activity: Economic and social factors”, *Princeton University Press*, 1962, pp. 609 – 626.

⑧ Kadena, K., K. Nakayama, and N. Shinomiya, “Network failure recovery with tie-sets, in Advanced Information Networking and Applications (WAINA)”, 2011 *IEEE Workshops of International Conference on*, 2011, IEEE.

⑨ Solow, R., “Technical change in an aggregative model of economic growth”, *International Economic Review*, Vol. 6, 1957, pp. 18 – 31.

与技术具有协同演化的特点，创新政策在于缓解路径依赖对技术发展的阻碍。[①] 预期短视理论认为企业在对未来的技术发展方向预期上存在缺陷，需要政府发动各界力量对未来的趋势进行预见。[②] 蔡宁、潘松挺（2008），Schoonmaker（2010）从网络失灵角度出发，认为当创新网络各个组成部分不能够有效运行的时候，个体的表现有可能因为创新系统整体表现而滞后，因此需要政策干预。[③④]

从上述文献可见，创新网络治理研究已从关注自我中心网络转移到了整体网络；创新政策从应对市场失灵发展到应对网络失灵，不同派系的创新政策理论关注的重点不同，但共同点是比较重视政府的作用，尤其是政府资助在创新中的作用。但是，当前对财政补贴退出后的创新网络运行机制研究尚不充分，本书从内生性角度出发，研究补贴退出后的网络运行机制，试图破解创新政策引发的网络失灵问题。本书在理论上可以从网络失灵角度丰富创新网络治理理论，在技术创新从单一的、独立的个体向综合的、网络化的发展趋势下，政府主导的多主体创新网络是实现重大创新的重要举措。本书研究由财政补贴引发的多主体创新网络失灵问题，形成包括机理分析、模型构建、仿真模拟等在内的多主体创新网络治理理论，为政策制定提供依据。从实践上，可以通过设计新能源汽车创新网络运行的新机制，推动新能源汽车从技术到市场全面进步。

新能源汽车产业是中国的七大战略性新兴产业之一，为了争取在世界新一代汽车的竞争中掌握核心技术，改变汽车产业“技术空心化”的问题，我国政府采取了很多政策措施，大力推进新能源汽车的合作研发工作，组织了由企业、高校、研究机构等节点组成的技术创

① Nelson, R. R., “Government and Technical Progress: a cross-industry analysis”, 1982: Pergamon.

② Benartzi, S. and R. H. Thaler, “Myopic Loss Aversion and the Equity Premium Puzzle”, 110 *QJ. J. ECON*, Vol. 73, 1995, pp. 73 – 76.

③ 蔡宁、潘松挺：《网络关系强度与企业技术创新模式的耦合性及其协同演化——以海正药业技术创新网络为例》，《中国工业经济》2008 年第 4 期。

④ Schoonmaker, M. G., *Assessing the value of regional innovation networks*, 2009, 2010, Disponí.

新网络展开产业技术攻坚战。2009 年至今，从“地方队”到“行业队”到“国家队”再到“国际队”，已成立至少 16 个新能源汽车联盟。“地方队”有 2009 年 3 月 13 日成立的由北汽控股公司、北京公交集团、北京理工大学等单位共同发起的“北京新能源汽车产业联盟”。“行业队”有 2009 年 7 月 11 日由上汽、一汽、东风、长安、广汽、北汽、重汽、华晨、奇瑞、江淮十家国内车企联合成立的“电动汽车产业联盟”。“国家队”有 2010 年 8 月 8 日由国务院国资委推动，中国一汽集团、中国兵器装备集团、东风汽车公司等 16 家央企发起成立的“中央企业电动车产业联盟”。“国际队”有 2010 年 8 月 25 日由国内的福田汽车、大洋电机、中信国安盟固利，以及 IBM、AECOM 及伊顿等三家外资企业组成的“可持续新能源国际联盟”。除此之外，还包括“863 计划”、“973 计划”等国家科学基金支持的科研团队组成的创新网络。我国新能源汽车产业政策的一个重要的前提假设是认为全世界的新能源汽车同时起步研发，我国的新能源汽车技术有可能利用这种破坏性创新的机会实现“弯道超车”，彻底摆脱汽车产业有产业、无技术的被动局面，实现在新能源汽车技术领域领先世界的目标。以这种假设为基础，我国汇集了众多的技术力量，出台了大量的激励政策，鼓励各类新能源汽车创新网络展开研发和市场开拓活动，这些激励政策的效果如何？我们的产业技术是否达到了预期的进步目标？我国新能源汽车产业的技术水平是否有机会领先世界，有没有可能“弯道超车”？新能源汽车创新网络究竟应该如何设计？基于这些问题，本书展开研究并形成以下观点。

财政补贴能够有效地推进技术进步，但绝非万能。到一定阶段，补贴若不及时退出，代之以新的政策设计，反倒会阻碍创新进程。在新能源汽车创新上，我国和发达国家同时起跑，在不依靠“路径依赖”和“持续学习”的新技术轨道上，本应更容易实现技术跨越，但当前的状况是由于过度依赖政府补贴，企业难以真正介入创新过程，超越国外汽车技术的“百年良机”正在丧失。

以 2013 年的新能源汽车销售状况为例，第一轮国家补贴政策于 2012 年年底结束，第二轮国家补贴政策于 2013 年 9 月实施。在近九个月的政策空档期，由于政策不明朗，新能源汽车推广量寥寥无几。相应地，2013 年销售量少于 2012 年。从技术发展水平来看，世界范围内的新能源汽车研发活动几乎是同时起步，各国当前的专利数量却大相径庭。截至 2014 年年底，日本的电动汽车专利数量为 14484 项，美国是 9578 项，而我国只有 2728 项。日本和美国分别为我国的 5.3 倍和 3.51 倍。借助新能源汽车这一破坏性技术，彻底改变我国汽车产业技术空心化的战略目标的实现似乎变得非常困难。大规模集成电路、通信技术、生物医药等领域的重大科研命题都存在类似问题，汇聚全国核心科研力量的政府主导型多主体创新网络绩效并不尽如人意。

财政补贴在基础与应用研究中必不可少，开发研究则应由市场完成，而政策时滞导致补贴不能及时退出，产生挤出效应，造成创新投入不足，以企业为主体的创新体系建立进程缓慢。在开发阶段，多主体创新网络最需要的是良好的投资收益分享机制，而不是补贴。本书在分析了我国新能源汽车创新网络财政补贴效果的基础上，借鉴日本、美国的新能源汽车创新网络运行机制，设计财政补贴退出后我国的新能源汽车创新网络运行机制，并提出相应的政策措施，推进以新能源汽车为代表的重大科技创新。

据《BP 世界能源 2010》统计，世界石油可开采 45.7 年，中国仅可开采 10.7 年。能源危机和日益严重的环境污染促使新能源技术成为国际竞争的新焦点，其所承载的科技创新力和价值，将超越前三次工业革命。因此，我国将新能源汽车列为战略性新兴产业并予以大力资助。为了获得高额的财政补贴，截至 2018 年，全国车企竞相推出了多款新能源汽车，但平均每款产量较低，真正可以走向市场的几乎没有，建立在争取“补贴”基础上的产业令人担忧。因此，本书选择新能源汽车作为研究对象，试图破解此类战略意义重大的创新网络的治理问题。

我国出台了大量的新能源汽车创新政策，在这些创新政策的鼓励下，我国新能源汽车的发展成绩斐然。但是，从不同的角度来看，一些关注者却认为这些创新政策是无效的，没有真正起到促进新能源汽车发展的作用。本书对我国新能源汽车创新政策进行梳理与评价，指出新能源汽车创新政策目前存在的不足，并从分析新能源汽车产业财政补贴政策的效果出发，研究财政补贴对新能源汽车销售、技术进步、基础研究等方面的直接影响、短期影响以及长期影响。在此基础上，根据调研结果提出了新能源汽车多主体创新网络运行机制模型，并采用多智能主体 Blanche 平台进行仿真实验。接着对日本、美国的新能源汽车创新网络案例进行分析，借鉴它们在处理创新网络中的机会主义等网络失灵现象的措施，设计我国在财政补贴退出后的新能源汽车多主体创新网络运行机制。同时，本书对政府参与新能源汽车共性技术创新条件进行分析，认为新能源共性技术创新应该划分为不稳定、过渡和稳定三个阶段，根据三个阶段各自的特点，选择不同的投资方式，丰富现有的研究资料，主要收集整理有关新能源汽车关键创新资源分布的资料，最终给出优化建议。本书研究新能源汽车的充电设施存在的问题并给出相应的建议，最后提出基于多回路竞争的新能源汽车技术创新机制。

本书是在长安大学研究团队共同努力下完成的，其中，姬晴晴、陈双波、宋发苗、滕颖、李紫薇、张田、赵志华、郭进、王祥等在研究中做出了非常大的贡献。也非常感谢中国社会科学出版社李庆红编辑等的辛苦工作，没有他们，这部专著难以顺利出版，在此向为本书付出宝贵时间和精力的人士一并致谢。

目　录

第一章　我国新能源汽车创新政策梳理与评价

随着能源日趋紧张，生态环境日益恶化，新能源汽车已成为各国汽车工业发展的必然选择。美、日、欧等发达国家政府也高度重视新能源汽车的发展，纷纷出台了扶持政策。我国也出台了大量新能源汽车创新政策，在这些创新政策的鼓励下，我国新能源汽车的发展成绩斐然。但是，从不同的角度来看，一些关注者却认为这些创新政策是无效的，没有真正起到促进新能源汽车发展的作用。[①] 新能源汽车技术创新政策作用究竟应该如何评价是本书关注的核心问题。

第一节　我国新能源汽车创新政策梳理

创新政策有狭义和广义两个概念。狭义的创新政策是指科技政策和产业政策相协调的结果，它是一个整合的概念；而广义上是把创新政策看作政府为推动技术创新活动的各种政策的综合，其中技术政策和产业政策中有关推动创新的活动，是创新政策的核心。[②] 柳卸林（1993）认为，创新政策可以分为三类：一是供给政策，主要提供金融、人力和技术的帮助，包括建立科学技术的基础设施；二是需求政

---

① 张炤虎：《新能源补贴政策无效　车市面临更多不安》，腾讯汽车，https：//auto. qq. com/a/20100630/000266. htm，2010－06－03。

② Rothwell, R. and W. Zegveld, "Industrial innovation and public policy: preparing for the 1980s and the 1990s", *Greenwood Pub Group*, 1981.

策，包括政府购买、合同，这种需求是对创新产品、过程和服务的需求；三是环境政策，主要包括税收政策、专利政策、政府管制等，为创新活动提供一个良好的环境。①

本书利用柳卸林的分析框架，在详细梳理评价我国"十五""十一五""十二五"出台的新能源汽车技术创新政策的基础上，提出了我国的新能源汽车技术创新政策战略性调整思路。

我国对新能源汽车发展的政策扶持力度大，政策数量逐步增多。"十五"时期是新能源汽车发展起步期，国家颁布政策数量有限。"十一五"时期，我国新能源汽车开始全面发展，政策数量开始大增，出台的重大政策达16项之多。"十二五"时期，新能源汽车产业规划不断推出，国家对发展新能源汽车的重视程度不断提高，并且开始重视新能源汽车的安全管理和提升新能源汽车的整体技术水平，中国新能源汽车产业迎来有史以来最大规模的政策支持。我国政府出台的新能源汽车技术创新政策数量分布如图1－1所示。

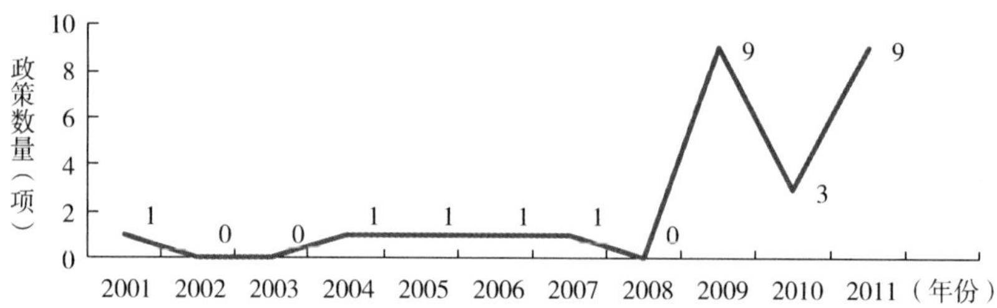

图1－1 新能源汽车政策数量分布

"十五"（2001—2005年）期间

截至2001年年底，我国国内汽车需求总量已达到238万辆，汽车的保有量达到1820万辆，随着汽车保有量的高速增长，汽车用油大量增加，而我国国产原油的数量增长缓慢，石油供给增长主要依靠进口，巨大的汽车市场需求量和短缺的石油供给促使中国不得不大力发展新能源汽车。

① 柳卸林：《技术创新经济学》，中国经济出版社1993年版。

按照柳卸林的分析框架，我国“十五”期间新能源汽车技术创新政策呈现出如下特点：在供给方面，2001 年的“863 计划”电动汽车重大专项国家直接投入的研发资金达 8.8 亿元，为新能源汽车的发展提供了物质性的支持；在需求方面，因为新能源汽车的发展才刚刚起步，还没有完整的产品，因此在需求方面还是空白；在环境方面，2001 年出台的“863 计划”为新能源汽车的发展提供了一个良好的发展环境，2005 年确定了 6 个电动汽车示范运营城市，扩大了新能源汽车的市场，让更多的人开始了解新能源汽车。① 按照时间顺序，“十五”期间我国出台的主要新能源汽车政策如表 1 - 1 所示。

表 1 - 1　　“十五”期间我国主要新能源汽车政策

时间	政策名称	发布机构	内容	目的	效果
2001 年	“863 计划”电动汽车重大专项	科技部	提出“三纵三横”的研究开发布局，国家直接投入的研发资金达 8.8 亿元	减少对石油资源的依赖；跟上美、日、欧的步伐	与发达国家处在同一起跑线上，为新能源汽车的发展确立了目标
2004 年	《汽车产业发展政策》	国家发改委	发展节能环保、可持续发展的汽车技术	引导我国汽车产业走上持续健康发展道路	为新能源汽车的发展提供了政策支持
2005 年	优化汽车产业结构	财政部、科技部、国家发改委、工信部	确定 6 个电动汽车示范运营城市（北京、武汉、天津、株洲、威海、杭州）	2010 年电动汽车保有量占汽车保有量的 5%—10%；2030 年电动汽车保有量占汽车保有量 50% 以上	扩大了新能源汽车的市场，让广大人民群众开始了解新能源汽车

资料来源：本书作者整理。

“十一五”（2006—2010 年）期间

“十一五”期间是新能源汽车发展的一个高潮期。2008 年国际油

① 张传远：《我国新能源汽车产业发展路径和策略研究》，硕士学位论文，华北电力大学（北京），2018 年。

价持续走高，2008 年 7 月油价达到 147.27 美元。受油价上升的影响，部分购车者开始考虑购买石油燃料消耗较少的新能源汽车。汽车企业也看到了新能源汽车的巨大潜力，开始加大研发和推广的力度，政府也开始出台大量的政策来促进新能源汽车的发展。

按照柳卸林的分析框架，我国“十一五”期间新能源汽车技术创新政策呈现出如下特点：在供给方面，2006 年投入 20 多亿元用于研发新能源车，2009 年 1 月投资 100 亿元支持新能源汽车及关键零部件产业化，4 月向购买纯电动汽车的消费者提供 6 万元补贴，5 月安排 200 亿元资金支持技改。在供给方面的大力支持大大促进了新能源汽车的产业化发展。在需求方面，2008 年，政府采购了 500 多辆新能源汽车在奥运会期间投入使用，2010 年上海世博会期间，共有纯电动汽车、混合动力、燃料电池等 1017 辆各类新能源汽车示范运行。政府采购在使用新能源汽车方面起到了示范作用，给生产新能源汽车的企业带来了经济效益，保证了新能源汽车的可持续发展。在环境方面，2006 年的新消费税政策、2007 年的《新能源汽车生产准入管理规则》、中美合作共同建立中美清洁能源联合研究中心等一系列新能源汽车政策都为新能源汽车发展提供了一个良好的环境。“十一五”期间我国新能源汽车创新政策（见表 1－2）。

表 1－2　“十一五”期间我国出台的主要创新政策

时间	政策名称	发布机构	内容	目的	效果
2006 年	新消费税政策	财政部	对节能环保特点的汽车实行一定税收优惠	用税收减免支持新能源汽车的发展	税收减免促使更多的企业开始大力发展新能源汽车
2007 年 11 月	《新能源汽车生产准入管理规则》	工信部	首次定义了新能源汽车，并对企业上马新能源车项目设定 15 道准入门槛	提高新能源汽车的准入门槛，规范新能源汽车的发展	为新能源汽车的生产制定标准，规范了各地的新能源汽车产品

续表

时间	政策名称	发布机构	内容	目的	效果
2007 年 12 月	《产业结构调整指导目录（2007 年本）》	国家发改委	新能源汽车正式列入发改委的鼓励产业目录	促进我国汽车产业可持续发展	为新时期的汽车产业指明了发展方向
2009 年 1 月	《关于开展节能与新能源汽车示范推广试点工作的通知》	财政部、科技部	确定 13 个城市为新能源汽车示范试点城市	推动新能源汽车规模化、产业化发展	在公共服务领域拓展了市场，弥补了新能源车的价格劣势
2009 年 2 月	“十城千辆”电动汽车示范应用工程和百辆混合动力公交车投放	科技部、财政部	3 年内，每年发展 10 个城市，在公交、出租、公务、市政、邮政等领域推出 1000 辆新能源汽车开展示范运行	扩大新能源汽车的市场	更多的人开始认识和了解新能源汽车
2009 年 3 月 20 日	《汽车产业调整和振兴规划》	国务院办公厅	提出实施新能源汽车战略	推广使用节能和新能源汽车	新能源汽车在公共领域开始推广使用，加快了公用充电设施的建设
2010 年 5 月 31 日	《关于扩大公共服务领域节能与新能源汽车示范推广有关工作的通知》	财政部、科技部、工信部、国家发改委	节能与新能源汽车示范推广范围进一步扩大到 25 个城市	扩大新能源汽车的适用范围	2010 年年末，25 个试点城市新能源汽车总保有量超过 1 万辆
2010 年 6 月 1 日	《私人购买新能源汽车试点财政补助资金管理暂行办法》	财政部	对私人购买新能源汽车给予一次性补助；对基础设施的建设补助	鼓励私人购买新能源汽车	截至 2010 年年末，私人购买新能源汽车超过 1000 辆

资料来源：本书作者整理。

“十二五”（2011—2015 年）期间

在“十二五”规划中，中国的汽车产能达到 4000 万辆。而我国的石油 50% 以上依靠进口，如果没有替代能源或新能源的出现，我国汽车产业的发展将举步维艰。汽车尾气造成的环境污染问题的解决也迫在眉睫。2011 年多天 PM2.5 的浓度数值居全球之最，而造成 PM2.5 浓度高的一个主要原因就是汽车尾气的排放。石油的供给困难和环境污染的压力使我国不得不加快发展新能源汽车的步伐。“十二五”期间，我国新能源汽车正式迈入产业化发展阶段，国家也出台了大量实质性的政策来促进新能源汽车产业的发展。

按照柳卸林的分析框架，我国“十二五”期间新能源汽车技术创新政策呈现出如下特点：在供给方面，因为在“十五”“十一五”国家已经投入了大量的资金用来支持新能源汽车的发展，在“十二五”期间政策主要偏向于新能源汽车的自主创新发展和安全管理，因此在资金投入上相对较少。在需求方面，“十一五”期间，政府在新能源汽车示范运营城市大量采购新能源汽车，“十二五”期间主要是对购买的新能源汽车加强安全管理，未侧重于政府购买。在环境方面，新能源汽车产业安全管理规范不断推出，为新能源汽车产业的发展指明了方向，并且开始加强了对新能源汽车的安全管理，为新能源汽车长远的发展奠定了良好的政策基础。“十二五”期间出台的新能源汽车创新政策如表 1 – 3 所示。

表 1 – 3　“十二五”期间我国出台的主要新能源汽车创新政策

时间	政策名称	发布机构	内容	目的	效果
2011 年 3 月	《中华人民共和国国民经济和社会发展第十二个五年规划纲要》	全国人大	把新能源汽车列为战略性新兴产业之一	推进新能源汽车产业化应用	推动新能源汽车产业化发展
2011 年 8 月 17 日	《关于加强节能与新能源汽车示范推广安全管理工作的函》	科技部、财政部、工信部、发改委	要求各试点城市加强新能源汽车示范运行安全管理	充分认识节能与新能源汽车示范推广安全管理的重要性	新能源汽车安全事故减少

续表

时间	政策名称	发布机构	内容	目的	效果
2011年9月8日	《关于促进战略性新兴产业国际化发展的指导意见》	商务部、发改委、科技部、工信部	针对核心技术的欠缺，建立以企业为主体的新能源汽车创新体系，加大自主创新，建立自主品牌	加强新能源汽车自主创新能力建设	在一些零部件领域已具备一定的自主研发能力
2012年4月18日	《节能与新能源汽车产业发展规划（2012—2020年）》	国务院	重点推进纯电动汽车和插电式混合动力汽车产业化，推广普及非插电式混合动力汽车、节能内燃机汽车	提升我国汽车产业整体技术水平	纯电动汽车产业发展速度加快，汽车产业结构进一步优化
2014年8月	《关于免征新能源汽车车辆购置税的公告》	财政部、税务总局、工信部	对购置的新能源汽车免征车辆购置税	推动新能源汽车消费，扩大消费市场	2015年新能源汽车销量同比增长3.4倍
2015年2月	《国家重点研发计划新能源汽车重点专项实施方案（征求意见稿）》	科技部	到2020年，建立起完善的电动汽车动力系统科技体系和产业链	为2020年实现新能源汽车保有量达到500万辆提供技术支撑	搭建了自主知识产权的电动汽车动力系统技术研发平台，初步构成了关键零部件的配套研发体系

资料来源：本书作者整理。

第二节　对我国新能源汽车技术创新政策的评价

政策评价也称政策评估，是政策运行过程的重要环节，也是政策运行科学化的重要保障。广义的“政策评估”包括政策的事前评估、执行评估、事后评估三种类型，狭义的“政策评估”则专指事后评估。本书对于新能源汽车创新政策的评估，是狭义层面的评估，即事后评估，就是评价新能源汽车创新政策所取得的成就和存在的不足。

一 我国新能源汽车创新政策取得的成就

新能源汽车创新政策取得的成就就是新能源汽车政策实施后产生的良好的结果，在目前来看，新能源汽车创新政策实施后取得的成就主要有以下四个方面。

1. 在基础研究方面取得的成就

1945 年 7 月美国科学研究发展局（OSRD）局长 V. 布什向罗斯福总统提交的《科学：永无止境的前沿》的研究报告中这样写道："基础研究并不考虑实用的目的，它产生的是普遍的知识和对自然及其规律的理解。"① 基础研究的成果表现形式一般是学术论文或学术专著。

中国知网学术文献总库中检索主题为"新能源汽车/电动汽车/含燃料电池汽车/混合动力汽车"的关于新能源汽车方面的学术论文，在"十五"期间（2001 年 1 月 1 日到 2005 年 12 月 31 日）检索结果共有 4621 条；在"十一五"期间（2006 年 1 月 1 日到 2010 年 12 月 31 日）检索结果共有 22793 条；在"十二五"期间（2011 年 1 月 1 日到 2015 年 12 月 31 日）检索结果共有 33513 条。随着国家重视程度的提高，新能源汽车方面的基础研究成果越来越多，"十五"期间国家开始发展新能源汽车，基础研究成果不多，五年内在中国知网查询的基础研究成果仅有 4621 条；随着"十一五"国家对新能源汽车的重视程度的提高，基础研究也有了惊人的发展，研究成果为"十五"期间的近 5 倍；"十二五"期间，发表了 14159 篇论文，是"十一五"期间的近 1.5 倍。2001 年至 2011 年我国新能源汽车基础研究成果一直处于上升趋势，如图 1 - 2（查询时间 2012 年 6 月 6 日 8：40）所示。

---

① Bush, V., *Science, the Endless Frontier: A Report to the President*, New York: Washington U. S. Govt. 1945.

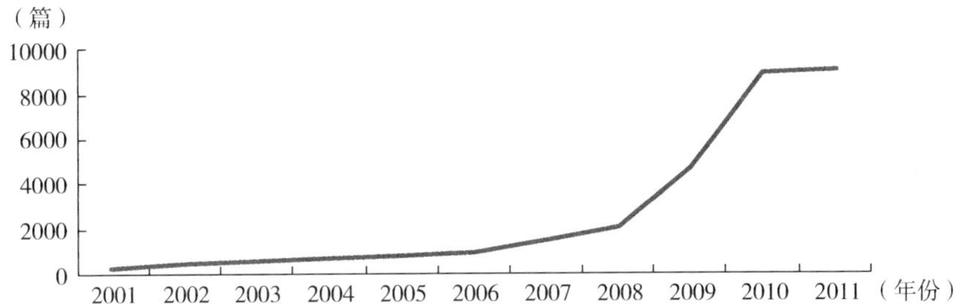

图 1－2 新能源汽车基础研究论文数

2. 在应用研究方面取得的成就

应用研究是指为获得新知识而进行的创造性的研究，它主要是针对某一特定的实际目的或目标。研究结果一般只影响科学技术的有限范围，并具有专门的性质，针对具体的领域、问题或情况，其成果形式以发明专利为主。

在中国知识产权网查询 1993 年至 2012 年新能源汽车方面的专利，数量还是非常可观的。搜索关键词为“新能源汽车”的专利有 701 项，关键词为“燃料电池汽车”的专利为 176 项，关键词为“电动汽车”的专利为 9504 项，关键词为“混合电动汽车”的专利为 2170 项。分析我国新能源汽车方面的专利可知，电动汽车的应用研究比较早，早在 1993 年就有 2 项专利，在 2012 年达到最高峰，有 2976 项之多。对于混合动力汽车方面的应用研究仅次于电动汽车，专利产量也相当高。总体的趋势是在 2005 年之前，应用研究产量比较少，2005 年之后开始发展，2011 年、2012 年达到顶峰，专利产量迅速增多。1993 年至 2012 年，我国新能源汽车方面的专利发展趋势如图 1－3 至图 1－6 所示。

3. 在开发研究方面取得的成就

开发研究是指利用应用研究的成果和现在的知识与技术，创造新技术、新方法和新产品，研究的成果一般是生产新产品或完成工程技术任务。

早在 2009 年 8 月 12 日，《节能与新能源汽车示范应用工程推荐车型目录》（第一批）在工信部网站上正式发布，第一批新能源汽车推

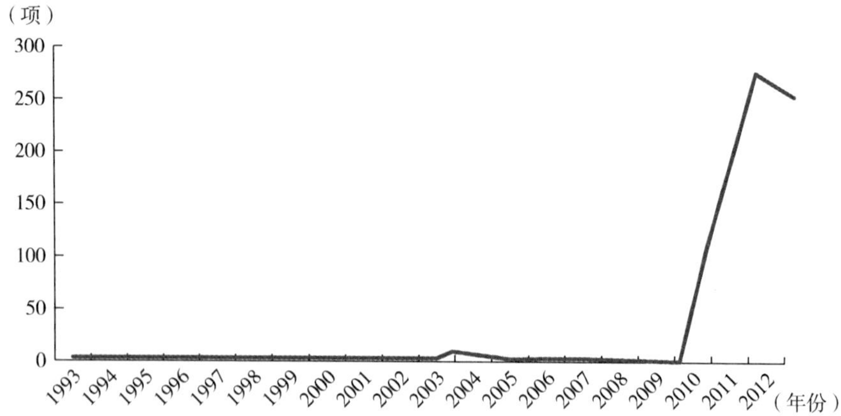

图 1-3 新能源汽车专利

资料来源：中国知识产权网。

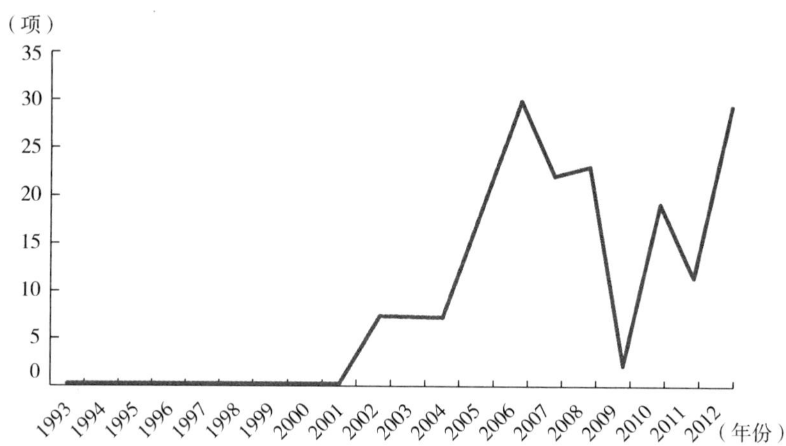

图 1-4 燃料电池汽车专利

资料来源：中国知识产权网。

荐车型目录有纯电动汽车、混合动力汽车，比亚迪 F3DM 作为首批推荐的唯一一款新能源轿车名列其中。第一批新能源汽车新车目录如表 1-4 所示。

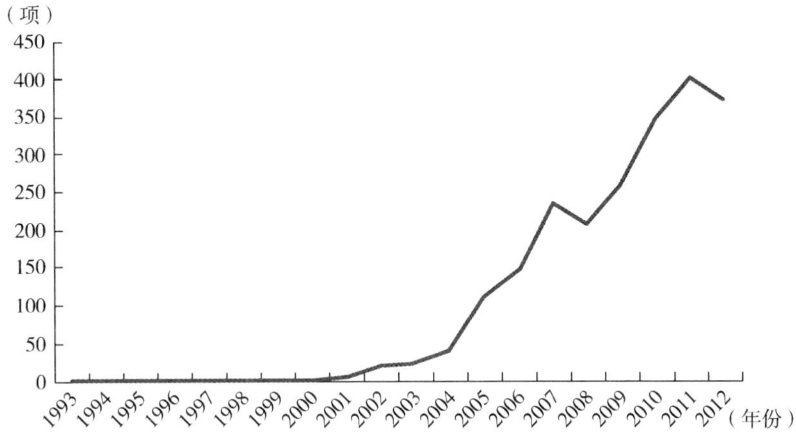

图1-5　混合动力汽车专利

资料来源：中国知识产权网。

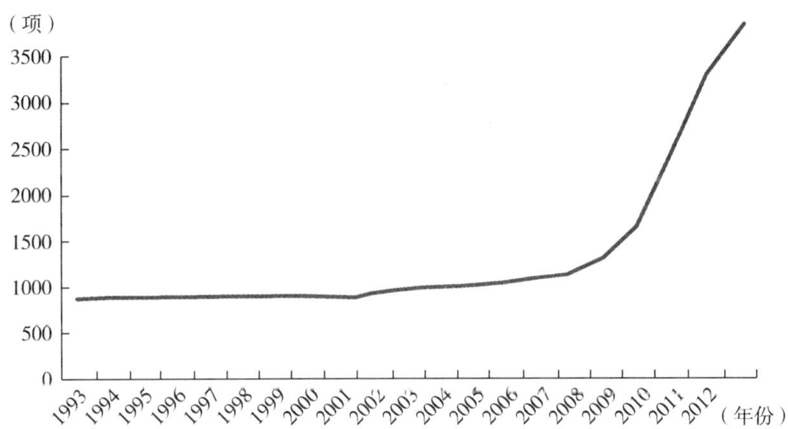

图1-6　电动汽车专利

资料来源：中国知识产权网。

表 1-4　节能与新能源汽车示范推广应用工程推荐车型目录（第 1 批）

序号	企业名称	《目录》序号	商标	产品名称	产品型号
1	南京汽车集团有限公司	44	依维柯	纯电动服务车	NJ5056XFWD
2	安徽江淮汽车股份有限公司	56	江淮	纯电动电力工程车	HFC5040XGCEVR
3	湖南江南汽车制造有限公司	84	众泰	电动轻型客车	JNJ6400EVL
4	比亚迪汽车有限公司	108	比亚迪	混合动力轿车	QCJ7100ADM
5	江西江铃汽车集团改装车有限公司	（十四）15	江铃全顺	纯电动服务车	JX5041XEV－LI

资料来源：本书作者整理。

截至 2012 年，根据《中华人民共和国行政许可法》和《国务院对确需保留的行政审批项目设定行政许可的决定》的规定，《节能与新能源汽车示范推广应用工程推荐车型目录》（第 32 批）公告，新能源汽车新车目录已有 32 批，在第 32 批目录中，东风汽车的启辰牌纯电动轿车、东风悦达起亚汽车典悦牌纯电动轿车、江铃牌纯电动轿车、上汽荣威牌纯电动轿车等入选目录。第 32 批节能与新能源汽车示范推广应用工程推荐车型目录如表 1-5 所示。

表 1-5　节能与新能源汽车示范推广应用工程推荐车型目录（第 32 批）

序号	企业名称	《目录》序号	商标	产品名称	产品型号
	东风汽车公司	3	东风牌	混合动力电动城市客车	EQ6120CQCHEV
	东风汽车公司	3	东风牌	混合动力电动城市客车	EQ6120CQCHEV3

续表

序号	企业名称	《目录》序号	商标	产品名称	产品型号
	东风汽车公司	3	东风牌	混合动力电动城市客车	EQ6120CQCHEV2
	东风汽车有限公司	3	启辰牌	纯电动轿车	DFL7000A1BEV
	北汽福田汽车股份有限公司	9	福田牌	混合动力城市客车	BJ6123SHEVCA
	北汽福田汽车股份有限公司	9	福田牌	纯电动城市客车	BJ6123EVCA-2
	东风悦达起亚汽车有限公司	47	典悦牌	纯电动轿车	YQZ7000BEV
	郑州宇通客车股份有限公司	71	宇通牌	混合动力电动城市客车	ZK6120CHEVG1
	郑州宇通客车股份有限公司	71	宇通牌	混合动力电动城市客车	ZK6108CHEVG2
	郑州宇通客车股份有限公司	71	宇通牌	混合动力电动城市客车	ZK6126CHEVG4
	郑州宇通客车股份有限公司	71	宇通牌	纯电动城市客车	ZK6125BEVG1
	广州汽车集团乘用车有限公司	89	传祺牌	混合动力轿车	GAC7180CHEVA4
	广州汽车集团乘用车有限公司	89	传祺牌	混合动力轿车	GAC7180PHEVA4
	中国重汽集团成都王牌商用车有限公司	101	王牌牌	纯电动洒水车	CDW5164GSSEV
	江铃控股有限公司	121	江铃牌	纯电动轿车	JX7003BEV
	上海汽车集团股份有限公司	122	荣威牌	纯电动轿车	CSA7000BEV
	上海申龙客车有限公司	（九）15	申龙牌	混合动力城市客车	SLK6115USCHEV01
	上海申龙客车有限公司	（九）15	申龙牌	混合动力城市客车	SLK6105USCHEV01

续表

序号	企业名称	《目录》序号	商标	产品名称	产品型号
	南京金龙客车制造有限公司	（十）15	东宇牌	纯电动城市客车	NJL6100BEV
	金华市康迪新能源车辆有限公司	（十一）27	康迪牌	纯电动仓栅式运输车	KD5021CCYBEV
	江西凯马百路佳客车有限公司	（十四）03	江西牌	纯电动城市客车	JXK6121BEV
	中联重科股份有限公司	（十八）20	中联牌	纯电动扫路车	ZLJ5071TSLBEV
	珠海市广通汽车有限公司	（十九）28	广通牌	纯电动城市客车	GTQ6117BEVB
	一汽（四川）专用汽车有限公司	（二十二）01	远达牌	纯电动洒水车	SCZ5168GSSBEV

资料来源：本书作者整理。

4. 在市场开发方面取得的成就

新能源汽车创新政策在市场开发方面取得的成就主要有两个方面：一是新能源汽车的产销总量，二是节能与新能源汽车示范推广城市。

在新能源汽车的产销总量方面，新能源汽车的产销总量逐年上升，从2006—2010年新能源汽车的总体统计数据来看，产量迅速增长，而且在2010年增长的速度进一步加快。2010年新能源汽车销售总量达到20729辆，2006—2010年产销总量持续上升，在2009年已经超过2006年的产销量水平（见图1-7）。

在节能与新能源汽车示范推广城市方面，截至2010年，公共服务领域节能与新能源汽车示范推广城市达到25个，截至2010年年末，25个试点城市节能与新能源汽车总保有量超过1万辆，其中私人购买新能源汽车超过1000辆，按期完成了新能源汽车总体发展规划目标。

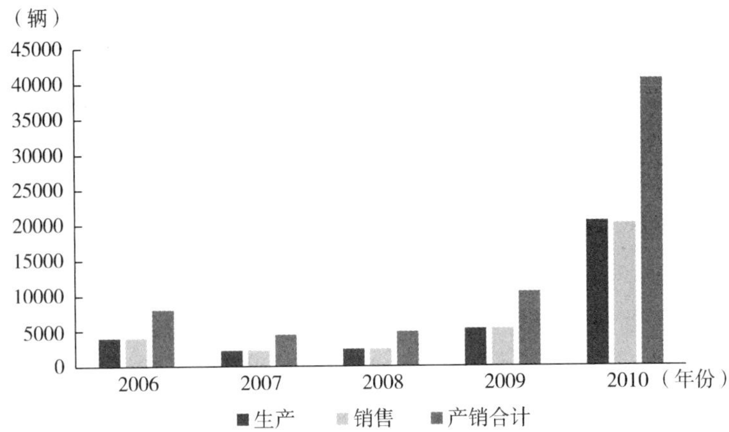

图 1－7　2006—2010 年新能源汽车产销总量统计

资料来源：本书作者整理。

二　我国新能源汽车创新政策存在的不足

虽然目前我国新能源汽车创新政策已初见成效，发展新能源汽车的热度不减，但是新能源汽车创新政策也存在一定不足，主要表现在以下 5 个方面。

1. 在新能源汽车技术的研发和基础设施方面投入不足

我国新能源汽车创新政策投入的资金的确不少，但主要投在补贴上面，在研发和基础设施建设上投入不足。目前我国大部分新能源汽车制造商没有掌握核心技术，如电池、电子和运动控制系统的核心技术。在这种技术背景下，整个新能源汽车产业就可能被电池制造商或组件组控制。一汽集团公司称，“十一五”期间，一汽在新能源汽车领域投入研发费用为 3 亿元，获得 65 项专利。但在新能源汽车领域，3 亿元的研发投入，于当前即将爆发的新能源汽车发展态势而言，显得不太匹配。3 亿元仅是一汽“十一五”129 亿元研发投入的 2.3%。没有研发就没有创新，没有创新就没有发展，如果不能掌握核心技术，中国新能源汽车是注定要失败的。因此政府应该加大在研发方面的投入，并且出台政策引导各新能源汽车制造商加大新能源汽车研发投入。没有基础设施、充电设施的建设，新能源汽车的推广将会是空中楼阁，2010 年，国内 41 个重点城市电动汽车充电站仅有 76 座，充电桩 6209 个。这种基础设施建设状况无法推动新能源汽车的大规模产业化发展，因此，加大在基础设施方面的投入迫在眉睫。

2. 财政补贴力度大，成效小

严重依赖财政补贴是中国新能源汽车的现状。林水竟是深圳一名较早投身新能源汽车的研究者，他直言："现在市面上投放的新能源汽车，更多的是国家补贴的结果，不是技术进步的结果。"早在 2008 年，财政部便作了对新能源汽车产业投入 50 亿元的财政预算，随后的《节能与新能源汽车发展规划》更是对新能源汽车产业投入上千亿元。据统计，即使在强大的财政补贴支持下，2011 年新能源汽车的销量也只有一万余辆，私人购买量几乎没有，与 2009 年在汽车产业调整与振兴规划中提出的新能源汽车保有量要达到 50 万辆且销量要达到乘用车总量的 5% 相差甚远。财政补贴并没有发挥应有的作用，以各国混合动力汽车的专利申请量为例，我国汽车企业在世界新能源汽车专利中所占比例仅为 1%，与日本的 78% 相距甚远，与欧美的差距也较大。[①] 2010 年中国汽车销售总量达 1806 万辆，位居全球第一，而 2010 年新能源汽车的销售总量仅 19888 辆。虽然政府财政补贴多，但收效甚微。要想真正发展好新能源汽车，仅靠政府的财政补贴是远远不够的，引导新能源汽车由政府垄断向市场竞争的发展才是真正的解决之路。

3. 电池标准不统一，循环加电模式难实现

由于目前我国的新能源汽车电池造价过高，造成整车价格难以被普通消费者接受，而循环加电模式就是消费者购买新能源汽车无须购买电池，只需支付一定的租金就可以获得一块新能源汽车电池使用权，电池本身的费用不由车主承担。电池电量耗完以后，可以按照电池要求自行充电，也可以交回换电站，换取充满电的电池，在这个过程中

---

① 顾瑞兰：《促进我国新能源汽车产业发展的财税政策研究》，博士学位论文，财政部财政科学研究所，2013 年。

消费者无须购买价格高昂的电池，只需支付一定的租金和电费，这样就降低了新能源汽车的购买成本，提高了新能源汽车的性价比。循环加电模式第一个限制条件就是电池组的一致性、标准化，但是现在新能源汽车企业生产的电池都有自己企业的规格，没有统一的标准，循环加电模式中采取换电池供给能源难以实现。如果政府能出台相关政策，统一电池规格，对于推行循环加电模式是非常有利的。

4. 我国新能源汽车技术标准有待进一步完善

我国在“九五”期间开始制定纯电动汽车标准，“十五”期间着手制定混合动力汽车标准，“十一五”期间着手制定燃料电池汽车标准。这些汽车标准主要是对新能源汽车的测试、性能和安全方面作了基本规定①，需要完善的标准还有很多，如关键零部件、充电技术标准、电池回收等。我国新能源汽车关键零部件技术仍不过关，投入大，突破小，很多关键零部件制造商“望而却步”，加上标准不统一，在研发和生产上都是阻碍因素。充电技术标准上，“十一五”期间，政府倡导插电式充电，随后换电池的发展思路又占上风，国家不出台正式的标准，基础设施的建设将会无所适从，汽车企业到底生产怎样的汽车也是一个难题。此外电池回收标准的确定同样重要，电池是新能源汽车的关键零部件，铅酸电池一度广泛用于电动汽车，但由于铅酸对环境污染极大，很多铅酸电池已被弃用，国家在废旧电池回收上的政策还是空白，这会导致大量的资源浪费和环境污染问题。

5. 多头并举的技术路径，技术路线不明晰

我国在选择新能源汽车技术路线上，主流观点大致可以分为三类。第一类是支持直接发展纯电动车，认为中国新能源汽车直接发展电动汽车才能在未来的世界上领先；第二类支持发展混合动力车，主张在市场环境不成熟的情况下，不能跨越必要的技术阶段，要先发展混合动力车；第三类“百花齐放”路径则认为，应该同时发展多种技术，以满足不同的市场需求。发展路径的争议，导致企业在选择技术发展

① 《中国公路学报》编辑部：《中国公路交通学术研究综述》，《中国公路学报》2012 年第 25 期。

重点时不知如何选择，很多企业都处于观望状态。许多国家在发展新能源汽车过程中，都根据本国的基本情况制订了自己的发展路线和重点发展产品。欧洲重点发展生物能源汽车，日本重点发展混合动力汽车，美国重点发展燃料电池汽车。我国没有根据国情科学制订自己的发展路线和重点发展产品，采用全面发展的战略，分散了有限的资源。

第三节　小结

总的来说，我国政府出台的新能源汽车创新政策取得了很大的成就，那些认为政策无效的新能源汽车关注者只看到了政策不足的一面，没有从全局去思考。虽然我国新能源汽车创新政策还存在一些不可忽视的问题，但是我国新能源汽车的发展还处于初期阶段，存在一些问题是正常的，随着新能源汽车技术创新政策的不断完善，我国的新能源汽车产业技术及市场将会取得突破性进展。

第二章　新能源汽车产业的激励政策效果研究

新能源汽车产业是中国的七大战略性新兴产业之一，我国政府出台了很多政策来驱动新能源汽车技术进步及市场开拓，其中最为显著的是给予新能源汽车产业大量的财政补贴。[①] 这些激励政策对我国新能源汽车技术创新产生了怎样的作用？本书收集了美国、日本、德国、韩国、法国、中国等电动汽车的国际专利数量，运用比较和回归的方法，分析了中国财政补贴与新能源汽车市场销量及技术进步之间的关系。研究结果表明：第一，中国的新能源汽车产业政策在市场销量方面产生的效果非常显著，而在技术进步方面的效果不是非常突出。这证实了产业政策有效性的理论，同时也说明了多主体创新网络治理的困难。第二，自2000年以来，世界电动汽车技术中心由美国迁移到了日本，我国电动汽车技术仍有很大提升空间。

第一节　引言

对产业政策是否必要的争论源于对政府角色、政府和市场关系的不同认识。市场主义者认为市场机制可以自发地实现资源的优化配置，从而达到促进产业经济发展和结构优化的效果，政府干预不仅不必要，

---

① 顾瑞兰：《促进我国新能源汽车产业发展的财税政策研究》，博士学位论文，财政部财政科学研究所，2013年。

而且可能导致市场扭曲。[①] Peltzman 和布坎南等相信政府这一行为主体也具有经济人的一般特征，其追求的目标可能与公共目标并不一致，其行为则可能引起寻租等扭曲市场机制问题。[②③] 政府主义者则强调政府扮演的重要角色，他们或认为经济赶超发展需要政府产业政策的支持，以便在结构优化、规模经济等方面取得后发优势，即“经济发展论”；或认为市场存在缺陷，如垄断、外部性、信息不对称等，需要产业政策加以弥补，即“市场不足论”。[④] 李斯特（1841）在其代表作《政治经济学的国民体系》中系统地阐述了“国家干预”思想。他认为，德国的工业发展相对落后，不具备同欧洲其他国家竞争的实力，必须在保护关税下实现发展，待实力增强之后再实行开放政策。如果仅依靠市场机制，这种差距不仅不能缩小反而会扩大。因此，要改变比较成本的不利地位必须调整产业结构，国家应扶持和促进重点产业发展，对幼稚产业实行适当的保护政策，促进比较优势地位的形成。Hausmann 和 Rodrik 则从市场失灵的角度指出，产业政策是加强经济活动中的任何发展战略的关键，它对于解决由于协调失败和信息外溢所导致的市场失灵意义重大。[⑤⑥]

产业政策是否有效是一个长期争论的问题。目前，存在两种截然相反的观点：一种观点认为，产业政策具有有效性，体现在两个方面：一是产业政策有效地弥补了市场失灵；二是产业政策有效地促进了产业发展。从第一个方面来看，由于市场机制不是完美的，存在垄断、外部不经济、限制性交易等问题，所以通过实行一定的产业政策可以对产业间、产业内的资源分配进行政策干预和纠正，有效弥补市场失

---

① 舒锐：《产业政策一定有效吗？——基于工业数据的实证分析》，《产业经济研究》2013 年第 3 期。

② Peltzman, S. , “Toward a more general theory of regulation”, *National Bureau of Economic Research Cambridge, Mass*, 1976.

③ ［美］詹姆斯·布坎南：《自由，市场与国家》，上海三联书店 1989 年版。

④ 周振华：《产业政策的经济理论系统分析》，中国人民大学出版社 1991 年版。

⑤ Hausmann, R. and D. Rodrik, “Doomed to choose: Industrial policy as predicament”, *John F. Kennedy School of Government*, 2006.

⑥ 舒锐：《产业政策一定有效吗？——基于工业数据的实证分析》，《产业经济研究》2013 年第 3 期。

灵。从第二个方面来看，政府可以通过适当的产业政策增强本国的经济实力、提高产业国际竞争力、促进产业结构的合理化和高级化，并最终实现经济赶超。如果放弃了产业政策，一味地依赖市场调节，落后国家的产业很容易被锁定在国际价值链的低端，丧失竞争力，落入“贫困陷阱”。

支持产业政策无效的研究如下：

Clausen 从企业层面分析了对 R&D 的财政补贴是否具有积极的影响。[①] 结果表明，与财政补贴刺激了私营部门 R&D 支出的观点完全不同，补贴主要刺激了研究的支出，而不是刺激了研究与发展的支出。因此，需要削减对于“发展”（development）的财政补贴，否则将会产生挤出效应。

2002 年，迈克尔·波特和竹内广高在《日本产业政策论的误解》一书中，对日本在国际上成功的二十种产业和失败的七种产业进行了详细比较后发现，日本成功的产业大多没有产业政策的支持，而失败的产业恰恰是产业政策管束过多，特别是限制竞争较多的产业。[②]

Max Ahman（2006）研究了日本的汽车产业政策之后发现，在发展电池动力汽车上，日本政府曾采用一项长期的战略计划，大力进行政策支持，包括技术研发、市场支持等，来促进电池动力汽车的发展，但是，最终并没有在市场上建立起技术体系。相反，混合动力汽车在没有得到政策支持的情况下却得到了发展。[③]

根岸哲在《日本的产业政策与行政指导》一文中提到，1965 年，日本为解决钢铁业不景气的问题，依据产业政策要求各钢铁公司减少钢铁产品的生产，只有住友金属株式会社（股份有限公司）没有按照

① Tommy H. Clausen, “Do Subsidies Have Positive Impacts on R&D and Innovation Activities at the Firm Level?” *Structural Change and Economic Dynamics*, Vol. 20, No. 4, 2009.

② ［美］迈克尔·波特、［日］竹内广高：《日本还有竞争力吗》，陈小悦等译，中信出版社 2002 年版。

③ Ahman, M., “Government policy and the development of electric vehicles in Japan”, *Energy Policy*, Vol. 34, No. 4, 2006, pp. 433 – 443.

政府的产业政策减产，结果获得了巨大的利益，相反按照政府产业政策去做的公司却遭受了重大的损失。他认为，政府制定产业政策并不是基于一般公众乃至一般消费者的经济利益，而是与政策制定者的需要有关。①

Beason 和 Weinstein 发现日本的优惠政策主要提供给了低效部门和稀缺资源部门，并且没有证据表明优惠政策对规模收益和全要素生产率提高有积极贡献。② Lee Jong-wha 发现，在韩国的 38 个行业中，贸易保护降低了劳动生产率和全要素生产率，而税收优惠和信贷补贴则与全要素生产率没有相关性，这表明减少政府干预能提升生产率。③ Lawrence 和 Weinstein 也发现日本、韩国的贸易保护并不能提高全要素生产率，竞争压力反而是推动增长的重要因素。④

支持产业政策有效的研究如下：

佐贯利雄、南亮进和约翰逊在探究日本经济高速增长的原因时，都强调了关键产业的发展和产业结构的优化，并肯定了日本政府和产业政策为此做出的巨大贡献。⑤⑥ Amsden 对韩国产业政策的研究结果表明，产业政策对经济增长有重要贡献。⑦

Clarysse 等从行为理论出发，研究了 R&D 财政补贴对企业研发行为的影响。结果发现，接受过财政补贴研发项目的企业，其管理方式发生了转变，更愿意投资研发，而且更加重视研发人员。⑧

---

① 根岸哲、鲍荣振：《日本的产业政策与行政指导》，《环球法律评论》1992 年第 1 期。

② Beason, R. and D. E., "Weinstein, Growth, economies of scale, and targeting in Japan (1955 - 1990)", *The Review of Economics and Statistics*, Vol. 78, 1996, pp. 286 - 295.

③ Lee, J. - W., "Government interventions and productivity growth in korean manufacturing industries", *National Bureau of Economic Research*, 1995.

④ Lawrence, R. Z. and D. E. Weinstein, "Trade and growth: import-led or export-led? Evidence from Japan and Korea", *National bureau of economic research*, 1999.

⑤ ［日］南亮进：《日本的经济发展》，毕志恒、关权译，经济管理出版社 1992 年版。

⑥ 查默斯、约翰逊：《通产省与日本奇迹：产业政策的成长（1925—1975）》，吉林出版集团有限责任公司 2010 年版。

⑦ Amsden, A. H., "Asia's next giant: South Korea and late industrialization", *Oxford University Press*, 1992.

⑧ Clarysse, B., M. Wright, and p. Mustar, "Behavioural additionality of R&D subsidies: a learning perspective", *Research Policy*, Vol. 38, No. 10, 2009, pp. 1517 - 1533.

Takalo 和 Tanayama（2010）研究了基于资金约束的逆向选择情形下的私人和公共创新项目之间的相互作用。政府的项目是基于未来技术预测而给予申请人一定的研发补贴，这种选择策略对基于市场的资金供应者带来了非常有价值的信息。研究发现，公共 R&D 补贴可以缩减基于技术的创业企业的资金约束问题。首先，补贴本身缩减了创新项目资金成本。其次，创新企业家得到政府的资助对商业资金提供者产生了信号作用。研究还发现，如果公共筛选和资金分配相关联，那么，这种筛选是更为有效的。①

1996 年，Dickson 在《美国如何能够再次成为第一》中提到，美国有些产业政策还是能够起作用的。作者对美国能源研发和利用政策进行研究后，发现产业政策确实能带来一些效果，比如它能减少碳排放和能源使用，提高能源的使用效率。②

日本政府采取了积极的产业政策以推动汽车产业的技术进步。在日本通产省（MITI）确定的框架中已经达成共识，并且多次研讨未来的汽车发展方向。政府在产业发展过程中的角色一方面是 R&D 活动的支持者，另一方面是人工建立利基市场，并且通过立法以及标准化等方式使得目标技术顺利成熟。通产省的宏伟计划是通过设置长期目标和雄心勃勃的市场发展计划影响未来的技术发展方向。Ahman（2006）的研究也证实了政府在制定产业政策中的作用。Ahman 认为电池驱动的电动汽车（battery-powered electric vehicles，BPEVs）的历史证明了通过政府政策挑选赢家并不容易。尽管通产省关于电动汽车的目标并没有实现，但其并不完全被看作失败的案例，基于技术而发展电动汽车的方法，后来在混合动力汽车方面得到了成功的应用。③ 因此，可以得出的结论是，如果有可能，政府可以通过在多方面制定政策以使

---

① Takalo, T. and T. Tanayama, "Adverse selection and financing of innovation: is there a need for R&D subsidies?", *The Journal of Technology Transfer*, Vol. 35, No. 1, 2010, pp. 16 – 41.

② Dickson, P. R. and M. R. Czinkota, "How the United States can be number one again: resurrecting the industrial policy debate", *The Columbia Journal of World Business*, Vol. 31, No. 3, 1996, pp. 76 – 87.

③ Ahman, M., "Government policy and the development of electric vehicles in Japan", *Energy Policy*, Vol. 34, No. 4, 2006, pp. 433 – 443.

政策目标聚焦在技术发展上面。尽管通产省制定了持续而且宏伟的目标，政策的成功因素似乎和技术的某个方面密切相关，而不是和政策的特点相关。政策在选择技术的时候灵活性、适应性以及合作性等特点是必需的，这一点增加了企业在技术竞争中胜出并长期存活的机会。日本的政府在技术选择中扮演的角色表明，市场支持、产业界和市场界的专家，在技术开发的早期阶段是尤为重要的。在这个阶段，市场支持的重要性不亚于 R&D 。①

另一种观点认为，产业政策具有无效性。原因在于：第一，由于信息不对称，政府无法挑选出具有潜力的“赢家”或“获胜者”；第二，政府部门制定和执行产业政策的人员很容易受政治左右，被利益集团“俘获”，产业政策最终成为部分人的牟利工具；第三，在全球化时代，受 WTO 诸多规则的限制，推行产业政策的空间越来越小，可以运用的产业政策工具日益减少。②

可见，关于产业政策是否有效的实证研究获得了正反两个方面的支持，中国新能源汽车产业的政策会支持哪一种理论？目前，中国政府把新能源汽车列入“七大战略性新兴产业”，把新能源汽车视为改变产业技术水平的契机。认为中国传统汽车产业长期缺乏核心技术，整个汽车产业受制于国外的大公司，本国汽车产业沦为外国公司的加工制造基地，并且为外国公司提供了非常庞大的销售市场，这种缺乏核心技术的状况多年来一直没有得到明显的改善。而新能源汽车国内外同时开始研究和开发，各个国家的水平相差不大，因此，发展新能源汽车是中国汽车产业实现技术水平“弯道超车”的机遇。国家从科研立项、基础设施建设、新能源汽车销售等方面推出了许多政策激励措施，其中最引人注目的是新能源汽车产业的销售补贴政策。③ 根据中华人民共和国财政部于 2009 年发布的《关于开展节能与新能源汽车

---

① Ahman, M., “Government policy and the development of electric vehicles in Japan”, *Energy Policy*, Vol. 34, No. 4, 2006, pp. 433 – 443.

② A msden, A. H., “Asia's next giant: South Korea and late industrialization”, *Oxford University Press*, 1992.

③ 张田：《新能源汽车技术创新政策评估研究》，《科技经济市场》2018 年第 2 期。

示范推广试点工作的通知》，2009 年至 2012 年年底，在 25 个试点城市购买混合动力乘用车最高可获得 5 万元补贴，购买纯电动乘用车最高可获得 6 万元补贴，购买燃料电池乘用车最高可获得 25 万元补贴；对购买商用车的消费者，混合动力车型最高获得 42 万元补贴，纯电动车型最高获得 50 万元补贴，燃料电池车型最高获得 60 万元补贴。[①][②]

这样高额的补贴有没有对新能源汽车产业产生推动作用？对新能源汽车的技术水平、销售状况有没有影响，如果有的话，产生了多大的影响？本书根据来自中国新能源汽车产业的数据，对长期以来的争议问题——产业政策是否有效进行实证检验，以增加对产业政策有效或无效理论的实证支持。

第二节　中国新能源汽车产业政策目标

从长远来看，中国发展新能源汽车的总体目标是减少对石油的依赖、减轻对环境的污染以及掌握产业核心技术。这些目标的具体表现是：第一，新能源汽车销售量的增加；第二，利用“弯道超车”，实现新能源汽车技术在世界领先的目标。

关于增加新能源汽车销售量的政策措施分析。从 2005 年开始，中国政府出台了优化汽车产业结构，促进发展清洁能源汽车的政策措施，明确了 2010 年电动汽车保有量占汽车保有量的 5%—10%。《节能与新能源汽车产业发展规划（2012—2020 年）》规定，到 2015 年，纯电动汽车和插电式混合动力汽车累计产销量力争达到 50 万辆；到 2020 年，纯电动汽车和插电式混合动力汽车生产能力达 200 万辆，累计产销量超过 500 万辆，燃料电池汽车、车用氢能源产业与国际同步发展。为完成上述目标，国家“863 计划”节能与节能环保汽车重大项目确定北京、武汉、天津、株洲、威海、杭州六个城市为电动汽车示范运

① 张田：《新能源汽车技术创新政策评估研究》，《科技经济市场》2018 年第 2 期。

② 中华人民共和国财政部：《关于开展节能与新能源汽车示范推广试点工作的通知》，http：//jjs. mof. gov. cn/zhengwuxinxi/zhengcefagui/200902/t20090205_ 111617. html。

营城市。[①][②]

关于推动新能源汽车技术进步的政策措施分析。2001 年，电动汽车研究被列入国家“863 计划”重大专项之后，我国开始加大对电动汽车的研发投入。在“十五”和“十一五”期间，国家“863 计划”重大专项共投入 20 亿元的研发经费，支持电动汽车的关键技术、平台集成技术以及整车和关键零部件的开发。[③]“863 计划”确定了“三横三纵”的中国节能与新能源汽车战略布局，目的是推动新能源汽车的技术进步。混合动力汽车技术、纯电动汽车技术和氢燃料汽车技术同步发展，是为“三纵”；多能源动力总成控制系统、电机及驱动系统、电池及电池管理系统为重点基础突破方向，是为“三横”。“三纵”是不同阶段的产业化目标，“三横”则是实现不同阶段产业化目标的技术基础。[④][⑤]

2006 年财政部实施新消费税政策时明确规定：对混合动力汽车等具有节能、环保特点的汽车实行一定的税收优惠。[⑥] 实际上，最主要的政策工具是 2009 年中华人民共和国财政部颁布的《关于开展节能与新能源汽车示范推广试点工作的通知》中所规定的大规模财政补贴措施[⑦]，它推动了中国新能源汽车的快速发展。对于一个尚未开启的市场而言，税收优惠的作用微乎其微。因此，本研究以财政补贴为主要政策工具，分析其对新能源汽车销售以及技术进步等方面的影响。

经过 2001—2014 年这 14 年的努力，中国政府确定的政策目标是否实现？中国对新能源汽车的刺激政策能否验证产业政策的有效性？

① 刘兰剑、宋发苗：《国内外新能源汽车技术创新政策梳理与评价》，《科学管理研究》2013 年第 1 期。

② 洪志生、周城雄、王鑫：《欧美日与我国新能源汽车产业政策体系比较研究》，第十四届中国软科学学术年会，2018 年。

③ 李东卫：《我国新能源汽车产业的挑战及对策》，《广东经济》2011 年第 2 期。

④ 刘兰剑、宋发苗：《国内外新能源汽车技术创新政策梳理与评价》，《科学管理研究》2013 年第 1 期。

⑤ 欧阳惠芳：《促进广东节能与新能源汽车健康发展》，《机电工程技术》2011 年第 40 期。

⑥ 陈柳钦：《中国新能源汽车政策盘点》，《汽车工业研究》2012 年第 3 期。

⑦ 张田：《新能源汽车技术创新政策评估研究》，《科技经济市场》2018 年第 2 期。

本书收集了专利、论文发表数量、新能源汽车销售量、财政补贴等数据，来分析政策工具作用下的政策目标的实现状况，为产业政策是否有效的理论提供经验支持。

第三节　研究方法与数据

关于财政补贴对 R&D 影响的文献主要采用了两种不同的研究方法。一种是访谈接受 R&D 补贴的企业经理人，另一种是测量 R&D 的努力结果以及补贴之间的共变性。[①] 由于访谈可能会出现的主观性偏颇，本书主要采用了收集实际数据并分析其间关系的方法来验证财政补贴的有效与否。

一　研究方法

第一，为了衡量政策在推动技术进步方面的效果，本书搜集了中国、美国、日本、德国、韩国、法国六个国家的电动汽车专利申请数据，运用对比研究的方法，分析各国电动汽车技术实力的强弱。我们将电动汽车专利分为电池技术、电池管理系统、牵引电机技术、电机控制系统、整车控制技术五类[②]，除了对比分析总量之外，我们还分析了每一类技术的国家优势，在此基础上，预测中国新能源汽车技术战略规划的实现情况。

第二，从 2009 年开始，中国采用财政补贴的方法，刺激新能源汽车市场的扩张。本书根据中央和各个省市的新能源汽车激励政策，计算了 2009 年以来每年的财政补贴金额，并以 2009 年为界线，设置政策哑变量，即有补贴政策为 1，无补贴政策为 0。在此基础上，运用回归的方法，探索财政补贴对专利数量的短期、长期以及直接影响。另

① Kauko, K., "Effectiveness of R&D subsidies — a sceptical note on the empirical literature", *Research Policy*, Vol. 25, No. 3, 1996, pp. 321 – 323.

② 杨利锋、陈凯华：《中国电动汽车技术水平国际比较研究——基于跨国专利的视角》，《科研管理》2013 年第 3 期。

外，由于基础研究对应用和开发研究具有支撑作用，我们收集了中国发表的有关新能源汽车的论文数据，以测试基础研究对新能源汽车专利数量的影响。[①] 因此，本书的回归模型如下：

$$Y = \beta_0 + \beta_1 X_1 + \beta_2 X_2 + \beta_3 X_3 + \beta_4 X_4 + \mu$$

其中，Y 为专利数量或者新能源汽车销售量，X_1 为历年补贴额度，X_2 为自然的时间序列，X_3 为补贴的短期效应，X_4 为补贴的长期效应。β_1—β_4 是各自变量的系数。

第三，本书收集了自 1988 年以来的新能源汽车销售数据，用类似的回归方法，分析财政补贴对新能源汽车销售量的短期、长期以及直接的影响。

第四，运用对比分析的方法，研究了在财政补贴逐年减少的情况下，新能源汽车专利数量和销售量的变化情况。

二 数据来源

目前，有三种方法测量创新：R&D 支出、文献数量以及专利数量。[②] 在研究产业创新和产业成本降低之间的关系时，选择专利数量来衡量创新是最接近工业应用的方法。[③] 专利作为创新产出代名词的主要缺陷是专利的质量，在以专利数据为基础的国家间比较研究中，数据基准的选择与最终的比较结果和分析结论有着直接而紧密的联系，是国家间专利比较研究的基石，同一项研究在不同数据基准下的分析维度、比较结果等可能会有很大的差别。[④]

研究表明，专利引用和在不同国家申请保护的数量已经被用作研

---

① 顾瑞兰：《促进我国新能源汽车产业发展的财税政策研究》，博士学位论文，财政部财政科学研究所，2013 年。

② Acs, Z. J. , L. Anselin, and A. Varga, "Patents and innovation counts as measures of regional production of new knowledge", *Research Policy*, Vol. 31, No. 7, 2002, pp. 1069 – 1085.

③ Margolis, R. M. and D. M. Kammen, "Underinvestment: the energy technology and R&D policy challenge", *Science*, Vol. 285, No. 5428, 1999, pp. 690 – 692.

④ 张雯、凌锋、杨兴兵：《不同数据基准下的国家间专利比较研究——以电动汽车锂离子电池为例》，《情报杂志》2013 年第 32 期。

究专利经济价值的工具，[①] 而且，专利总体质量在不同的专利申请机构之间存在很大差别。[②] 目前基于专利数据的国家间比较研究较为常用的有三种数据基准选择方法，即国家间专利比较的一般性数据基准、三边专利数据基准和跨国专利数据基准。[③] 其中，三边专利是指在美国专利局（USP－TO）、欧洲专利局（EPO）和日本专利局（JPO）均申请过的专利[④]；跨国专利是指同时向专利合作条约（PCT）和 EPO 提出并完成申请的专利，其中包括所有 PCT 申请的无论是否转入欧洲的专利，以及直接向 EPO 申请而非先在 PCT 申请的专利。[⑤] 在一般性数据基准下的国家间专利比较，存在明显的"本国优势"现象。[⑥] 例如在于晓勇等人利用中国专利局数据对中国电动汽车发展水平所做的研究中，中国在中国知识产权局（SIPO）的电动汽车专利申请量是美国或其他国家的几十倍甚至几百倍，中国电动汽车专利表现出巨大的本土优势。[⑦]"本土优势"导致利用单一专利机构的专利数据难以判断不同国家的技术实力，特别是本土国家的相对技术水平。[⑧]

为降低"本土优势"的影响，通过专利数据比较不同国家的技术实力，国外学者提出了不同的分析指标。Gerstenberger 在 1992 年提出了"两国专利"的概念，使用"至少在两个国家申请过专利保护的发

① Lanjouw, J. O. and M. Schankerman, "Patent quality and research productivity: measuring innovation with multiple indicators", *The Economic Journal*, Vol. 114, No. 495, 2004, pp. 441－465.

② De la Potterie, B. v. P., "The quality factor in patent systems", *Industrial and Corporate Change*, Vol. 20, No. 6, 2011, pp. 1755－1793.

③ 张雯、霍翠婷：《国家间专利比较中的不同数据基准分析研究》，《情报理论与实践》2014 年第 37 期。

④ H. Grupp, G. Münt, and U. Schmoch, "Using different types of patent data for describing high-technology export performance", *Innovation, patents and technological strategies*, 1996, pp. 271－287.

⑤ Frietsch, R. and U. Schmoch, "Transnational patents and international markets", *Scientometrics*, Vol. 82, No. 1, 2010, pp. 185－200.

⑥ 张雯、凌锋、杨兴兵：《不同数据基准下的国家间专利比较研究——以电动汽车锂离子电池为例》，《情报杂志》2013 年第 32 期。

⑦ 于晓勇、赵晨晓、马晶、彭茂祥、杜云生：《基于专利分析的我国电动汽车技术发展趋势研究》，《科学学与科学技术管理》2011 年第 32 期。

⑧ 同上。

明专利”作为衡量指标，对不同国家的技术进行国际比较研究。[①] 该指标在一定程度上克服了“本土优势”的影响，然而，在具体的操作过程中存在明显的缺陷。首先，不同国家会选择不同的“第二申请国家”，例如欧洲国家通常优先选择其他欧洲国家作为专利申请第二国家，而日本通常以美国作为第二申请国家，由于地理与文化的邻近性，欧洲国家进行“第二国家专利申请”的难度通常要低于日本的“第二国家专利申请”，导致欧洲国家与日本“两国专利”的质量和价值难以对等；其次，美国在 2001 年之前，只对获得授权的专利申请进行公开[②]，使得其他国家在 2001 年之前难以获得以美国作为第二国家的“两国专利”保护。

基于“两国专利”的思想，Grupp 等在 1996 年提出了“三方专利家族”[③] 的概念，即拥有相同专利优先权号并且同时在欧洲专利局、美国专利局和日本专利局进行了专利保护的专利家族。该指标对专利的统计口径一致，并且欧洲、美国和日本是 20 世纪八九十年代高技术产品的主要市场，“三方专利家族”数量能够在很大程度上反映出一个国家的技术水平。然而，该指标在实际操作过程也存在明显缺陷。首先，“三方专利家族”的信息获取较为困难，存在 4—5 年及以上的失真期；其次，随着世界经济的发展，特别是中国等发展中国家的崛起，国际高技术产品市场重心开始由欧洲、美国和日本向其他国家和地区扩散，用“三方专利家族”衡量不同国家技术水平的合理性也开始下降；最后，由于日本经济衰退与市场份额的下降，各国在日本的专利申请呈现出下降趋势，“三方专利家族”的数量很大程度上取决于日本专利局的专利申请，进一步降低了“三方专利家族”在技术水平国际比较中的客观性。针对以上指标的种种缺陷，Fritsch 和 Schmoch 在 2010 年提出了跨国专利（transnational patents）概念，对技术的国际竞争力进

① 张泽一：《产业政策有效性问题的研究》，硕士学位论文，北京交通大学，2010 年。

② Beason, R. and D. E. Weinstein, “Growth, economies of scale, and targeting in Japan (1955—1990)”, *The Review of Economics and Statistics*, Vol. 78, 1996, pp. 286 – 295.

③ Lee, J. – W., “Government interventions and productivity growth in korean manufacturing industries”, *National Bureau of Economic Research*, 1995,

行分析。[①] 跨国专利也可以理解为“世界市场专利”（world-wide market patents），主要由两部分专利构成：向世界知识产权组织（WIPO）递交的 PCT 专利申请和直接向欧洲专利局递交的专利申请。[②] Zheng 和 Kammen（2014）在研究太阳能产业的时候，运用世界知识产权组织（WIPO）的专利合作条约（PCT）的专利申请数量。PCT 专利是公认的衡量一国创新能力的标杆，由于其是寻求国际性知识产权保护的最为经济有效的方法，所以，PCT 专利申请数量是衡量高质量创新产出的指标。[③] 因此，本书选取了 PCT 的专利数据库来研究新能源汽车的专利状况。

新能源汽车包括电动汽车、燃料电池汽车和混合动力汽车等类别，由于存在着多条技术路线难以共同发展的问题，当前世界各国把研究和开发的重点逐渐集中到电动汽车上来，因此，本书采集的专利数据以电动汽车为代表进行测算。

杨利锋、陈凯华（2013），将电动汽车专利技术分为五类：电池技术、电池管理系统、牵引电机技术、电机控制系统、整车控制技术，每一类对应着相应的 ICP 代码。[④] 本书采用这一专利分类方法进行检索，从而获得各国电动汽车专利数据（见表 2 – 1）。

表 2 – 1　　　　电动汽车主要技术专利分类代码

类别	电动汽车技术 IPC 专利查询代码
电池技术	ICF：H01M2 OR ICF：H01M4 OR ICF：H01M10
电池管理系统	ICF：H02J OR ICF：B60L3 OR ICF. C01R19 OR ICF：C01R31/02 OR ICF：G01R31/04 OR ICF：G01R31/06 OR ICF：G01R31/07 OR ICF：G01R31/36

① Frietsch, R. and U. Schmoch, “Transnational patents and international markets”, *Scientometrics*, Vol. 82, No. 1, 2010, pp. 185 – 200.

② 杨利锋、陈凯华：《中国电动汽车技术水平国际比较研究——基于跨国专利的视角》，《科研管理》2013 年第 3 期。

③ Zheng, C. and D. M. Kammen, “An innovation-focused roadmap for a sustainable global photovoltaic industry”, *Energy Policy*, Vol. 67, 2014, pp. 159 – 169.

④ Yang, L. and K. Chen, “The international comparative study of China’s electric vehicle technologies: Based on the view of transnational patents”, *Science Research Management*, Vol. 3, 2013, pp. 128 – 136.

续表

类别	电动汽车技术 IPC 专利查询代码
牵引电机技术	ICF：H02K17 OR ICF：H02K19 OR ICF：H02K21 OR ICF：H02K23 OR ICF：H02K25 OR ICF：H02K27 OR ICF：H02K29 OR ICF：H02K41
电机控制系统	ICF：H02P1 OR ICF：H02P3 OR ICF：H02P5 OR ICF：H02P6 OR ICF：H02P7 OR ICF：H02P9 OR ICF：H02P21 OR ICF：H02P23 OR ICF：H02P25 OR ICF：H02P27 OR ICF：H02P29 OR ICF：H02P31
整车控制技术	ICF：B60L15 OR ICF：B60L7 OR ICF：B60T8/17 OR ICF：B60W10/18 OR ICF：B60W10/24 OR ICF：B60W10/26 OR ICF：H02J7

资料来源：杨利锋、陈凯华：《中国电动汽车技术水平国际比较研究——基于跨国专利的视角》，《科研管理》2013 年第 34 卷第 3 期。

根据中华人民共和国财政部于 2009 年发布的《关于开展节能与新能源汽车示范推广试点工作的通知》，不同类型的新能源汽车有不同的补贴标准。

全国第一批试点城市共 25 个，假设每个城市的补贴总额为 Sub_n，则全国的财政补贴总额 SUB 为：

$$Sub - \sum_{a=1}^{2s} Sab_a$$

新能源汽车的财政补贴分为中央财政补贴和地方财政补贴，不同的车型补贴额度不同，根据 2009 年《关于开展节能与新能源汽车示范推广试点工作的通知》，接受补贴的车型可以分为混合动力乘用车、纯电动乘用车、燃料电池乘用车、混合动力商用车、纯电动商用车以及燃料电池商用车六类，加上私人购买纯电动汽车和私人购买混合动力汽车这两类，共八类。本研究根据中央及各省市的补贴标准，以及各地各类车型销售数量，计算出每年的财政补贴额度。其中，Sub_n 表示某一试点城市得到的补贴总量，$salesvol_{nk}$ 表示以上八类新能源汽车中每一类的销售量，$entral_{nk}$ 表示对此类车型的中央补贴，$Local_{nk}$ 表示此类车型的地方补贴，（n = 1，2，3…25；k = 1，2，3…8）。

$$Suba - \sum_{k=1}^{j} \left[salesvol_{nk} \ (Ceatal_{nk} + Local_{nk}) \right]$$

运用这一公式，我们逐年计算了新能源汽车获得的财政补贴总额。

新能源汽车销售量数据来源于《节能与新能源汽车年鉴》（2009—2014），新能源汽车的论文数据来源于中国期刊网。

三 研究结果

本部分首先分析了新能源汽车基础研究（论文）的产出状况，接着对新能源汽车的技术成果（专利）进行了国际比较，然后分别分析财政补贴对新能源汽车销售量以及专利的直接影响、长期效应和短期效应，最后分析了世界电动汽车技术中心的转移以及中国专利在世界专利的份额变化情况。

1. 新能源汽车基础研究（论文）产出状况分析

2015 年 1 月 13 日，我们以“新能源汽车”为关键词，在中国知网数据库中检索，范围限定中国知网的搜索主题当中。

截至 2015 年 1 月 13 日，中国期刊网共收集到 12513 篇关于新能源汽车的文献。其中 99.5% 是 2007 年后发表的，也就是在我国充分认识到石油和环境两大危机，开始大力扶持新能源汽车产业之后，关于新能源汽车的论文数量开始大幅度增加（见图 2－1）。

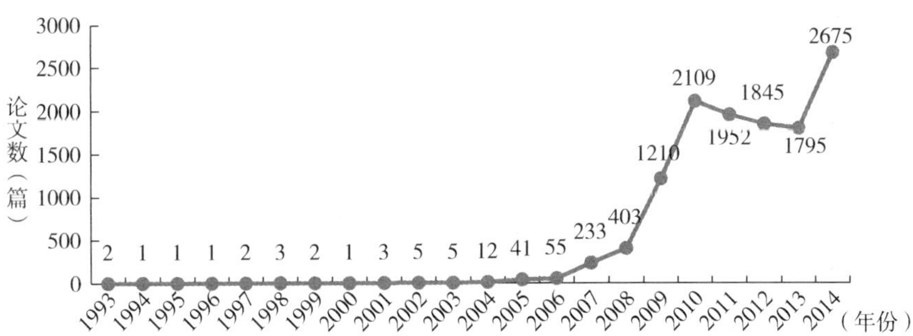

图 2－1 新能源汽车论文发表年份变化

资料来源：本书作者整理。

H 指数是 2005 年美国加州大学物理学家 Hirsch 设计的一种用于研究人员个人科研成就评价的指标。如果某科研人员一定期间内发表的论文至少有 H 篇的被引频次不低于 H 次，则其 H 指数等于 H。与传统的论文或引文等单维度科学评价指标相比，H 指数最大的特点就是将论文和引文指标巧妙地捆绑结合，使被引频次和论文数量两个指标相互制衡，为评价科研绩效提供了一种新的思路。本书把 H 指数做了用途上的改进，用 H 指数来衡量某一领域内的研究成果的数量和质量的基本状况。

我国新能源汽车领域的论文总体 H 指数为 27，意味着 99.78% 的论文的引用率低于 27 次，分析全部的文献意义不大。因此，本部分重点选取引用率在前 100 名的论文以及在“863 计划”支持下的论文进行分析。

在中国期刊网收录的 12513 篇关于新能源汽车的文献中，一部分论文受到了各类基金的支持。国家自然科学基金资助发表了 94 篇论文，“863 计划”支持发表了 68 篇论文，等等（见图 2－2），从基金支持的情况来看，新能源汽车论文的主体并不是在财政政策的支持下的研究成果，而是科研人员根据自己的认知以及世界经济、科技发展的态势而进行的自由探索，当然，国家的舆论引导在其中起到了很大的作用，大量的宣传和不断加大的政策力度使科研人员关注新能源汽车[①]，对新能源汽车及其相关的问题产生研究兴趣，才出现了关于新能源汽车研究的井喷现象。

（1）对“863 计划”支持下的新能源汽车论文发表情况分析

第一，“863 计划”支持下的有关新能源汽车的论文共 68 篇。其中，吉林大学最多，为 14 篇，合肥工业大学 6 篇，清华大学、中国汽车技术研究中心、西华大学各 4 篇，长城汽车股份有限公司 3 篇，湖南大学、华中科技大学、大连理工大学各 2 篇，其他机构 22 篇（见图 2－3）。

第二，发表论文的年份主要集中在 2009—2013 年（见图 2－4），这期间正是我国采用各种政策措施推动新能源汽车技术创新的政策密集期，在舆论宣传及各种项目的支持下，开发新能源汽车已经成为共识，“863 计划”也资助了新能源汽车专项研究，因此，论文的发表主

---

① 张田：《新能源汽车技术创新政策评估研究》，《科技经济市场》2018 年第 2 期。

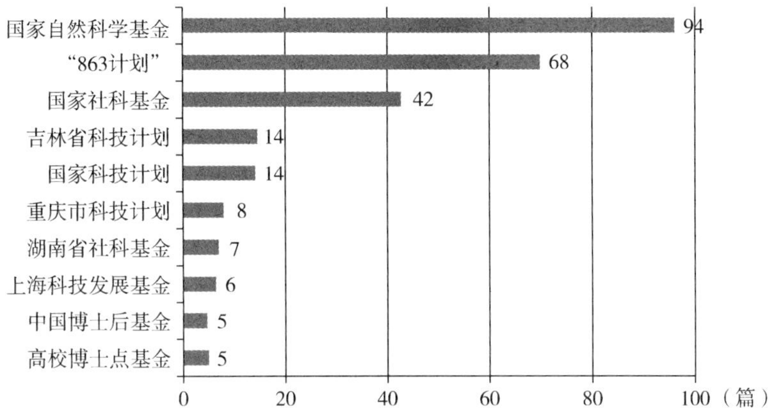

图 2－2　各类基金支持的新能源汽车论文发表数量

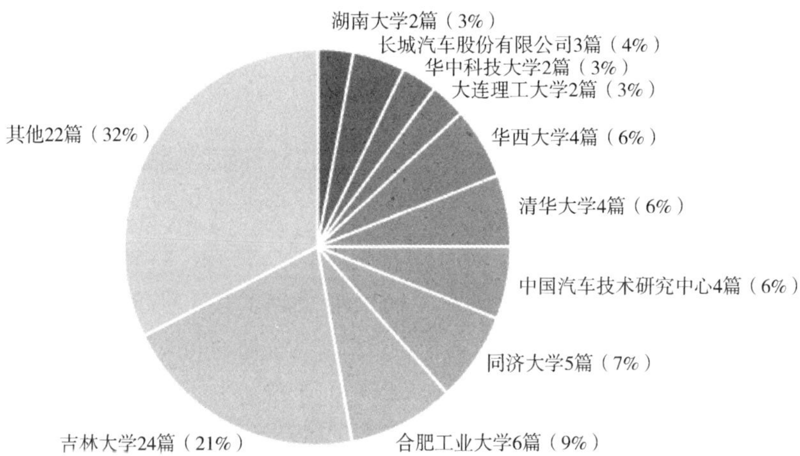

图 2－3　"863 计划"支持下的新能源汽车论文发表机构分布

资料来源：本书作者整理。

要集中在这些年份。

第三，从 H 指数来看，"863 计划"支持完成的文献的引用率并不非常理想，68 篇论文的 H 指数仅仅为 8，引用次数普遍不高（见图 2－5）。其中，引用次数最高的是吉林大学朱庆林的博士论文《基于瞬时优化的混合动力汽车控制策略研究》，但引用次数也仅为 33 次。当然，出现这种现象的原因不能不提到 H 指数以及引用率固有的问

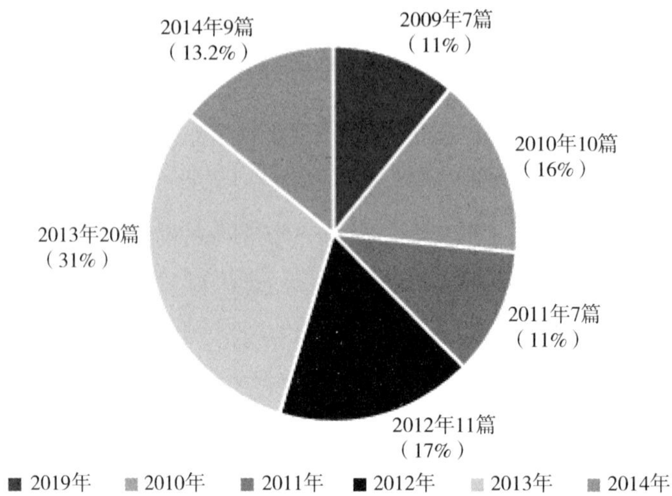

图 2－4 "863 计划"支持下的新能源汽车论文发表数量年份分布

资料来源：本书作者整理。

题，即这些指标时间越久，取值才会逐步达到峰值。除去这些文献计量指标反映出的问题，68 篇文献的互引情况也不容乐观。如文献互引图（见图 2－6）所示，每一篇论文用一个圆点表示，圆点越大，说明这篇文章的影响力越大，各圆点之间的连线越多，说明文献之间的关联越大。由图 2－6 可见，我国新能源汽车各文献之间关联比较少，缺乏有影响力的文献，说明我国的研究团队之间缺乏合作，各个团队之间缺乏了解，还没有真正形成合作创新、协同创新的氛围。

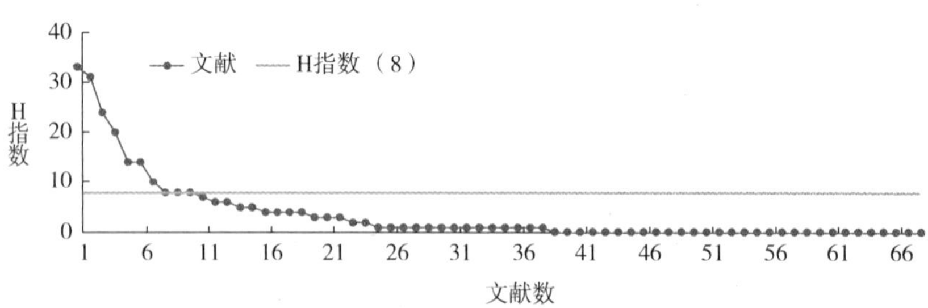

图 2－5 "863 计划"支持下的新能源汽车论文的 H 指数

资料来源：本书作者整理。

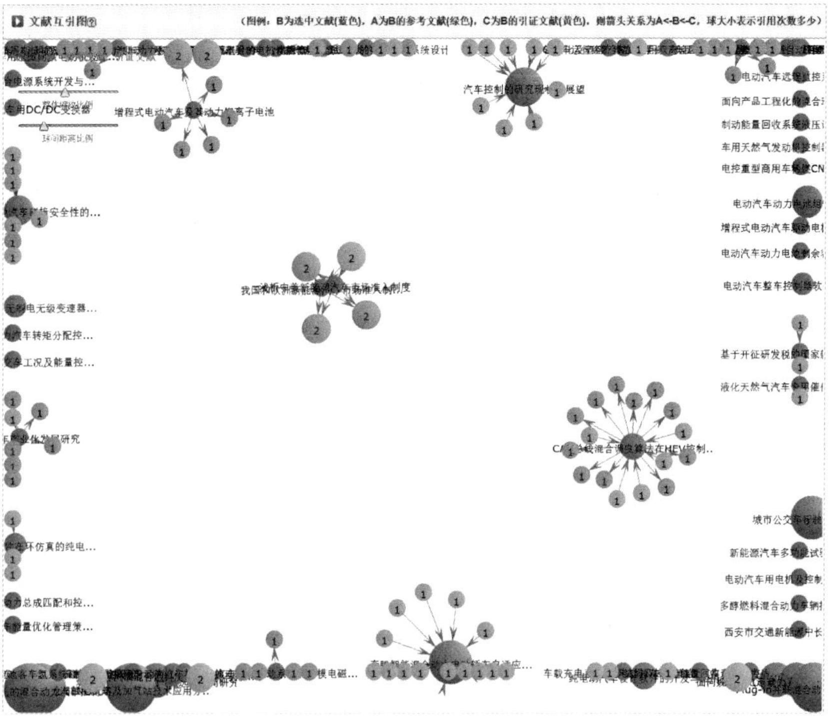

图 2-6　“863 计划”支持下的新能源汽车论文的文献互引

资料来源：本书作者整理。

对“863 计划”支持下的论文发表情况的分析可见，我国关于新能源汽车的基础研究还比较薄弱，没有形成核心的研究机构，也缺乏具有影响力的研究成果。这种现象部分是由“863 计划”自身的目标所决定的。“863 计划”即国家高技术研究发展计划，是中华人民共和国于 1986 年 3 月提出并批准的一项高技术发展计划。这个计划是一个以政府为主导，以有限的领域为研究目标的基础研究的国家性计划。①其目标是在几个最重要高技术领域跟踪国际水平，缩小同国外的差距，并力争在我们有优势的领域有所突破②，为 20 世纪末特别是 21 世纪初

① 陈婧、万国新：《南京市国家科技计划实施效率评价》，《江苏科技信息》2011 年第 12 期。

② 《“十五”数控技术与装备科技攻关及 863 计划主要成果介绍》，《数控机床市场》2005 年第 7 期。

的经济发展和国防安全创造条件。其目标侧重于应用，因此，发表论文数量不多，但以引用率、H 指数等反映的“863 计划”支持下的论文质量也不是很高。这一现象值得学术界思考，需要通过改进科研评价制度和方法，进一步提高学术研究成果的质量。

（2）对全部新能源汽车论文发表情况的分析

第一，分析论文发表的年份情况。由图 2－7 可见，大部分论文发表在 2009 年之后，2009—2011 年三年发表的论文数量占到论文总量的 80%。引用排名前 100 的论文集中在 2007—2011 年，这是由于引用自身的滞后性造成的，随着时间的推移，在 2011 年之后发表的论文将会有更高的引用率。由于政府和科研人员投入了大量的资金和时间在新能源汽车的研究上，2014 年发表的论文达到前所未有的 2675 篇，在这么大的基数下，一定有不少高质量的论文等待被发现、引用，进而可以推动我国新能源汽车研究的进一步发展。

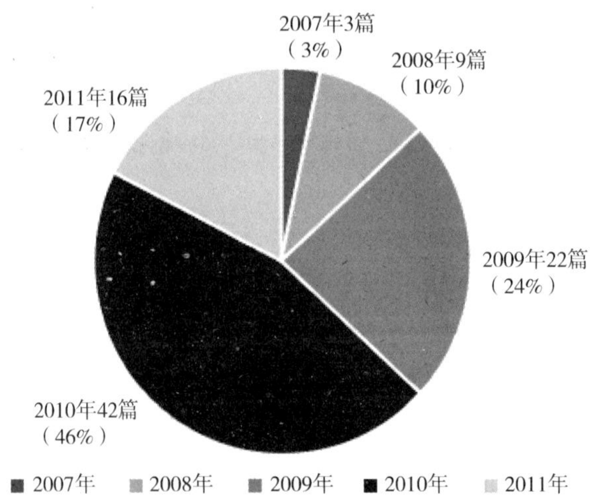

图 2－7 关于新能源汽车的全部中文论文发表年份分布

资料来源：本书作者整理。

第二，分析基金支持的情况。在前 100 篇论文当中，有 85% 的论文为非基金支持的论文，受到各类资助的论文总和占到前 100 篇论文的 15%（见图 2－8）。基金支持的论文引用率偏低的首要的原因是大量的基金最近几年才开始支持新能源汽车的研究，在其支持下的论文发表也大多数集中在近两三年。由于引用论文发表的滞后性，造成当前的引用率指标没有准确地反映出论文的质量。另外，一部分基金资助的论文发表在国外期刊上，由于本研究数据收集的困难，未能将其计算在内。但是也应该看到，大量的高引用论文是在未经基金资助的情形下发表的，可见，我国的科研基金效果有待提高，科研基金资助的面积还不够广泛，一些有价值的成果在未得到任何资助的情况下，由科研人员自行筹资完成，因此，需要对我们的科研资助方式进行改进，使更多的踏踏实实进行科学研究的人员得到资助。

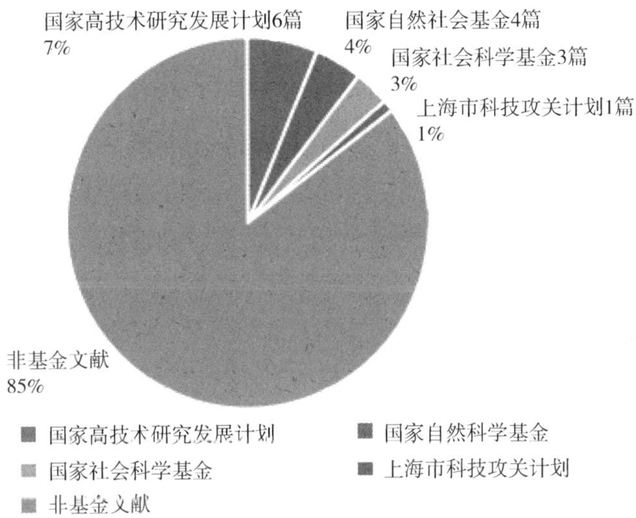

图 2-8　关于新能源汽车的论文支持基金分布

资料来源：本书作者整理。

第三，前 100 篇论文的机构分布情况分析。由图 2-9 可见，前 100 篇论文中，武汉理工大学占了 8%，吉林大学、天津社会科学院城市经济研究所各占 6%，清华大学占 5%，同济大学占 4%，中国汽车技术研究中心占 3%，复旦大学、上海交通大学和中南大学各占 2%，其他机构占 62%。数据可见，研究机构不够集中，大部分研究分散在不同的单位之中，缺乏权威性的机构，应该注重培养一批产业技术创新领域内的重量级智囊机构，让科研人员集中精力研究产业当中面临的技术问题、管理问题、经济问题，为我国的产业升级提供有力的智力保障。

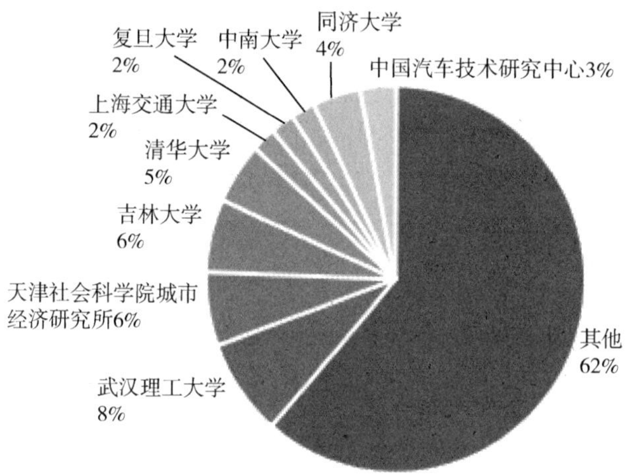

图 2－9 关于新能源汽车的论文发表机构分布

资料来源：本书作者整理。

为了了解新能源汽车的主要研究机构，我们对所有发表新能源汽车论文的机构进行了分析，以发现我国哪些机构当前正着力于研究新能源汽车。图 2－10 是所有关于新能源汽车论文的研究机构发表论文数量的排序情况，由分析可见，吉林大学、武汉理工大学、同济大学、中国汽车技术研究中心等机构是当前我国新能源汽车研究的骨干力量。

第四，论文的影响力分析。由图 2－11 可见，前 100 篇论文的 H 指数为仅为 27。引用率最高的是清华大学著名汽车专家欧阳明高于 2006 年发表的论文《我国节能与新能源汽车发展战略与对策》，引用次数高达 222 次。位居其次的论文引用次数骤降至 100 以下，整个序列的 H 指数仅仅为 27，也就是说，排名在后 83 位的论文的引用次数均低于 27 次。可见，论文的整体引用率不高。这种现象除了上文提到

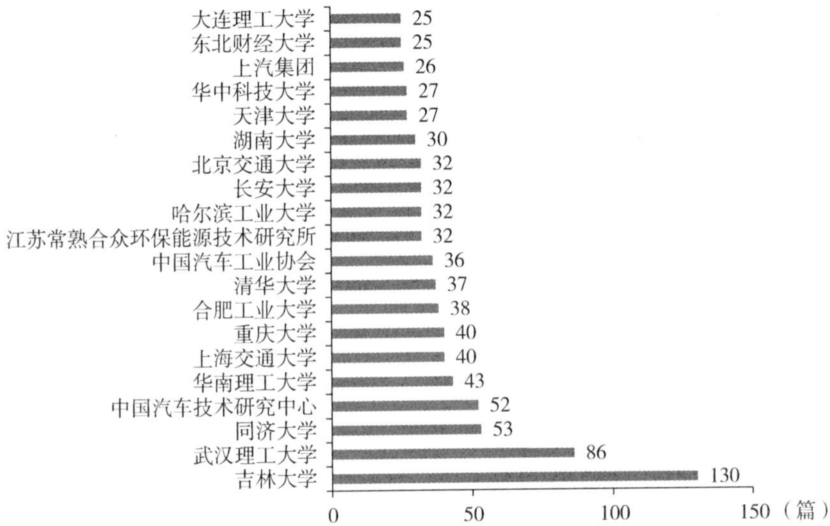

图 2－10　不同机构发表的新能源汽车论文数量

资料来源：本书作者整理。

的引用滞后的原因而外，还和我国的科研风气有关。我国“重数量、轻质量”的科研考评体系使部分科研人员过分追求发表数量，因此而产生的科研成果学术价值不大，难以为社会所利用。

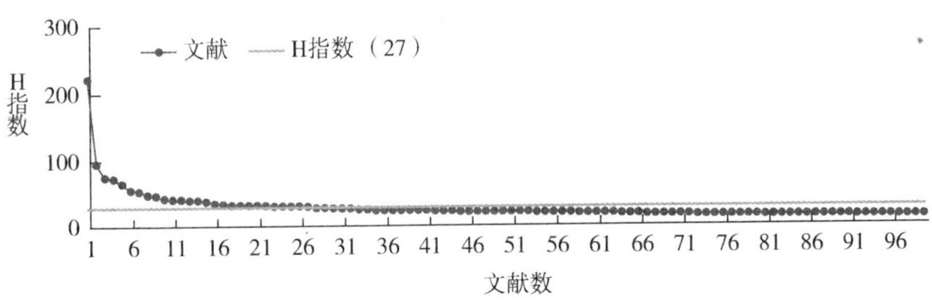

图 2－11　关于新能源汽车的论文 H 指数

资料来源：本书作者整理。

第五，缺乏代表性的核心论文。从图 2－12 可以看出，前 100 篇论文的引证关系比较简单，多半以上的论文缺乏和其他论文的联系。科学研究必须建立在继承的基础上才能发展，我国一些研究人员不注意规范引用前人的成果，这是造成论文引用指标失真的一个原因。

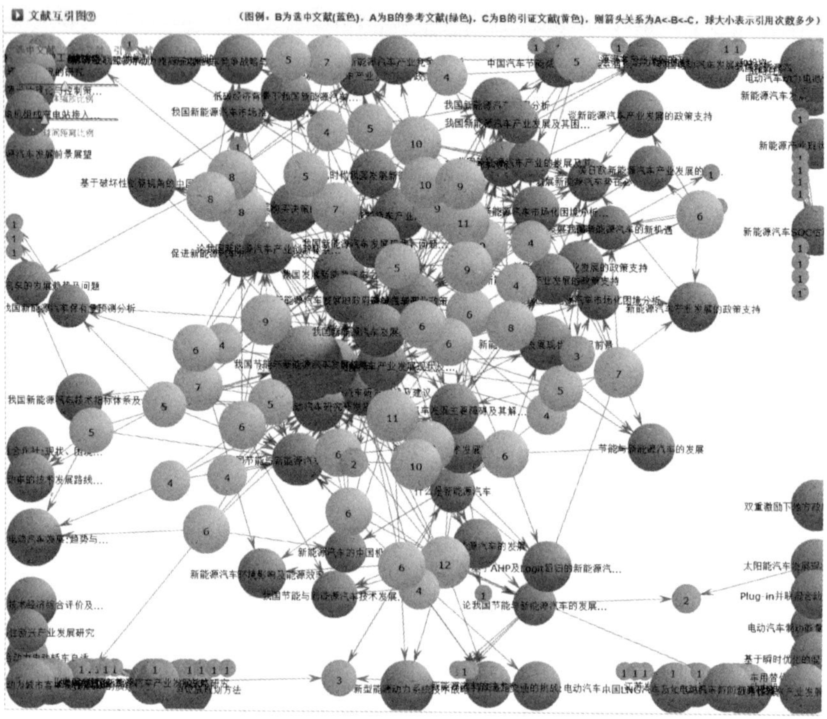

图2-12　关于新能源汽车的论文文献互引

资料来源：本书作者整理。

2. 新能源汽车技术成果（专利）的国际比较分析

新能源汽车的专利国际比较，从我国自身的纵向发展和国家间的专利数量横向对比两个方面展开。

(1) 我国新能源汽车技术进步状况纵向比较

新能源汽车包括电动汽车、燃料电池汽车和混合动力汽车等类别，由于存在着多条技术路线难以共同发展的问题以及大量研究表明对燃料电池汽车、混合动力汽车等的研究目前还无法取得关键性的研究，所以本书用电动汽车的研究来代表新能源汽车的整体。

由于电动汽车是我国新能源汽车的主要构成部分，以对我国新能源汽车技术进步状况的分析主要以电动汽车为研究对象展开。

①中国电动汽车专利总体状况分析

由检索结果可知，中国的电动汽车专利数量的大量增加大约在2000年之后（见图2-13），这种专利数量激增和国家的各类激励政策密不可分。2001年的“863计划”电动汽车重大专项国家直接投入的研发资金达8.8亿元，为新能源汽车的发展首次提供了直接的物质性支持；接下来的电动汽车示范运营城市的范围不断扩大，新能源汽车的研发和制造不但从物质上得到了极大的资助，而且在社会上形成了极为有效的宣传效果，引起了国内产业界和学术界对新能源汽车研发和产业化的极大关注，投资也因此逐年增加。这些宣传、投资对新能源汽车专利申请、销售量等产生了明显的推动作用。

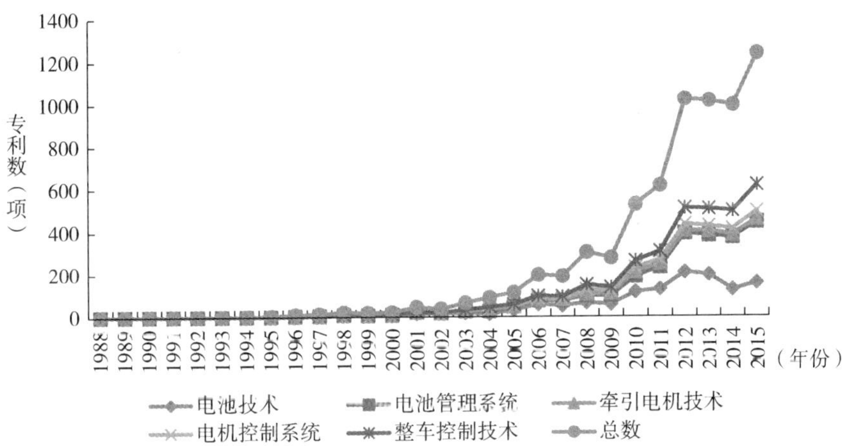

图2-13 中国电动汽车专利总体变化趋势（1988—2015）

资料来源：本书作者整理。

从图2-14来看，从2000年左右开始，中国的电动汽车专利总数开始大幅度增长，到2012年达到顶峰，由于世界专利局公布统计数据的滞后性，所以在2015年1月中旬进行的检索数据显示2013年和2014年的数据略微有所减少，如果在更晚一些时候检索，就可以在一定程度上缓解滞后效应，这两个年度的数据应该会略微增加。

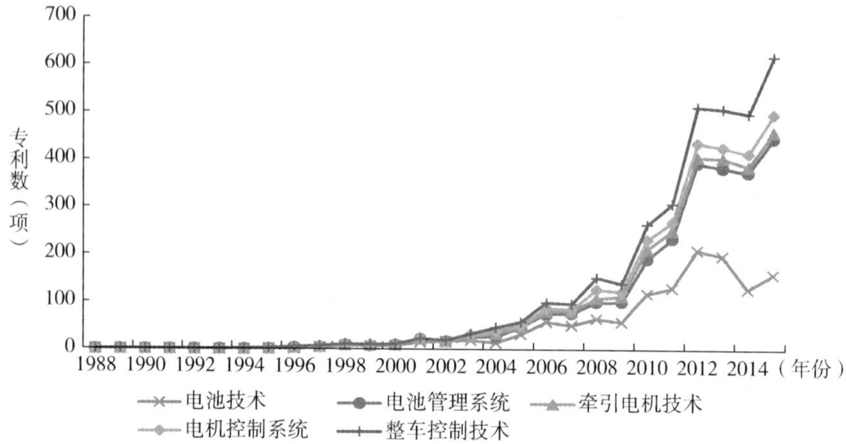

图 2－14 中国电动汽车专利（1988—2015 年）

资料来源：本书作者整理。

图 2－14 中，电池技术占到整体的 40%，电池管理系统占到整体的 34%。因此，这两类技术构成了我国电动汽车技术专利的主要部分。可见，在内部纵向比较的情况下，中国在电池和电池管理技术方面相对有比较明显的优势。

②中国电动汽车专利数量状况分类分析

本部分对电动汽车的电池技术、电池管理系统、牵引电机技术、电机控制系统、整车控制技术五类专利分别进行分析。由图 2－15 可见，每一类技术的专利都是从 2000 年左右开始有较大幅度的增加，其中电池技术和电池管理技术的增速比其他技术更快，因此，电池和电池管理技术迅速积累了较强的技术实力。

由图 2－16 可见，我国电动汽车五类技术专利主要集中在电池技术和电池管理系统两个方面，其他方面所占比重不大，进步相对较为缓慢。五类技术按照专利数量由多及少的顺序排列是电池技术、电池管理系统、整车控制技术、电机控制系统和牵引电机技术。因此，我国除了在电池和电池管理两个方面持续创新和追赶之外，还需要在其他三个方面进一步努力，实现电动汽车技术的全面进步。

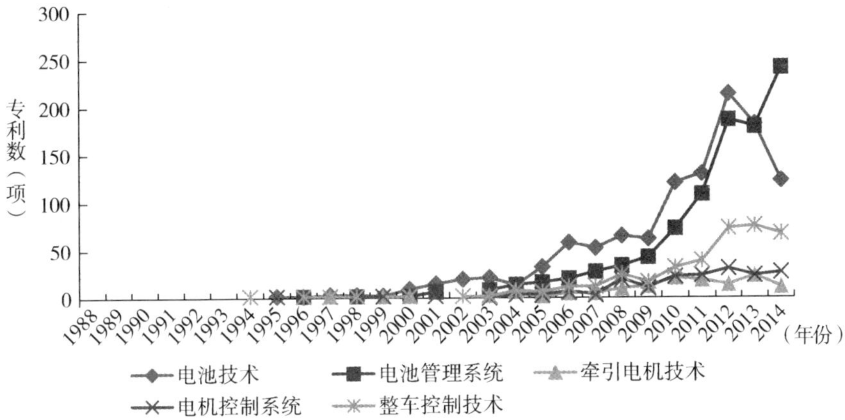

图 2－15　中国五种电动汽车关键技术专利变化趋势（1988—2014 年）

资料来源：本书作者整理。

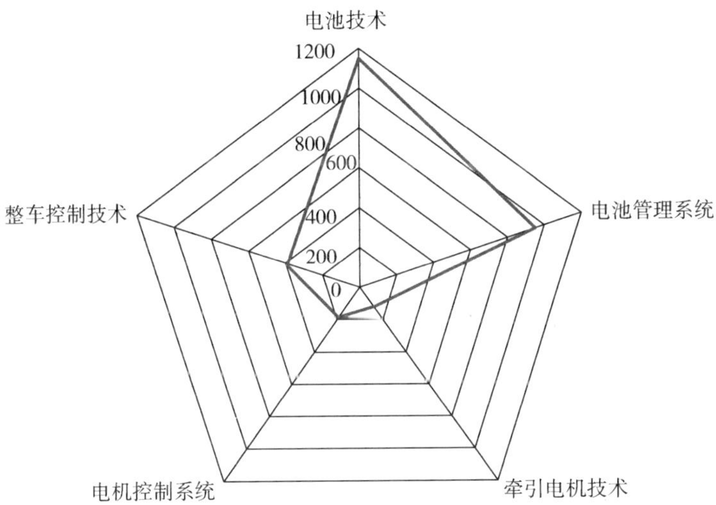

图 2－16　中国五种电动汽车技术相对优势雷达图（单位：项）

资料来源：本书作者整理。

（2）我国新能源汽车技术进步状况横向国际比较

①电动汽车专利总量分析

从横向国际比较的结果来看，中国的新能源汽车“弯道超车计划”并不十分成功，电池技术、电池管理系统、牵引电机技术、电机控制系统、整车控制技术五类关键技术当中，中国当前还没有一类技术领先。从日本、美国、法国、德国、韩国、中国六国的专利数量状况比较分析来看，日本在这五个方面的技术进步速度和专利数量远远超过其他五个国家。由图 2－17 可见，日本的电动汽车世界专利达 14484 项，是位居第二的美国的 1.51 倍，是中国的 5.3 倍。由图 2－18 可见，日本的世界专利数量占世界主要国家的 39%，日本和美国两国的专利数量占到了 65%（见图 2－18）。

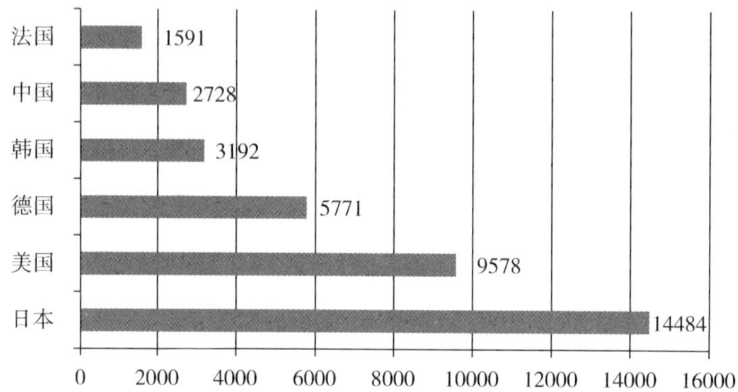

图 2－17 主要国家的电动汽车世界专利数量（单位：项）

资料来源：本书作者整理。

②电动汽车专利数量分类分析

对电池技术、电池管理系统、牵引电机技术、电机控制系统、整车控制技术五类关键技术进行分类分析的结果表明，这六个国家在电池技术和电池管理系统方面专利数量相对较多，而其他三类技术专利数量较少（见图 2－19），这种现象说明：第一，电池技术与电池管理系统相对其他几个方面来说技术含量高，也更容易产生新的技术；第二，世界各国从战略上都比较重视电池及电池管理这两类电动汽车产业最核心的技术，无论是实力最强的日本，还是实力最弱的法国，其专利主要集中在这两个方面；第三，当前牵引电机技术、电机控制系统、整车控制技术三类技术发展空间比较广阔，需要各国在这些技术

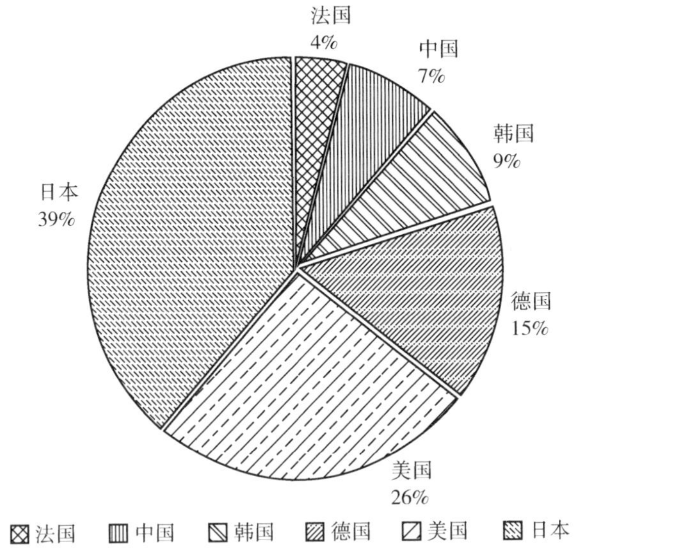

图 2－18　主要国家电动汽车世界专利百分比

资料来源：本书作者整理。

上投入更多的精力，以促进电动汽车产业技术的全面发展。

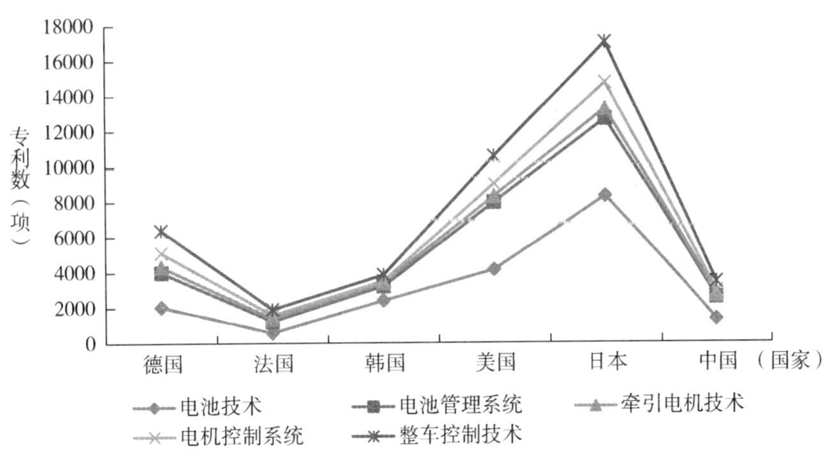

图 2－19　六个主要国家的五类电动汽车专利状况（1988—2014 年）

资料来源：本书作者整理。

图2－20和图2－21反映了当前日本的电池和电池管理方面，在世界上具有绝对的优势，美国和德国紧随其后，其他国家整体比较落后。

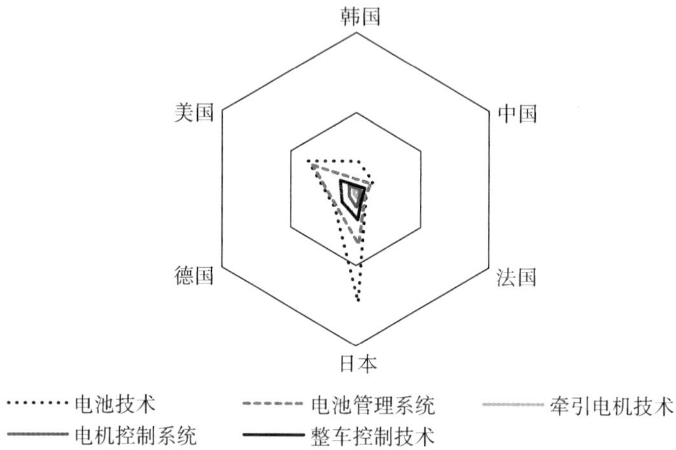

图2－20　六个主要国家的五类电动汽车专利雷达图（单位：项）

资料来源：本书作者整理。

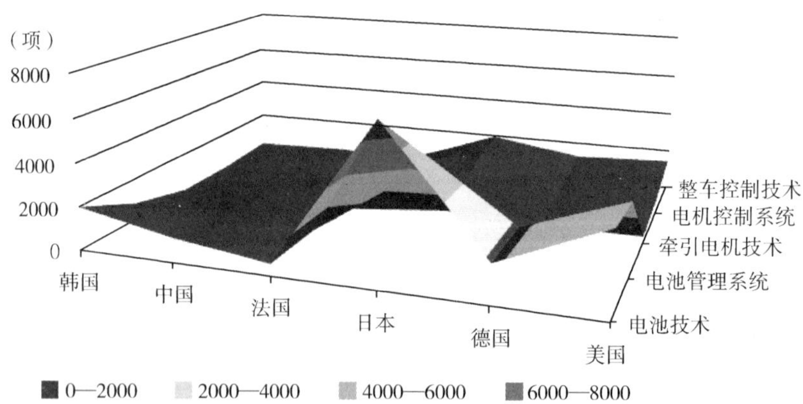

图2－21　六个国家五类电动汽车专利对比

资料来源：本书作者整理。

从电池技术来看，六个国家的专利数量从多到少的排序是日本、美国、韩国、德国、中国和法国（见图2－22）。其中日本的增长速度最快，从2000年到2014年，年均增长速度达到了10.43%。居第二位的美国同时期的平均增长速度为1.43%。由图2－22可见，日本的电动汽车从2000年之后开始快速进步，逐步超越美国成为世界第一专利大国。

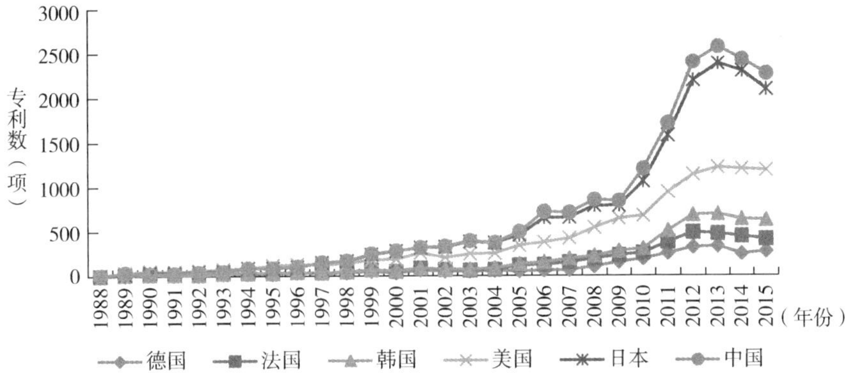

图2－22　主要国家电池技术变化情况（1988—2015年）

资料来源：本书作者整理。

从电池管理系统来看，仍然是日本居第一位，之后是美国、德国、中国、韩国和法国（见图2－23）。与电池技术不同的是，美国在电池管理系统方面持续稳定地增长，从2000年到2014年，年均增长率为2.86%。而日本从2010年开始电池管理系统专利数量急剧增长，从2000年到2014年的平均增长速度为48.2%，其他几个国家的专利数量增长缓慢、平稳。

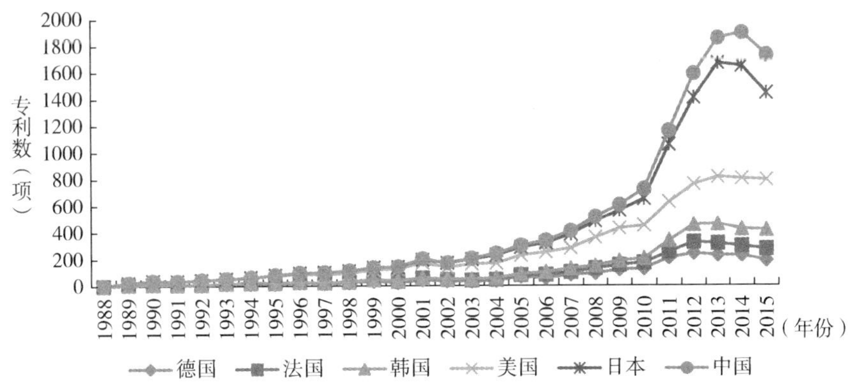

图2－23　主要国家电池管理系统变化情况（1988—2015年）

资料来源：本书作者整理。

在牵引电机技术方面，排在第一位的是日本，其余依次是美国、德国、中国、韩国和法国。在这方面美国、德国与日本的差距不大，三个国家的专利总数及增长速度没有明显的差别，日本相对领先（见图2－24）。

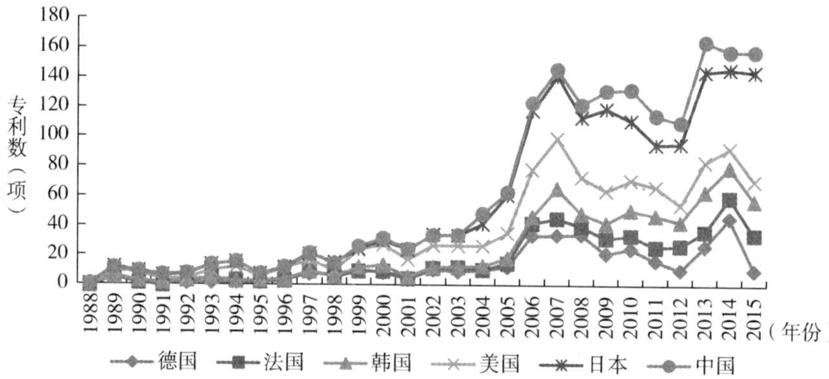

图2－24　主要国家牵引电机技术变化趋势（1988—2015年）

资料来源：本书作者整理。

在电机控制系统方面，依旧是日本领先，接下来依次是美国、德国、中国、法国和韩国（见图2－25）。除日本外，其他国家的专利总数增长速度比较平缓，1988—2014年，美国的平均增长速度为1.28%，而日本的平均增长速度为14.5%。

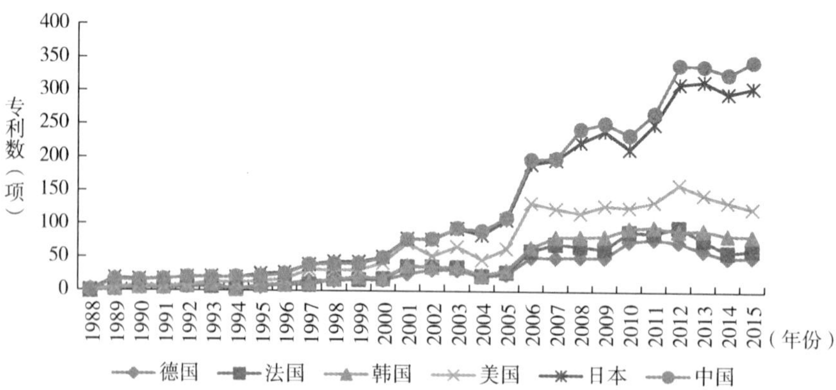

图2－25　主要国家电机控制系统变化趋势（1988—2015年）

资料来源：本书作者整理。

从整车控制技术专利数来看，依然是日本第一，美国第二，其他依次是德国、中国、法国和韩国（见图2－26）。日本的年平均增长速度是32.6%，其他国家的增长速度比较平缓。

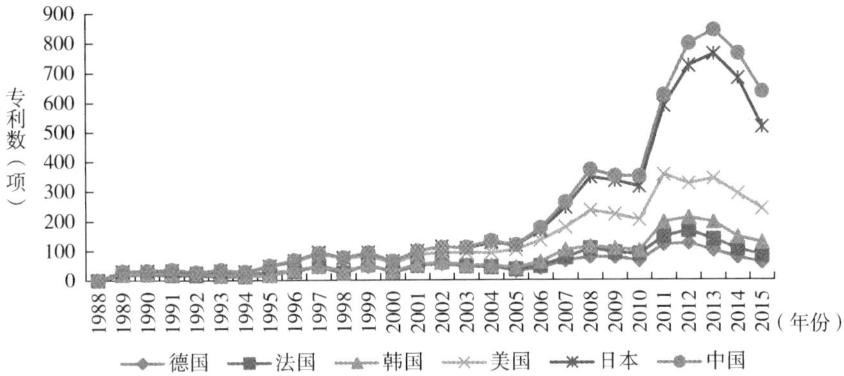

图2－26　主要国家整车控制技术变化趋势（1988—2015年）

资料来源：本书作者整理。

由以上分析可见，日本在电动汽车五类核心技术专利上的数量及增长速度远远大于其他国家，在2000年之后取得了非常迅速的发展，取代了美国世界第一的地位，成为当前电动汽车技术增长速度最快的国家。

③财政补贴与新能源汽车销售量之间的关系分析

由图2－27可以看出，我国从2009年开始实行以财政补贴刺激新能源汽车市场制度以来，中国新能源汽车的销售量大增，从2005年的1683辆增加到了2014年的74763辆，平均增长速度达到了4342%，仅2014年最后两个月的销售量就达到了2万辆，补贴政策的调整在2014年年末带动了私人消费市场的爆发式增长。由此可见，财政补贴的激励作用非常明显，新能源汽车市场在财政补贴及示范运营等措施的作用下已经被充分启动。

在研究财政补贴与新能源汽车销售量之间的关系时，我们选取补贴、补贴的长期效应、补贴的短期效应、新能源汽车销售的时间序列等变量作为自变量进行回归分析。其中，补贴表示财政补贴的直接效应，短期影响是因变量，表示政策的短时间内对销售量的影响，时间

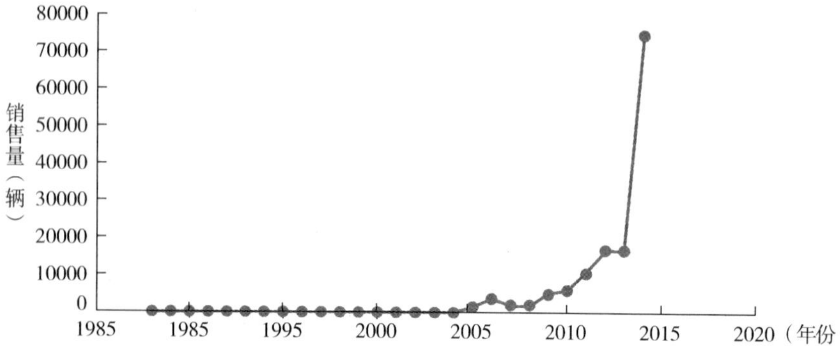

图 2－27　中国新能源汽车销售量（1985—2014 年）

资料来源：本书作者整理。

序列表示即使没有财政补贴，新能源汽车销售量的自然增长。运用进入法回归的结果如下：

从表 2－2、表 2－3 可见，回归模型的 R^2 高达 0.965，也通过了检验，因此该模型是有统计意义的。

表 2－2　模型汇总

模型	R	R^2	调整 R^2	标准估计的误差
1	0.982[a]	0.965	0.959	1796.096

注：a 表示预测变量即常量：补贴短期效应、时间序列、补贴、补贴长期效应。
资料来源：本书作者整理。

表 2－3　回归模型结果分析

模型		平方和	df	均方	F	Sig.
1	回归	1958417421.769	4	489604355.442	151.770	0.000b
	残差	70971158.083	22	3225961.731		
	总计	2029388579.852	26			

注：a 表示因变量即销量。
b 表示预测变量即常量：补贴短期效应、时间序列、补贴、补贴长期效应。
资料来源：本书作者整理。

但是从表 2－4 的回归结果可以看出，财政补贴的短期效应的系数为负值，不符合数据散点图的分布特点，从数据散点图可以看出，补贴后新能源汽车的销售量存在着明显的突增现象，因此，短期效应一定存在。短期效应系数为负值，可能的原因是短期效应和某个变量之间存在多重共线性，为了证明这个猜想，我们对自变量做了相关分析，结果如表 2－5 所示。

表 2－4　　　　系数 a

模型		非标准化系数		标准系数	t	Sig.
		B	标准误差	试用版		
1	常量	－764.614	812.745		－0.941	0.357
	时间序列	114.108	64.727	0.103	1.763	0.092
	补贴	233.028	35.565	0.861	6.552	0.000
	补贴长期效应	1940.812	764.051	0.372	2.540	0.019
	补贴短期效应	－7817.837	1838.572	－0.375	－4.252	0.000

注：a 表示因变量即销量。
资料来源：本书作者整理。

表 2－5　　　　相关性

		时间序列	销量	补贴	补贴短期效应
时间序列	Pearson 相关性	1	0.648 **	0.653 **	0.681 **
	显著性（双侧）	—	0.000	0.000	0.000
	N	27	27	27	27
销量	Pearson 相关性	0.648 **	1	0.967 **	0.934 **
	显著性（双侧）	0.000		0.000	0.000
	N	27	27	27	27
补贴	Pearson 相关性	0.653 **	0.967 **	1	0.953 **
	显著性（双侧）	0.000	0.000	—	0.000
	N	27	27	27	27
补贴短期效应	Pearson 相关性	0.681 **	0.934 **	0.953 **	1 **
	显著性（双侧）	0.000	0.000	0.000	0.000
	N	27	27	27	27

注：** 表示在 0.01 水平（双侧）上显著相关。
资料来源：本书作者整理。

从表 2 -5 可以看出，短期效应和补贴的相关系数高达 0. 953，说明这两个指标之间存在严重的多重共线性，因此，删除补贴的短期效应指标并再次进行回归分析，结果如表 2 -6 所示。

表 2 -6 模型汇总

模型	R	R^2	调整 R^2	标准估计的误差
1	0. 968a	0. 936	0. 928	2371. 006

注：a 表示预测变量即常量：时间序列、补贴、补贴长期效应。
资料来源：本书作者整理。

表 2 -7 回归模型结果分析

模型		平方和	df	均方	F	Sig.
1	回归	1900090192. 351	3	633363397. 450	112. 665	0. 000[b]
	残差	129298387. 501	23	5621669. 022		
	总计	2029388579. 852	26			

注：a 表示因变量，即销量。
b 表示预测变量即常量：时间序列、补贴、补贴长期效应。
资料来源：本书作者整理。

从表 2 -6 和表 2 -7 可以看出，剔除短期效应之后模型的 R^2 高达 0. 936，也通过了 F 检验，因此该模型是有统计意义的。

表 2 -8 系数 a

模型		非标准化系数		标准系数	t	Sig.
		B	标准误差	试用版		
1	常量	-54. 063	1049. 972		-0. 051	0. 959
	补贴	224. 041	46. 866	0. 828	4. 780	0. 000
	补贴长期效应	704. 416	932. 721	0. 135	0. 755	0. 458
	时间序列	17. 214	79. 975	0. 015	0. 215	0. 831

注：a 表示因变量，即销量。
资料来源：本书作者整理。

由表 2 -8 中的标准化的回归系数可见，补贴是这些自变量当中对新能源汽车销售量影响最大的因素（0.828），其次是补贴的长期效应（0.135），最后是市场自然增长因素（0.015）。可见，中国新能源汽车的市场激励政策是有效的。

由图2-28可以看出，虽然新能源汽车的财政补贴总量还在快速增长，但单车的平均补贴额度已经开始明显下降。单车补贴额度下降的原因是，中国实施了财政补贴逐步退出新能源汽车市场的“退坡机制”，即根据补贴政策，每年的财政补贴在上年度补贴的基础上下降5%，直到财政补贴完全退出新能源汽车市场。在单车平均补贴额度下降的同时，新能源汽车的销售量依旧大幅度增加，说明了中国的新能源汽车市场已经充分启动，未来几年的新能源汽车的销售量将会继续大幅度增加。一旦市场的活力被激发出来，财政补贴的使命就已经完成，可以逐步退出市场，接下来依靠市场调节就可以产生出巨大的创造力，以激发出更强大的投资和技术创新热情。

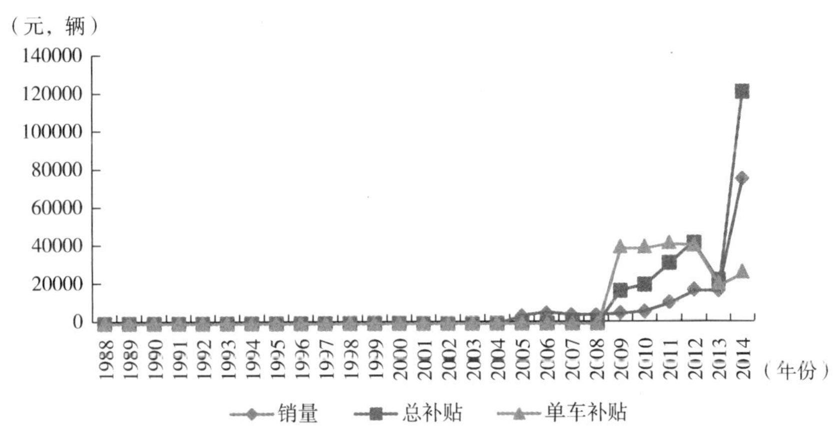

图2-28　单车补贴、总补贴和销量增长趋势

资料来源：本书作者整理。

4. 财政补贴与新能源汽车专利之间的关系分析

中国的电动汽车专利数量的大量增加大约在2000年之后，这种专利数量激增和国家的各类激励政策密不可分。2001年的“863计划”电动汽车重大专项国家直接投入的研发资金达8.8亿元，为新能源汽车的发展首次提供了直接的物质性支持[①]；接下来不断地推出各种政策鼓励新能源汽车的发展，一系列激励政策的最终结果是对新能源汽车的专利数量、销售量等产生了明显的推动作用。

由图 2－29 可见，电动汽车的专利在 2000 年之后开始迅速增加。

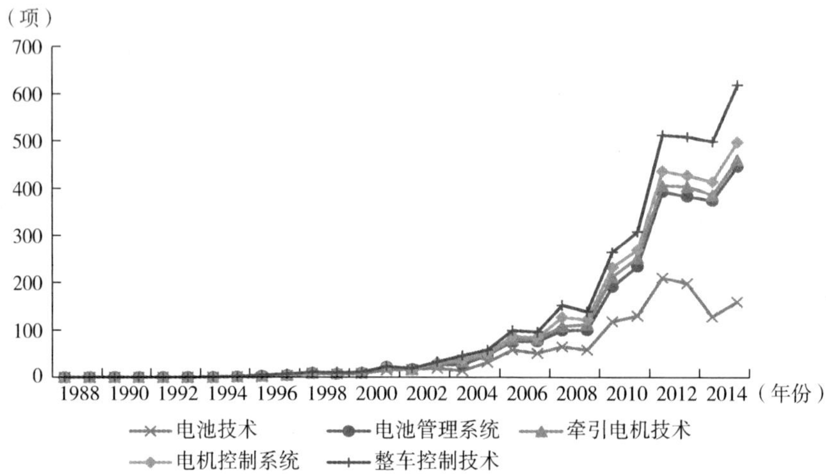

图 2－29　中国电动汽车专利（1988—2015）

资料来源：本书作者整理。

由五类技术分布的雷达图（见图 2－30）可见，我国电动汽车五类技术专利主要集中在电池和电池管理技术两个方面，其他方面所占比重不多，相对进步较为缓慢。五类技术按照专利数量由多及少的顺序排列是电池技术、电池管理系统、整车控制系统、电机控制系统和牵引电机技术。因此，我国除了继续在电池技术和电池管理系统两个方面继续努力，持续创新和追赶之外，还需要在其他三个方面进一步努力，实现电动汽车技术的全面进步。

为了分析财政补贴对专利申请数量的影响，我们选择了财政补贴、补贴的长期效应、补贴的短期效应、时间序列作为自变量，专利数量作为因变量，运用逐步回归的方法进行回归分析。其中，财政补贴代

① 刘兰剑、宋发苗：《国内外新能源汽车技术创新政策梳理与评价》，《科学管理研究》2013 年第 1 期。

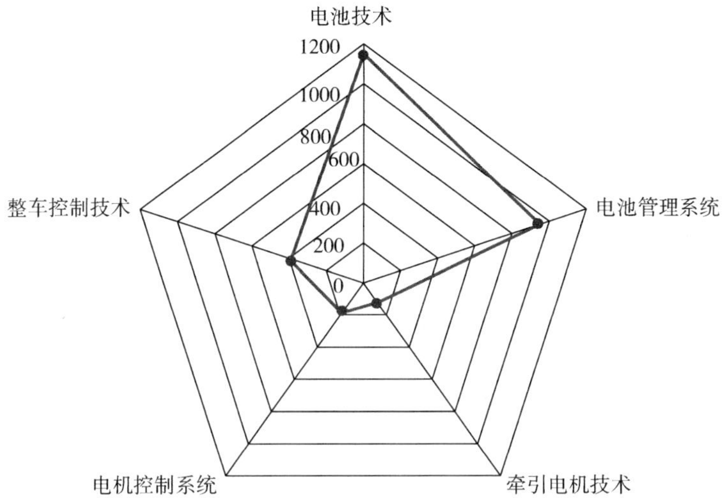

图 2－30　中国五种电动汽车技术相对优势雷达图（单位：项）

资料来源：本书作者整理。

表补贴对专利申请数量的直接影响，补贴的短期效应为哑变量，时间序列表示在没有补贴政策的情况下，专利申请数量的自然增长状况。回归的结果如下：

由表 2－9 和表 2－10 可以看出，模型 1 和模型 2 都通过了方差检验，具有统计显著性，而且 R^2 相近，模型 1 的 R^2 为 0.951、模型 2 的 R^2 为 0.975。由于模型 2 保留了补贴长期效应、时间序列两个有效变量，更加符合实际情况，解释力更强，因此，我们选择模型 2 来分析自变量对因变量的影响。

表 2－9　　模型汇总

模型	R	R^2	调整 R^2	标准估计的误差
1	0.951[a]	0.904	0.901	50.939
2	0.975[b]	0.950	0.945	37.734

注：a 表示预测变量，即常量、补贴长期效应。

b 表示预测变量，即常量、补贴长期效应、时间序列。

资料来源：本书作者整理。

表 2－10　　方差分析

模型		平方和	df	均方	F	Sig.
1	回归	614176.060	1	614176.060	236.695	0.000[b]
	残差	64870.014	25	2594.801		
	总计	679046.074	26			
2	回归	644873.206	2	322436.603	226.451	0.000[c]
	残差	34172.869	24	1423.870		
	总计	679046.074	26			

注：a 表示因变量，即专利。
b 表示预测变量，即常量、补贴长期效应。
c 表示预测变量，即常量、补贴长期效应、时间序列。
资料来源：本书作者整理。

由表 2－11 可见，模型 2 中保留了补贴的长期效应和时间效应两个自变量，其他变量被剔除。模型表明，补贴对专利影响的长期效应是显著的，同时，也由于技术自身发展的路径及其惯性，电动汽车专利数量也会由于时间的推移自然增长，因此，时间序列的回归是显著的。这两个变量相比较而言，补贴的长期效应的重要性大于时间序列（0.290/0.754），说明财政补贴对于电动汽车专利的长期影响十分明显。可见，当前在新能源汽车产业处于幼稚期的时候，财政补贴这一政策的作用不容忽视。

表 2－11　　系数 a

模型		非标准化系数		标准系数	t	Sig.
		B	标准误差	试用版		
1	常量	32.274	10.822		2.982	0.006
	补贴长期效应	90.695	5.895	0.951	15.385	0.000
2	常量	－35.794	16.709		－2.142	0.043
	补贴长期效应	71.862	5.960	0.754	12.058	0.000
	时间序列	5.908	1.272	0.290	4.643	0.000

注：a 表示因变量，即专利。
资料来源：本书作者整理。

由表2－12可见，财政补贴的直接效应和短期效应被剔除出了模型。这是由于专利成果是长期研究的结果，而补贴是近几年才开始实施的政策，因此，财政补贴对专利数量的直接影响和短期影响都被剔除出了模型。但长期来看，补贴的效果将会在专利数量的增加上显现出来，因此，回归方程中保留了补贴的长期影响这一变量是合理的。专利研究是基于前期基础而进行的，专利数量的时间序列数据本身具有自身的惯性，这是反映专利申请长期惯性趋势的时间序列变量在回归模型中具有显著性的原因。

表2－12　　已排除的变量a

模型		Beta In	t	Sig.	偏相关	共线性统计量
						容差
1	时间序列	0.290^{b}	4.643	0.000	0.688	0.537
	补贴	-0.090^{b}	−0.435	0.668	−0.088	0.092
	补贴短期效应	0.232^{b}	1.910	0.068	0.363	0.234
2	补贴	-0.106^{c}	−0.693	0.495	−0.143	0.092
	补贴短期效应	0.088^{c}	0.866	0.396	0.178	0.205

注：a表示因变量，即专利。

b表示模型中的预测变量，即常量、补贴长期效应。

c表示模型中的预测变量，即常量、补贴长期效应、时间序列。

资料来源：本书作者整理。

由图2－31可以看出，虽然新能源汽车的财政补贴总额在快速增长，但新能源汽车的单车平均补贴额度已经开始逐年下降，新能源汽车专利数量没有随着单车补贴额度的减少而减少，而是依旧平稳增长。前文已经述及，2012—2014年专利数量的略微持平是因为统计数据发布滞后，剔除这个因素，实际上电动汽车专利数量应该有比较大幅度的增长。

5. 电动汽车技术强国的转移以及中国的专利份额分析

从历年的专利数量增长情况来看，美国、日本等国家的电动汽车专利技术在2000年之前增长得非常缓慢，2000年之后都开始了比较明显的快速增长。以日本为例，日本2000年的电动汽车年度专利为

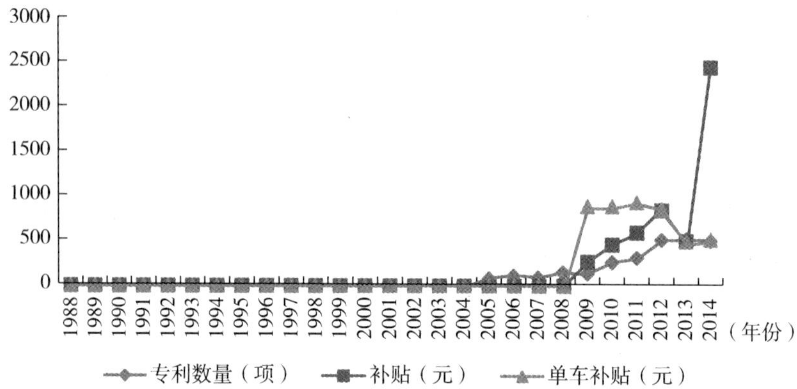

图 2-31 专利数量、补贴总量和单车补贴变化趋势

资料来源：本书作者整理。

144 项，2003 年就增加到了 258 项，增加了近 1 倍。到了 2011 年猛增到了 1589 项。由图 2-32 可见，世界各国的电动汽车专利数量都是在最近十几年才开始大幅度增加，因此我们选取 2000 年作为界限，把 1988—2014 年的数据分成两部分处理，一部分是 1988—2000 年，另一部分是 2001—2014 年，用这种方法分析 2000 年之前和 2000 年之后的电动汽车技术强国变迁情况，发现了一些有意义的结论。

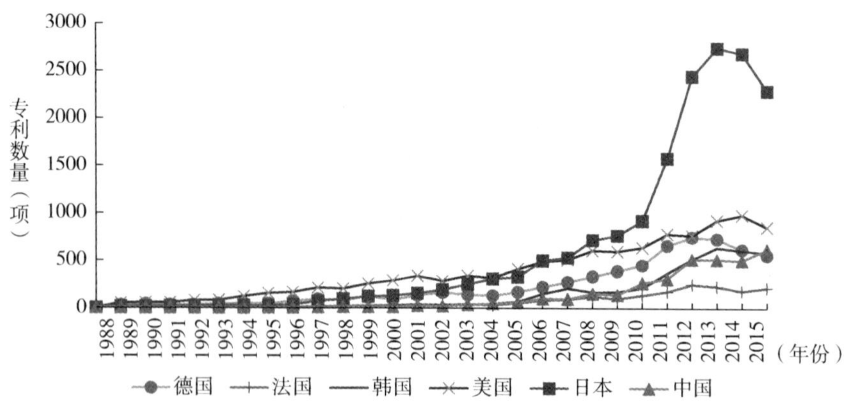

图 2-32 世界主要国家电动汽车专利申请数量（1988—2015 年）

资料来源：本书作者整理。

由图 2 - 33 可以看出，在 2000 年之前，美国电动汽车的专利数量是世界领先的，占到了主要国家电动汽车世界专利的 53%（见图 2 - 35）。而 2001—2014 年的数据显示（见图 2 - 34），日本开始超越美国成为世界第一，占到世界总量的 39%（见图 2 - 36）。可见，在 2001—2014 年的 14 年中，电动汽车技术中心由美国转移到了日本。其中，中国所占比重不高，但增长速度较快，其占世界专利总量的比例由 2000 年之前的 1% 提高到了当前的 7%。

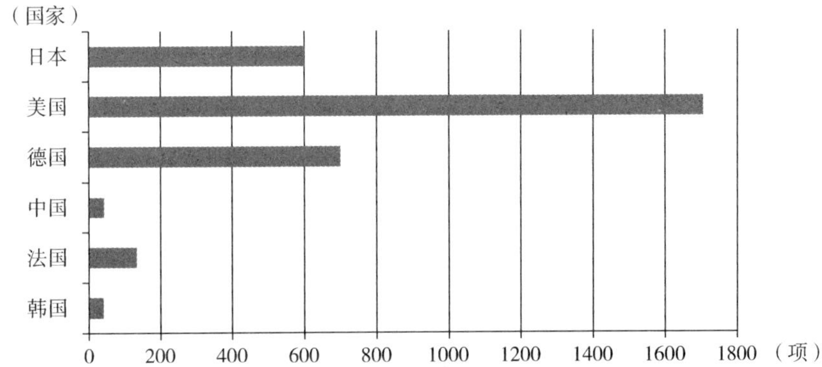

图 2 - 33　1988—2000 年电动汽车世界专利国别情况

资料来源：本书作者整理。

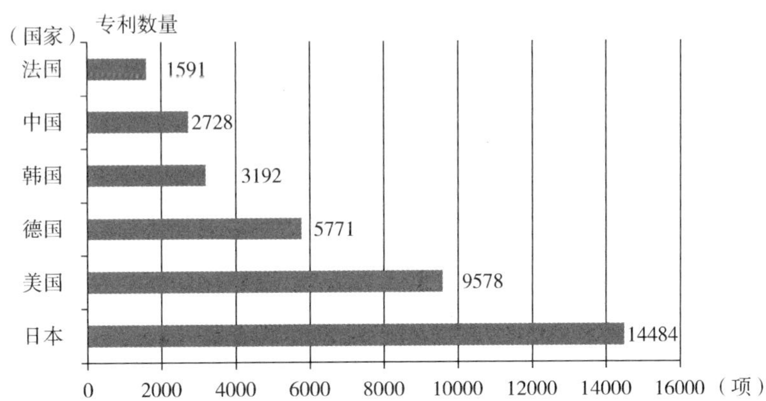

图 2 - 34　主要国家的电动汽车世界专利数量（1988—2014 年）

资料来源：本书作者整理。

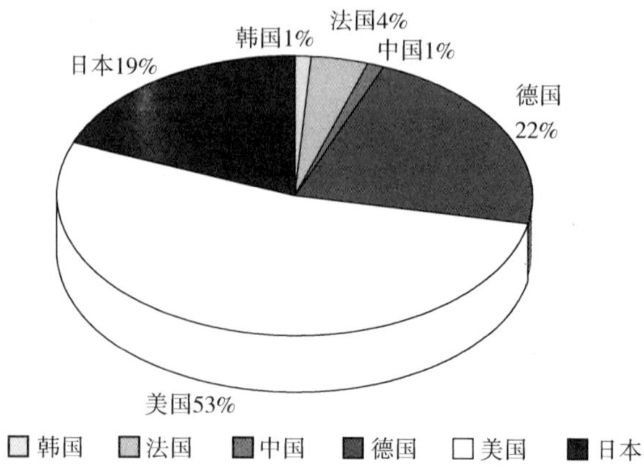

图 2-35 电动汽车世界专利各国比例（1988—2000 年）

资料来源：本书作者整理。

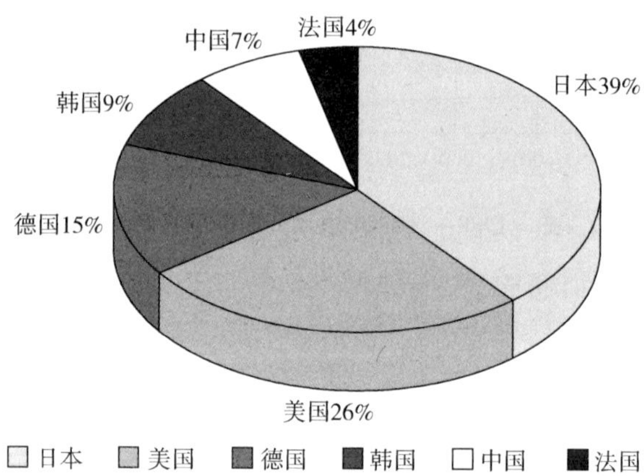

图 2-36 主要国家电动汽车世界专利百分比（1988—2014 年）

资料来源：本书作者整理。

第四节 小结

新生产业的支持者们认为，应该持久地运用公共资源来支持新生产业成长。新生产业的思想有许多变数，需要关税或者进口配额来保护这些产业不受国际竞争的影响。这些观点常常利用历史数据，世界上绝大多数市场经济国家都经历了工业化过程中的贸易壁垒。在幼稚产业保护的观点中，两种形式的所谓的市场失灵已经受到关注，一是不完善的资本市场，二是专用性问题。[①] 新能源汽车对世界各国来说都是新兴产业，运用产业政策支持其发展是普遍的做法。

由本章分析可见，日本在2000年之后取代美国成为电动汽车世界专利数量最多的国家，也代表着日本在电动汽车领域的技术水平是世界第一位。为什么会出现这种技术中心国家的转移？这和日本政府有远见的长期政策支持是分不开的。日本从1965年就开始启动电动车的研制，并正式把电动车列入其国家项目。1967年，日本成立日本电动车协会，以促进电动车事业的发展。从1971年开始，日本政府多次投入巨额资金支持新能源汽车研发，仅开发燃料电池方面的投入就达200多亿日元。除了支持研发，日本政府也支持新能源汽车的商业化项目。日本政府对新技术的早期研发提供100%的资金支持，对接近商业化的项目提供1/2—2/3的资金支持，对标准化项目提供100%资金支持。为推进新能源汽车以及环保汽车的发展，日本从2009年4月1日起实施“绿色税制”，它的适用对象包括纯电动汽车、混合动力车、清洁柴油车、天然气车以及获得认定的低排放且燃油消耗量低的车辆。2009年6月，日本政府启动“新一代汽车”计划，该计划力争在2050年使环保型汽车数量占据汽车市场总量的一半左右，“新一代”汽车包括混合动力车、纯电动汽车、燃料电池车等环保车型。购买“新一代”汽车可享受多种税赋优惠。例如，混合动力车普锐斯（Prius）可以享受到的最高优惠为：免除新车100%的重量税和取得税；个别车辆还有50%自动车税的减免；其次就是补助金的优惠。为了促进电动车等新一代新能源汽车的发展，在激烈的国际竞争中确保日本汽车产业的领先优势，日本政府大力推动新能源汽车的发展。2010年4月12日，日本经济产业省（部）公开了名为“新一代（次世代）机动车战略2010”的日本国内机动车产业指导规划。规划指

① P. R. Krugman and M. Obstfeld, “International Economics: Policy and Theory”, *Canada: Pearson (Addison-Wesley)*, 2009.

出，到2020年，纯电动汽车（EV）和混合动力轿车（HYBRID）将在整体乘用车的销售比例中占到50%。战略的内容显示，根据推测，在未来数年中，全球对新能源车的需求将大大增加。为了确保日本在新能源汽车的竞争中处于优势地位。日本政府决定采取“官民一体”协作机制，在未来制定一系列政策，以促进和鼓励新能源汽车的普及。同时，汽车企业对该目标的达成将有助于政府完成在2020年温室气体排放减少25%的目标。①

美国虽然失去了新能源汽车世界专利总数第一的地位，但美国的新能源汽车在世界上仍处于第二位的领先地位，这得益于美国历届政府对新能源汽车的大力支持。美国政府正式制定新能源汽车政策开始于1993年。克林顿政府1993年提出“新一代汽车伙伴计划（PNGV）”以来，美国制定了大量政策，集中研究电池驱动的纯电动汽车，以此降低每公里的CO_2排放量，这些政策推动新能源汽车技术的创新及推广，促进了该产业的发展。但由于纯电动汽车单次充电后的续驶里程短，充电时间长，降低电池造价困难，在技术上也难以解决废旧电池的二次污染、回收困难的问题，商业化进展缓慢。因此，布什政府执政后，不再积极鼓励发展纯电动汽车，重新提出自由汽车Freedom CAR计划，实际上是放弃了纯电动汽车研究，转向燃料电池汽车技术研发。这一时期，美国在氢燃料电池汽车领域取得了一定的进展，其技术研发在世界处于先进水平。但是燃料电池汽车仍然有一系列技术瓶颈有待突破，成本与基础设施建设等问题尚未解决，产业化进程缓慢。因此，美国政府在研发领域的投入重点开始转向纯电动汽车、混合动力汽车和某些代用燃料汽车。② 奥巴马2008年公布的“一揽子能源计划”称将在未来10年投入1500亿美元发展新能源技术，部分资金将用于“绿色”汽车技术研发。该计划向购买混合动力等环保汽车的消费者提供税收优惠，单车税收减少7000美元左右。此外，该计划还设定了“到2015年，100万辆插入式混合动力汽车在美国道路上行驶”

① 陈柳钦：《日本新能源汽车发展及其政策支持》，《汽车与配件》2011年第35期。

② 祝毓：《世界新能源汽车发展动态》，《电工文摘》2011年第4期。

的目标。[①]

根据以上分析可得出以下结论：中国的新能源汽车技术创新政策总体上来讲是有效的，但是在某些方面的效果并不尽如人意。政策效果具体如下：

第一，自从实行新能源汽车刺激政策以来，中国新能源汽车无论是销售数量还是专利申请量都有了明显的增加，说明政策的激励效果是存在的。

第二，和世界其他国家对比，中国的电动汽车专利申请数量所占比重有了明显的增加，其占世界专利总量的比例由 2000 年之前的 1% 提高到了当前的 7% 。说明刺激性的创新政策起到了一定的作用。

第三，回归分析表明，财政补贴对销量的直接影响和长期效应都非常显著，这和中国新能源汽车市场的现实也比较吻合。中国的新能源汽车市场在政策的推动下已经启动，新能源汽车销量居世界第二位，而且在财政补贴逐步退出、单车平均补贴数量减少的情况下，新能源汽车的销售数量开始大幅度增长，专利数量持续增长，说明以财政补贴推动新能源汽车市场的目标已经实现，在未来几年中，财政补贴以每年大约 10% 的速度退出补贴市场。

第四，中国在新能源汽车方面的战略目标是掌握核心技术，改变汽车产业缺乏核心技术的局面，通过“弯道超车”计划，实现新能源汽车技术在世界领先。然而，经过 14 年的发展，中国的电动汽车技术专利申请总数在世界上仍然远远落后于日本、美国、德国等发达国家，中国掌握新能源汽车核心技术的政策目标在短期内难以实现。

总体而言，中国的新能源汽车创新政策明显地推动了新能源汽车技术的进步以及市场的开启[②]，中国的电动汽车专利数量占世界电动汽车专利份额也有了明显增加，但是，中国新能源汽车技术水平距离

---

① 陈柳钦：《美国新能源汽车发展政策走向》，《时代汽车》2011 年第 9 期。

② 王显哲：《大连新能源汽车补贴政策效果研究》，硕士学位论文，大连理工大学，2016 年。

世界领先水平还非常遥远。[①] 中国的新能源汽车产业政策总体上是有效的，这也符合一些产业政策研究者的观点，对于是否存在积极的产业政策这一问题，一方面是基于市场失灵的长期争论，另一方面是政府自身在纠正市场失灵的过程中也会失灵，因此降低了产业政策的有效性。最佳政策通常应该是可以纠正遇到的市场失灵，但这常常是不可能的，产业政策通常是次优的解决方案，因为产业政策总是建立在其他的一些成本之上，所以能看到明显的政策目标实现，就已经说明政策有效了。

无论是日本、美国还是中国，都在推动新能源汽车发展方面出台了大量的政策措施，各自取得了不错的成效。日本的产业政策出台较早，因此，日本的新能源汽车发展较快。美国虽然失去了电动汽车专利总数世界领先的地位，但近年来的新能源汽车的发展速度非常快，尤其在新能源汽车的市场销售方面[②]，仍然是世界第一大国。由这些案例分析可见，不能完全忽视产业政策的作用，产业政策在产业发展初期的技术选择、基础研发、基础设施建设、市场引导等方面有效地培育着新技术，推动着新市场的兴起。

① 顾瑞兰：《促进我国新能源汽车产业发展的财税政策研究》，博士学位论文，财政部财政科学研究所，2013 年。

② 王显哲：《大连新能源汽车补贴政策效果研究》，硕士学位论文，大连理工大学，2016 年。

第三章　财政补贴退出后的多主体创新网络运行机制设计

世界主要国家都对新能源汽车产业进行财政补贴，我国也不例外。但是巨额财政补贴只是在短期内对新能源汽车市场销售产生了促进作用，并未能有效推动新能源汽车的技术进步。对创新政策和网络治理理论分析发现，新能源汽车财政补贴会引起明显的挤出效应和网络失灵问题，财政补贴退出将成为产业政策的趋势，但目前对财政补贴退出后创新网络运行机制的研究尚不充分。研究发现，在技术水平既定条件下，动力电池分散经营和价值分享体系重构能够在财政补贴退出情形下推动新能源汽车产业化，并以产业化反哺技术进步，从而实现新能源汽车技术创新和整个网络的自我强化。本书在理论分析、数据分析的基础上，设计财政补贴退出后的多主体创新网络运行机制，这种基于免补贴的多主体创新网络运行机制及政策措施，有助于推进以新能源汽车为代表的重大科技创新，破解此类战略性创新网络的治理问题。

第一节　引言

世界各国都十分重视对新能源汽车产业的扶持，其中一个重要的环节就是财政补贴，我国对于新能源汽车财政补贴的力度远远高于其他国家。我国新能源汽车财政补贴政策主要包括《关于印发“节能产品惠民工程”节能汽车推广实施细则》和《关于开展私人购买新能源汽车补贴试点的通知》。2010 年 6 月，我国在上海、长春、深圳、杭州、合肥五个城市启动补贴试点工作，主要针对纯电动乘用车、插电式混合动力车及 1.6 升以下节能车型；补贴标准根据动力电池组能量确定，按照 3000 元/千瓦时给予补贴，插电式混合动力乘用车最高补助 5 万元/辆，纯电动乘用车最高补助 6 万元/辆[①]；补贴资金拨付给汽车生产企业，按其扣除补贴后的价格将新能源汽车销售给私人或企业。此外，对动力电池、充电站等基础设施的标准化建设、电池的报废及回收体系建设等给予支持。以上是国家补贴的细则，各个试点城市根据各地实际情况，对新能源汽车补贴的范围、额度、方式、对象有所调整创新。

总的来说，新能源汽车财政补贴主要用于两个方面，一是补贴消费者，解决高成本所带来的市场化问题；二是补贴研发，解决共性技术投入不足的问题。其初衷很显然是希望通过财政补贴降低生产成本，鼓励企业持续投资，实现新能源汽车产业化。新能源汽车财政补贴释放出政府支持新能源汽车产业的积极信号[②]，一定程度上刺激了新能源汽车产业的发展，但同时也出现了一系列的弊端。沙永康（2014）指出，中国现在示范的新能源汽车只符合政策要求而不符合市场要求，故只能依赖政府补贴发展，待到产业能甩掉“政策拐杖”时，才是市场大门打开的时候。[③]

可见，在市场开发阶段，设计财政补贴退出后的新能源汽车多主体创新网络运行机制迫在眉睫，它能够有效解决补贴政策引发的网络失灵问题和产业化难题，提高创新效率，推进以新能源汽车为代表的重大科技创新。

① 顾瑞兰：《促进我国新能源汽车产业发展的财税政策研究》，博士学位论文，财政部财政科学研究所，2013 年。

② 同上。

③ 沙永康：《新能源汽车：急需摆脱“政策依赖症”》，《家用汽车》2014 年第 7 期。

第二节　新能源汽车财政补贴的挤出效应和网络失灵分析

目前，关于新能源汽车财政补贴的研究主要集中在补贴政策、补贴效果的研究，本节从创新政策和网络治理理论角度研究新能源汽车财政补贴，分析补贴对新能源汽车产业的实际影响。

一　财政补贴的挤出效应分析

张延（2010）认为创新政策要避免挤出效应。政府的财政补贴投入存在挤出效应，不仅未能促进企业增加研发投入，相反减少了企业研发投入，原本由企业或市场承担的研发开支变成了政府负担。[①] 生延超（2008）认为政府创新补贴发放方式的不当，会导致创新补贴替代企业创新投入的现象发生，从而弱化企业技术创新的主体地位。[②]

企业技术创新自激励良性循环建立在前期成功的技术进步基础之上，目前新能源汽车技术离市场化仍有差距且创新技术难度较大，创新补贴却是极其诱人和易于获得的。企业（特别是整车企业）完全可以研制（甚至拼装）符合补贴政策标准的新能源汽车产品，来套取动辄上亿元甚至数十亿元的财政补贴，节省了研发和市场投入，甚至比真正创新更能获益。企业这种因技术创新难度和高额的创新补贴而"表面上创新，实则为了获取补贴"的做法，使政府的技术创新补贴无法刺激企业加大自主创新投入力度。

因此，目前的新能源汽车补贴因其补贴额度、方式、监管等缺陷对新能源汽车创新网络产生了巨大的挤出效应，造成创新投入不足，以企业为主体的创新体系建设进程缓慢。

---

① 张延：《中国财政政策的"挤出效应"——基于1952—2008年中国年度数据的实证分析》，《金融研究》2010年第1期。

② 生延超：《创新投入补贴还是创新产品补贴：技术联盟的政府策略选择》，《中国管理科学》2009年第16期。

此外，创新补贴理应是鼓励技术创新成功者的，在当前背景下，补贴并非很有成效地补贴给技术创新成功者。一方面，部分整车企业只是因其企业性质、与政府关系、地域的问题而获得高额补贴，补贴的地方保护主义色彩浓厚。另一方面，作为产业重要环节的电池厂商享受补贴支持是极为有限的。这些可能造成“真正技术创新者无法获得创新补贴”的问题，影响其技术创新的积极性和创新投入。

二 财政补贴引起的网络失灵问题分析

网络失灵是基于市场失灵和政府失灵而衍生出的概念，网络作为介于市场和政府之间的一种治理方式，同样存在着诸如市场失灵和政府失灵的失灵问题。

Schoonmaker（2010）认为创新网络各个组成部分不能够有效运行的时候，个体的表现有可能因为创新系统整体表现滞后，产生网络失灵问题。[①] 蔡宁、徐梦周（2008）认为政府政策的倾向性可能造成网络失灵。政府政策往往向规模较大、发展较好的企业倾斜，可能造成创新网络中主体的权力不对等，而创新网络的竞争力来自企业与企业之间的良好互动，这样政策的倾向性影响创新网络的发展和稳定性，造成网络失灵。[②]

目前，我国新能源汽车财政补贴主要是补贴整车，整车厂商在争取补贴资源时处于有利地位，这势必会影响创新网络中其他主体的创新积极性和能力，比如最为关键的零部件厂商很难直接获得补贴，造成创新网络的失灵问题。

首先，新能源汽车电池厂商作为电池技术和产品的研制者，是产业技术创新的核心力量，但是在当前直接支付给整车企业的补贴方式下，电池厂商很难获得补贴，企业技术创新缺乏积极性，电池技术进

① M. G. Schoonmaker and E. G. Carayannis, “Assessing the Value of Regional Innovation Networks”, *Journal of the Knowledge Economy*, Vol. 1, No. 1, 2010, pp. 48 – 66.

② 蔡宁、徐梦周：《产业集群网络失灵及其政策启示》，《重庆大学学报》（社会科学版）2008 年第 14 期。

步缓慢，新能源汽车创新网络缺乏前进的动力。其次，电池租赁和换电模式等商业创新是商业模式的有益补充，应得到肯定和尝试，但是为了获得丰厚的财政补贴，多数整车厂商选择电池绑定销售、充电的商业模式，力图掌控电池研制、销售、使用等环节，一体化的经营思路关上了充分竞争的大门。最后，消费者本应该因为财政补贴而增加新能源汽车的消费欲望，但是由于消费者缺乏弹性，且难以判断是否享受到足额的补贴，面向私人消费的新能源汽车市场启动缓慢。此外，很多真正有意愿进行新能源汽车创新的创新主体却因为企业规模、性质、市场准入等原因无法获得补贴资金，因此，这些企业选择观望，而不是积极进入市场并开展研发活动。

我国新能源汽车补贴方式、对象等缺陷引起的资源分配问题，导致整车企业、电池企业、基础设施建设商、消费者未能良好互动、竞合创新，减缓了创新网络的技术进步速度，影响了产业链的完善。

由上述分析可见，目前新能源汽车财政补贴政策存在着“挤出效应”并引起了“网络失灵”现象。到一定阶段，财政补贴若不及时退出，代之以新的多主体创新网络运行机制，这种补贴不但加大了财政负担，甚至会阻碍新能源汽车产业的创新进程。因此，应该调整补贴结构，逐步减少直至取消针对新能源汽车销售的补贴，把商业化过程交由市场完成，加大基础和应用研究的补贴力度，着重向关键零部件研发、基础服务设施建设倾斜，实现新能源汽车产业自我驱动创新。

第三节　当前新能源汽车产业化的阻碍因素分析

目前，我国新能源汽车产业存在着诸多不足，导致了产业链不完善、创新动力不足等问题，阻碍了新能源汽车产业化进程，政府补贴虽然一定程度上有助于消除这些制约因素，但难以从根本上解决，最终陷入“补贴—产业化受阻—再补贴”的困境。因此，补贴退出后的创新网络运行机制必须研究并消除这些不利因素。

本节以产业链为对象，分析新能源汽车产业化的阻碍因素（见图3－1）。

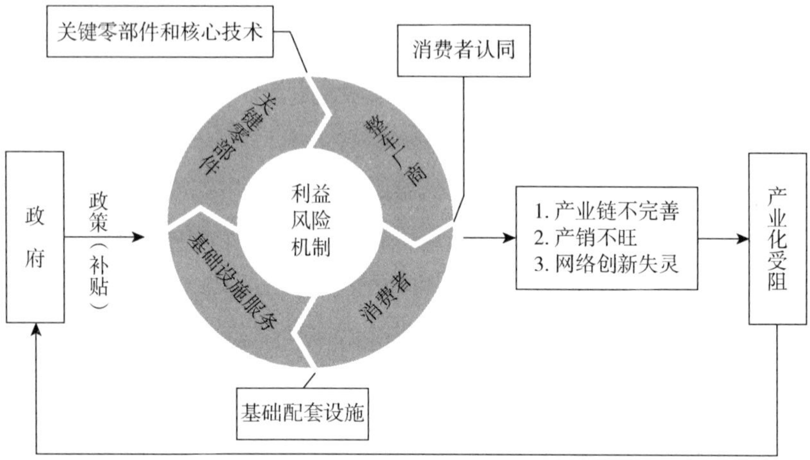

图3－1 当前新能源汽车产业化的阻碍因素

资料来源：本书作者整理。

一 关键零部件和核心技术

我国初步掌握了“电机、电控、电池”这“三电”技术，但与日本、美国等发达国家相比差距甚大，而且缺乏进一步产业化的技术能力，具体表现在关键零部件系统化、模块化、标准化程度低，以及技术指标与国外存在较大差距，给国内新能源汽车生产造成了一定不利影响。①

目前，我国新能源汽车零部件生产企业大多从业时间短、实力有限，在核心技术研发方面各自为政、无序发展，缺乏龙头企业，而且面临着国外新能源汽车零部件制造巨头的渗入。

在关键零部件和核心技术中，动力电池显得尤为关键，它是新能源汽车研发制造的核心。但是，我国电池企业属于低水平重复建设，缺乏核心技术，技术专利绝大多数为外国企业所拥有，上游材料严重

① 王昌文：《我国新能源汽车零部件发展必须解决7大问题》，《汽车工程师》2010年第5期。

依赖进口，导致电池生产成本高昂、产业化进展缓慢等问题非常严峻。在性能方面，动力电池技术滞后使得新能源汽车在续航里程、充电时间、循环寿命等方面还不能满足市场需求，主要表现为充电时间长、单次充电行驶里程短、电池整体性能的稳定性与安全性尚需时间验证等。

二　基础配套服务设施建设

目前，除了价格因素，新能源汽车市场化进程缓慢的另一重要原因是配套服务设施不完善。新能源汽车不同于传统汽车，基础配套设施建设是新能源汽车产业化的前提，要使消费者，尤其是私人购买并使用新能源汽车，充电站、充电桩、换电站等配套设施建设必须完善，否则会增加消费者的顾虑。理论上，基础配套设施建设宜早不宜迟，但我国新能源汽车基础配套设施建设仍相对滞后，原因如下。

首先，新能源整车厂商和基础设施建设商面对未知市场前景持观望态度，整车企业在基础设施完善前，难以启动消费市场，基础设施建设商在新能源汽车产业化之前也不愿大规模建设配套设施，双方都不愿迈出第一步，由此陷入僵局；其次，配套服务设施建设的技术路线、技术标准及相关政策尚未出台，企业不敢贸然大规模建设配套设施；最后，目前基础配套设施主要是满足公交车、出租车、公务用车等公共服务用车需要，面向私人用车需要的配套设施建设尚不完善。

三　利益风险机制

新能源汽车的产业链主要涉及上游原材料、关键零部件、整车制造、能源供应及服务等，新能源汽车要实现产业化就必须使产业链各主体协同推进，任何一个环节缺失、滞后、超前都将阻碍产业化进程。新能源汽车具有广阔的发展前景，各方都想尽早部署，抢占先机，但由于新能源汽车存在的市场、技术、政策风险，各方又都相互观望，谁都想在未来产业链上占据有利位置，又都不愿承担探索的风险，特别在投资大，风险大，见效慢的核心技术研发方面，更是少有企业愿意自己投资而为整个产业的发展奠定基础。例如，整车企业和能源供应企业有“先有鸡还是先有蛋”和“充换电模式”之争，关键零部件厂商和整车企业有“零依附整”还是“零整平等”的商业模式之争，民营企业和国有企业有资源之争等。这样的牵制、消耗很容易造成产业链条环节的缺失。究其原因，是没有建立合理的利益分享、风险共担机制。

四 市场认同

新能源汽车产业化的另一端是消费者，其产业化程度取决于消费者的认可程度。虽然新能源汽车具有使用成本优势和环境效益，但是其高昂的销售价格、使用的不便利减弱了上述优势，新能源汽车不能获得消费者认可，新能源汽车市场化就无从谈起。

消费者的认同困惑主要来自于新能源汽车的销售价格、充电便利性和续航里程等方面。

首先，新能源汽车销售价格高，直接抵消了其使用成本优势，抑制了消费者的购买热情。《南方都市报》2012 年 6 月进行的调查表明，52.4% 的受访者认为“新能源汽车高于同级别传统车型的价格”，这是新能源汽车市场化的阻碍因素，65% 的受访者愿意在 10 万元以下购买汽车，10 万元成为许多国内消费者购车的价格敏感点。而目前几款新能源汽车重点车型的价格如下：比亚迪 e6 先行者报价 36.98 万元，上汽荣威 E50 报价 23.49 万元，众泰朗悦报价 25 万，即使加上补贴，上市的新能源汽车销售价格远高于或略高于同品牌、同等级的燃油汽车，显然当前新能源汽车价格不具备任何优势。

其次，续航里程和充电便利性问题，这涉及电池性能、充电设施完善程度和充电时间。在续航里程方面，普通新能源汽车一次充电后的续航里程为 100—160 公里，而 69% 中国受访者只有当新能源汽车能够持续行驶 320 公里时才会购买。在充电设施方面，正如前文所述，目前并不完善。在充电时间方面，目前标准充电 5—8 小时，中快速充电 1—2 小时，快速充电 10 分钟以内，56%受访者认为充电时间过长。

此外，新能源汽车的安全性、成本回收周期、环保观念等也影响着新能源汽车市场的开启。

五　财政补贴退出后的创新网络运行机制的构建

1. 新能源汽车创新网络运行机制构建思路

上文我们对我国新能源汽车财政补贴引起的挤出效应、网络失灵问题和当前新能源汽车产业化进程的阻碍因素进行了分析，发现财政补贴存在政策弊端，并未有效刺激供需双方，也不能从根本上消除产业化进程中的阻碍因素，而是造成了产业发展困境。财政补贴调整方向，逐步退出新能源汽车产业化过程，加大研发环节投入将是政府创新政策的趋势。

财政补贴退出后的创新网络运行机制构建就是在现有技术条件下，设计基于退出补贴的创新网络运行机制，尤其是商业模式的创新，以推动新能源汽车产业化，实现产业化成果反哺技术进步，最终形成产业化和技术进步相结合的技术创新良性循环。这样的创新网络运行机制能在补贴退出的情况下，既弥补财政补贴原有的政策效益，又消除新能源汽车产业化发展的阻碍因素，实现新能源汽车创新网络的自行驱动和运行。

2. 新能源汽车创新网络运行机制

胡登峰等认为新能源汽车创新网络是指为适应汽车产业发展需要，由不同的创新主体和客体所建立的网络组织形式、网络关系及其制度性安排。[①] 运行机制是指其构造和工作原理。新能源汽车创新网络运行机制就是以图表、文字等形式解释新能源汽车创新网络构造、生成、运行等的工作原理。本部分选取新能源汽车产业链上的五个创新主体，即整车厂商（EV 厂商）、电池厂商、运营服务商、消费者和政府，构

① 胡登峰、刘洁、程楠：《新能源汽车产业创新网络的内涵、演化及其取向》，《重庆社会科学》2012 年第 2 期。

建新能源汽车创新网络，并阐述其运行机制（见图3-2）。

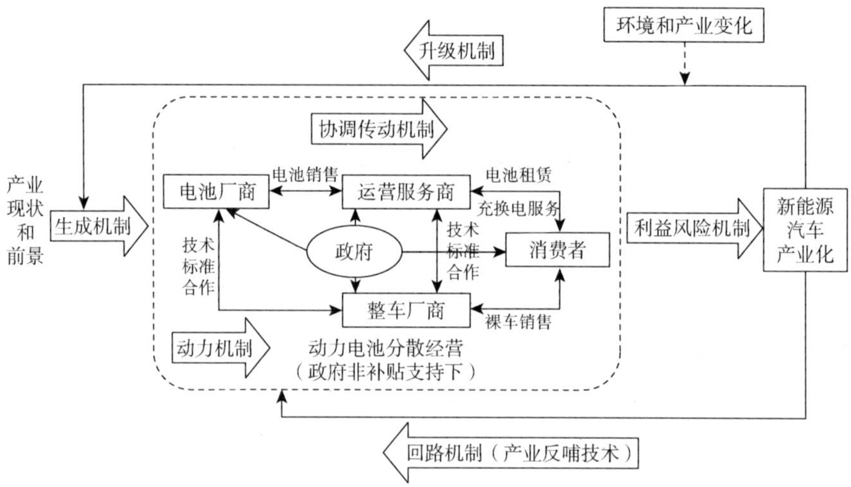

图3-2 财政补贴退出后的新能源汽车创新网络运行机制模型

资料来源：本书作者整理。

（1）动力生成机制

新能源汽车创新网络动力生成机制是指促成创新网络生成的驱动因素，推动网络运行的原动力及其作用方式。

新能源汽车产业前景和困境直接促成创新网络构建。Lowendahl 认为创新网络形成是由于单个企业能力有限，不能适应技术变化，面临着巨大的风险和不确定性，为了规避这种风险和降低交易成本，企业之间结成相对稳固的网络关系以应对环境变化和竞争。[①] Granovetter 认为政府引导有利于创新网络形成以及创新秩序和规则建立。[②] 新能源汽车创新网络的生成是由新能源汽车产业发展需要以及政府政策驱动两个方面催生的，在产业发展需要方面，我国新能源汽车产业化取得了一定发展，但是核心技术和关键零部件尚未得到有效突破，市场化

① Lowendahl, J., "Business Model Innovation Examples in Education", *Gartner Research Note*, 2013.

② 胡登峰、刘洁、程楠：《新能源汽车产业创新网络的内涵、演化及其取向》，《重庆社会科学》2012年第2期。

进程困难重重，产业链构建也不完善。在面临困难的同时，新能源汽车产业未来巨大的市场和利益使得各市场主体不得不关注和推动产业的发展。产业发展问题不是某个企业能够独立完成的，没有哪个企业能够拥有全部技术和产品，也不可能提供全部的服务，这些需要依靠产业创新网络来实现。在政策驱动方面，我国将新能源汽车产业视为经济转型和汽车产业升级的重要突破口，并已经意识到产业化过程中遇到的问题，政府出台的有关新能源汽车产业扶持政策更加刺激了市场主体对于创新网络的认知。

动力电池分散经营是创新网络运行的动力：

动力机制解决的是创新网络自行驱动的动力来源。目前，新能源汽车产业化的障碍之一是动力电池问题，解决动力电池问题是解决当前创新网络困境的第一个切入口，也是驱动创新网络的动力源泉所在。任何技术进步都有特定的技术周期，不可能一蹴而就，在既定技术水平条件下，设计商业模式即高价值通用件分散经营，将成为新能源汽车创新网络运行的原动力。

首先，在动力电池分散经营模式下，消费者只需购买不含动力电池的新能源汽车裸车，降低了消费者初次购车成本，并且动力电池分散经营提供的充换兼容的电力供给模式和系统运营网络，解决了充电不方便、充电时间过长、续航里程短等问题。这些都可以消除消费者对购买新能源汽车的顾虑，有利于开拓新能源汽车市场。

其次，新能源汽车市场开启，可以有效刺激新能源汽车产业的发展，包括整车企业、关键零部件厂商（主要指电池企业）、运营服务商。整车企业能够生产更加多样化的新能源汽车，电池厂商能够加快电池技术研发，运营服务商能够完善基础设施建设，这样，新能源汽车产业各个主体相互观望的困局有望打破，实现产业链各个环节的协调发展。

（2）传动协调机制

新能源汽车创新网络的各个节点在资源、技术知识、收益等方面存在差异，因此创新过程中难免出现协作不畅和冲突。建立有效的传动协调机制能够消除各节点间的不协调，实现创新网络节点的顺利连接，确保创新网络的系统创新。

整车厂商——电池厂商的传动。新能源汽车整车厂商和电池厂商作为新能源汽车制造方，它们的共同任务就是生产出符合消费者和运营服务商现实需求的新能源汽车产品，该传动的核心是裸车和动力电池的匹配。二者之间要在整车技术和电池技术领域加强合作，例如电池重量、电池安放位置等，使新能源汽车最大限度利用电能，满足充换电操作需求，确保汽车安全。

整车厂商——消费者的传动。新能源汽车之所以价格高昂，是因为传统的销售模式是将裸车与动力电池捆绑销售，而动力电池成本非常高昂，约为100—350美元/千瓦时，大概是整车成本的40%—60%，大幅度提高了新能源汽车的价格。以色列Better Place创始人夏嘉曦认为，把新能源汽车裸车和动力电池捆绑销售就好比在出售传统燃油汽车时搭售了足够汽车跑好几年的汽油，绝大多数消费者都无法承担如此高昂的新能源汽车价格。[①] 因此，动力电池分散经营一改传统汽车销售模式，实现裸车和电池在物理和财务上的分离，新能源汽车厂商一般只向消费者提供不含电池的裸车，这样裸车的价格将降低至整车的40%—60%，从而使新能源汽车价格具备了可与传统燃油汽车竞争的价格优势。以比亚迪e6先行者为例，实现车电分离销售，销售价格将从36.98万元下降至14.8万元，仅略高于比亚迪同等级燃油汽车。在该环节中，消费者要根据整车厂商所提供的汽车质量、价格等因素作出理性选择，支持技术领先、价格合理的企业创新和发展。

运营服务商——电池厂商的传动。在该创新网络中，运营服务商出租电池，同时提供充换电服务，因此需要加强与电池厂商的产品技术合作，关键在于实现动力电池和充换电设施的匹配。

a. 运营服务商是动力电池出租者，需要大量购置电池，这就要求运营服务商能够从众多电池厂商中选择出质量优良、价格合理的电池，实现对动力电池的第一次市场选择。

b. 电池厂商作为电池的供给者，应当致力于提供质优价廉的电池，强化动力电池的技术创新。

---

① 塞诺丹、辛格索尔：《创业国度——以色列》，《经济导刊》2012年第7期。

c. 充换兼容的电力供给模式要求确保市场上新能源汽车电池和充电设备标准的统一。这类似于不同品牌的手机电池和充电器性能允许存在差异，但是基本标准需要保持一致。考虑到当前动力电池五花八门、运营服务商的运营成本等因素，动力电池运营服务商和电池厂商可以合作为动力电池制定标准，实现电池标准化。

运营服务商——整车厂商的传动。长期以来，整车厂商和运营服务商（主要指电力企业）存在着充换电技术路线之争，绝大多数车企选择充电模式，以国家电网、南方电网为代表的电力企业则选择换电模式，这导致新能源汽车产品和基础设施不配套。在动力电池分散经营模式下，二者协调传动的关键是明确“充换电结合”的技术路线，新能源汽车整车厂商制造符合运营服务商“充换电兼容”需求的汽车，运营服务商为各类新能源汽车提供专业运营服务，实现整车厂商和运营服务商的有效传动。

运营服务商——消费者的传动。在购得新能源汽车裸车之后，车主面临的问题就是缺少电池和充电问题，这是“车电分离”销售模式的逻辑后果。运营服务商充当电信服务商角色，其经营模式与电信服务商付费通信模式相似，即电信服务商建设通信设施，消费者付费享受通信服务。

首先，该传动的核心在于电池的所有权和使用权相分离，运营服务商向电池企业购买或租赁电池，消费者再向运营服务商租赁电池，电池所有权归运营服务商，使用权归二者共有，电池租赁费用可按照租赁期限、行驶里程等方式计算。

其次，专业运营服务商进行大规模的基础设施建设，将电线拉至住宅小区、商场、停车场等公共场所，同时建设辐射一定范围的充换电站，甚至可以将每个便利店、餐厅作为其充电设施网络的末端。此外，运营服务商建立智能运营控制中心，推出集全球定位、充电设施和电池管理功能的车载系统，管理庞大的运营服务网络，还定期对电池进行深度充电、深度放电、清洁、基本数据检测等专业维护。

最后，在该网络中，运营服务商提供充换兼容的电力补给模式，由消费者根据自身需求选择。当新能源汽车行驶在路上时，车主可以通过车载系统随时了解剩余里程、剩余电量、最近的充换电站距离等信息。新能源汽车车主像传统汽车加油一样，到运营服务商的充换电设施处进行电力补给，并支付电费。若需紧急换电，车主将汽车驶入换电站，无需下车就可由机器人手臂更换电池，全程只需 1—2 分钟，与传统汽车加油耗时一致；若无需紧急充电，车主则可以到充电站，住宅区、商场等公共场所的充电桩充电，快充为 10—15 分钟，慢充为 30—120 分钟。

在该传动环节，一方面消费者可以对电池厂商的电池产品和运营服务商的服务给予市场选择，刺激技术和服务的改进。运营服务商可以考虑由国家电网等电力企业充当，因其是国有企业，配套设施建设阻力较小。出于维护消费者利益和反垄断的考虑，应当采取特许经营，同时确保存在几家有竞争的运营服务商，在这方面需要政府介入。

政府——其他创新主体的传动。在财政补贴退出后的创新网络中，政府应当继续充当产业引导者和支持者的角色，为新能源汽车各个环节提供政策支持，政策引导的思路是“市场调节为主，政策引导为辅”。政府应当明确新能源汽车产业规划和技术路线，调整财政补贴结构，并逐步退出财政补贴，以非补贴形式的创新政策激励创新网络各主体。但是在基础研究和共性技术研发等社会收益远远大于私人收益的方面，政府要进一步增加投资额度予以大力支持，在资金支持的同时，加强建设科研成果的客观评价体系，用以推动科学研究，使技术研发人员能够得到客观评价，在客观评价的基础上得到相应的回报，以激励科学家和技术专家努力地投身于科学发展和技术进步事业。

（3）利益风险机制

新能源汽车创新网络运营的核心在于存在潜在利益和可能风险，利益风险机制就是创新网络中各利益相关者的利益分配和风险分割，它是各节点竞合创新和创新网络自主运行的关键。创新网络利益分配不仅是经济利益的分配，还包含专利权、营销渠道、无形资产的分配，创新网络的风险包括技术风险、市场风险、政策风险、系统创新风险等。建立合理的风险利益机制需要明确各创新主体的角色，厘清利益风险关系，不仅要考虑创新网络的整体，还要根据各节点所花费的成本和所承担的风险，实现利益共享、风险共担。在复杂多变的环境中，为大多数企业所认同的利益风险机制是创新网络的黏合剂和持续推动力。

任何市场主体都在追求利益最大化，并且为了利益而竞争、对抗、合作，利益分享需要考虑创新主体的资源投入和所承担风险的大小。构建新能源汽车创新网络利益分享机制，就是要在新能源汽车产业链上平衡各创新主体的利益和风险。我们将结合当前新能源汽车产业链价值分布状况（见表3－1）和再设计的创新网络重构价值分享体系。

表3－1　　新能源汽车产业的利益风险分布

创新主体	利益享受	风险承担
电池厂商	地位重要，但依附整车，受益有限	技术、市场、政策风险
整车厂商	地位有利，受益较大（补贴）	技术、市场、政策风险
运营服务商	多元增值利益，可能垄断	前期巨额投入和市场、政策风险
消费者	可能的综合成本优势，体验新事物	成本、技术、使用便利性的风险
政府	经济产业效益和环境外部效益	产业支持（补贴）和产业风险

资料来源：本书作者整理。

整车厂商和电池厂商的利益风险重构。在现有技术条件下，新能源汽车厂商的最大任务就是实现市场化并获得利益，逐步实现产业化的更迭。首先，电池分散经营模式提供了消费者乐于接受的新能源汽车市场化解决方案，降低了新能源汽车市场推广的风险。其次，据测算，新能源汽车市场化初始规模一旦达到6万辆，新能源汽车厂商将迎来更快发展，其中巨大的规模经济效应将得以显现。例如比亚迪F3DM年产量达到20万台后，动力电池成本降至3万元。此外，杨峰等指出，电动汽车的整车价格和电池成本占全寿命成本的89.2%[①]，这意味着一旦实现市场化，新能源汽车厂商将存在巨大的获利空间。值得一提的是，整车厂商和电池厂商完全可以突破产业界限，转变发

① 杨峰、傅俊：《纯电动汽车经济性比较与分析》，《武汉理工大学学报》（信息与管理工程版）2009年第31期。

展思维，向运营服务商等后续服务延伸，以追求更大的收益。

运营服务商的利益风险重构。新能源汽车运营服务商的盈利模式，其实质在于依靠可观的充换电收益和一定的电池租赁收益，回收基础设施建设支出和电池的高昂成本，最终实现盈利。此外，运营服务商因其技术专业性、设备使用效率、规模经济效应、政府优惠政策等优势，使得运营服务成本降低，盈利增加。虽然，运营服务商需要承担基础配套设施建设的巨额投入，且投资回报需要一定周期，但由于运营服务商掌握着动力电池这一核心部件，因此为其盈利模式创新带来巨大的空间，因为“谁拥有了电池就占据了整个产业”。

消费者的利益风险重构。该创新网络是基于消费者的利益而设计，使消费者较之以往在最大程度上获益。首先，消费者将获得国家政策优惠，享受到更为明显的优势价格购买车辆，使得消费者花费略高于传统汽车但远低于新能源汽车整车价格（$P_1 < P < P_2$）就能购买到新能源汽车。这种设计可以使新能源汽车销售价格减低30%—40%。其次，消费者享受到更为明显的综合成本优势。如图3－3所示，在车电分离模式下，阴影部分表示车电分离模式带来的综合成本优势，综合成本优势显现期限为第t_1年，在车电捆绑模式下却需要t_2年（与裸车使用期限t年近似）。可见，车电分离模式产生的成本优势规模更明显，显现周期更短，使用新能源汽车更具有成本优势。由于新能源汽车综合成本优势主要来自油电差价，随着燃油价格持续走高，这种优势将更为可观。最后，消费者还能享受燃油税、购置税、路桥费、无上牌限制等国家政策优惠。

该创新网络较好地满足了充电便利性、充电时间、续航里程等需求。而且，消费者无须承担电池购置、维护、保修等费用，还可以通过电池租赁、更换，不断使用最新的动力电池技术。因为该创新网络是基于技术水平既定条件设计的，因而消费者需要承担新能源汽车技术风险和技术进步周期中的各种成本，比如资金、便利性等。

政府的利益风险重构。对于任何战略性新兴产业，政府都应肩负产业引导者和支持者的角色。在该创新网络中，政府将逐步退出对新能源汽车市场化阶段的财政补贴，将有限的补贴资金投入到新能源汽车技术

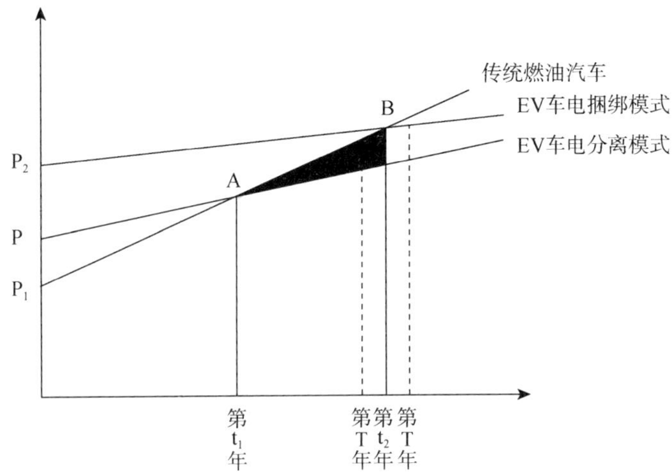

图3-3 车电分离模式的价格优势和综合成本优势

资料来源：本书作者整理。

研发当中，真正鼓励技术进步，尤其是动力电池技术。政府在减轻财政压力的情况下更好地刺激新能源汽车产业的发展。更为重要的是，整个国家将获得良好的环境收益，实现汽车工业的超越和经济增长方式的转变。但是，政府依然要承担对产业的支持和创新网络的系统风险，这要求政府出台切实有效的创新政策，鼓励新能源汽车产业发展。

（4）升级回路机制

新能源汽车创新网络演化升级就是一个从不平衡到平衡再到不平衡的循环往复的过程，而失衡是创新网络的常态，均衡也只是动态平衡。创新网络的演化升级能够不断地增强创新网络的自适应能力和自我调节能力。第一，新能源汽车创新网络演化升级的动力，来自创新网络中各个主体之间的不平衡和对新能源汽车产业更高目标的提出。[①] 第二，新能源汽车创新网络演化升级要求创新主体以自身实力、市场前景、利益分配、产业关系等因素，重组创新网络，完成新能源汽车创新网络的优胜劣汰。第三，优化升级后的新能源汽车创新网络，将

① 胡登峰、刘洁、程楠：《新能源汽车产业创新网络的内涵、演化及其取向》，《重庆社会科学》2012年第2期。

以更为合理、有效的网络形式推动新能源汽车创新，实现新能源汽车创新网络运行。例如在未来20年之内，电池技术得到长足发展，甚至可以在不损害电池情况下快充，因此，运营服务商的盈利模式需要进一步创新。再比如在车电分离模式下，电池厂商和运营服务商更为直接地接受市场评价和选择，这就要求电池厂商和运营服务商不断提升技术和服务，实现创新网络的更新和升级。

创新网络应当是技术进步和市场化的结合，其运行机制也必定是个回路过程。在该创新网络中，新能源汽车产业化成果将反哺技术进步，这就完成了创新网络的闭环回路，推动下一轮创新。具体而言，车电分离的创新模式使得新能源汽车市场化规模扩大和收益提升，使创新网络各节点均有获益，在经济利益的驱动下，他们将进行自主技术研发投入，积极寻求技术进步，为财政补贴的有序退出提供前提。

3. 新能源汽车创新网络运行机制的效果分析

创新网络运行机制再设计的目的是在财政补贴退出的情形下，消除新能源汽车产业化阻碍因素，推动新能源汽车产业化发展。本部分从市场、产业、技术三个角度分析创新网络的效果。

（1）市场效果分析

着力降低新能源汽车整车销售价格，强化综合成本优势，刺激消费者购买欲望。

新能源汽车整车销售价格（主要是电池）过高，综合成本优势也需8—14年才能显现，甚至不具备任何综合成本优势，这直接影响消费者购买新能源汽车的意愿。高价值通用件分散经营在各个市场主体之间和产品使用周期中，分散了成本，并强化了新能源汽车的综合成本优势，有效地刺激市场开启。

首先，高价值通用件分散经营在各个市场主体之间，分散了新能源汽车成本。整车销售的传统模式所有成本压力都在汽车厂商身上，在市场开拓乏力和尚未规模生产的情况下，销售价格势必很难降低。“车电分离”将裸车成本分给车企，将电池成本分给运营服务商，前者依靠其传统制造技术，后者依靠其网络管理能力实现汽车制造和电力供给两个方面的成本削减。

其次，高价值通用件分散经营在新能源汽车使用周期中分散了新能源汽车成本。商业模式需要使消费者能够将成本（主要是电池成本）分摊到汽车的整个使用寿命中。动力电池分散经营使消费者不仅不需要承担电池高昂的购置费用，而且综合成本优势周期将大大缩短，增强新能源汽车的吸引力。我们以比亚迪 F3DM 和 F3 为例，分析消费者在燃油汽车模式、车电捆绑模式和车电分离模式下的成本差异（基本参数如表 3－2 所示，成本差异如表 3－3 所示）。

表 3－2　电动汽车 F3DM 和燃油汽车 F3 在车电捆绑和车电分离模式下的消费者成本分析

F3DM 参数		运营商参数	
裸车价格	150000 元	小区充电电力成本（谷）	0.2 元/kW·h
电池价格	50000 元	换电站电力成本（谷）	0.2 元/kW·h
续航里程	100km	公共场所电力成本（峰平）	0.7 元/kW·h
每百公里耗电	16 度/百公里	小区充电价格	1.5 元/kW·h
裸车报废期限	12 年	换电站换电价格	2 元/kW·h
		公共场所充电价格	1.8 元/kW·h
		电池租赁费用	100 元/月
		运营商电池成本	40000 元
F3 参数		**其他相关参数**	
每百公里综合油耗	7 升/百公里	小区充电：换电：公共场所充电比例	0.5：0.35：0.15
整车价格	74000 元	汽车年平均里程	20000km
93#汽油价格	7.44 元/L	非运营商充电价格	1.1 元/kW·h
		电池回收价格	8000 元

注：①比亚迪 F3DM 电池可循环充电 2000—4000 次，最多可行驶 60 万公里，但鉴于一般电动车考虑，本书假设 12 年裸车使用期限内需要配置 1.5 组电池组；②电价水平以深圳市南方电网资费标准为基础，考虑政府给予运营商 0.5 元/kW·h 优惠，93#汽油以 2013 年 5 月 10 日深圳油价为准；③充换电资费标准参考长策智库关于充电站收费的盈利标准，充电方式比例参考中国出口信用保险公司，捆绑模式以充电模式计算（没有人愿意将自己的新电池拿到市场交换）。

资料来源：本书作者整理。

表 3－3　电动汽车 F3DM 和燃油汽车 F3 在车电捆绑和车电分离模式下使用成本年数分析　单位：元

年数	1	2	3	4	5	6	7	8	9	10	11	12	总计成本	平均成本
燃油汽车	84400	10400	10400	10400	10400	140400	140400	140400	140400	140400	140400	140400	198800	16600
车电捆绑	151500	3500	3500	3500	3500	3500	3500	3500	53500	3500	3500	3500	205000	17100
车电分离	106700	6700	6700	6700	6700	6700	6700	6700	6700	6700	6700	6700	181800	15200

资料来源：本书作者整理。

若采取车电捆绑经营模式，比亚迪 F3DM 的销售价格远高于 F3，约为 F3 的 2 倍，并且在 12 年使用期限内的总成本接近 F3，不具备任何综合成本优势，新能源汽车高昂的购车价格抵消了油电差带来的使用成本优势。

若采取车电分离经营模式，比亚迪 F3DM 的购买价格将是整车价格的 66.7%（从 150000 元降至 100000 元），而且与燃油汽车相比，每年可节省 3500 元能源费用，平均每年省 1400 元（包含裸车成本）。尽管使用成本优势有限，但随着油价上涨和新能源汽车成本的下降，优势将更为明显。这样，F3DM 的高昂价格被摊至整个汽车的 12 年使用周期当中，具备了综合成本优势。此外，加上政府购置税、燃油税、路桥费、车船税、无购车上牌限制等的政策优惠，新能源汽车的初次购置成本和综合使用成本优势将更为明显。

再次，高价值通用件分散经营降低了新能源汽车的销售价格，打消了消费者高昂成本购车的疑虑，势必刺激新能源汽车市场开启，同时专业运营服务商将占据电池和电力供给等高价值环节，这样，专业运营服务商就敢于大规模地建设基础配套设施，消除配套设施不完善的现象。

最后，高价值通用件分散经营在现有技术条件下最大限度地解决了新能源汽车充电时间和续航里程的问题。通常，换电可以在 1 分钟之内完成，整个过程在 5 分钟之内；充电站充电时间也在 10—120 分钟；大部分的充电需求可在小区车位或者办公楼等地得到满足，只不过所需的时间较长。这种充换结合的电力补给方式，使车主可以根据需要选择电力补给方式，基本能满足车主在不同情况下的要求。一般电动汽车续航里程为 100—160 公里，足够车主行驶 2—4 天，在紧急情况下，可通过快速换电使续航里程最大提升至 320 公里，基本满足了车主的续航里程需求。

（2）技术效果分析

该创新网络虽然是基于现有技术水平条件再设计的，但完全可以包容技术进步对网络的干扰，因为创新正是技术进步和产业化的有机融合。

首先，随着产业化不断推进，产业化成果将持续反哺技术进步。目前，阻碍新能源汽车产业各主体持续创新的关键在于新能源汽车市场尚未打开，产业效益尚未显现，新能源汽车企业无力持续承担高昂的技术创新成本。在“十一五”期间，我国对新能源汽车研发的投入还不及发达国家政府或大公司一年的投入。再设计的创新网络因其独特的商业模式，有效刺激新能源汽车供需，使新能源汽车企业释放产能、实现盈利，从根本上改变因技术研发缺乏市场支撑的局面。据测算，车电分离经营和完善的基础设施有助于在 5—10 年内，培育一个产值上千亿元的新能源汽车产业，毫无疑问，技术创新资金也将因此大幅度增加。

其次，该创新网络鲜明的市场选择特征，将作为技术进步的市场导向。在现有补贴情形下的新能源汽车，更多的是符合政府政策的要求，而难以应对市场的考验，真正的技术进步应该基于市场需求进行并被市场认可。再设计的创新网络的市场选择特征主要表现为消费者对电池、运营服务商的市场选择：一方面，电池与裸车分离经营，消费者有更多自主权选择（租赁或购买）电池；另一方面，多家竞争的专业运营服务商并存，使消费者摆脱单一运营服务商的垄断经营模式。创新网络这种基于市场需求的特征将促进主体必须推进技术进步。以新能源汽车动力电池为例，电池已由整车厂商选择转化为消费者选择，消费者会毫无疑问地倾向于选择那些续航里程、充电时间、循环寿命、价格、安全性能等方面占优势的电池，这样质优价廉的电池将被市场认可，而性能差、价格高的电池将逐步被淘汰，这就要求电池厂商必须从市场需求出发，加强电池技术研发，增强自身实力，确保自己的电池产品在消费者选择上具备优势。

（3）产业效果分析

①以企业自主投入取代政府补贴，实现“补贴”向“免补贴”的顺利过渡。

对国家而言，一个企业乃至一个产业，最理想的就是实现自主驱动、自主运行，而不是依赖财政补贴。在财政补贴逐步退出的情况下，企业自主研发和市场化资金的自主供给模式将决定企业和产业的发展。价值分享体系的重构使得各个市场创新主体都能够获益，看到了该产业巨大的发展前景。如前所述，新能源汽车厂商实现市场化及规模生产，运营服务商将占据具有高增加值的新能源汽车服务环节，在市场化开启后，二者的任务就是将产业蛋糕越做越大，使新能源汽车厂商更有动力自主投入，推进市场化和科技进步。在企业主体自我发展情况下，政府就能够调整财政补贴结构并逐步退出，实现“补贴”向“免补贴”的顺利过渡。

②实现利益分享，风险分担，完善新能源汽车产业链。

目前，新能源汽车整车厂商、电池厂商、运营服务商都存在顾虑，彼此观望，导致新能源汽车产业链构建困难重重，主要表现为：整车厂商因市场难以开启导致的生产低迷、运营服务商在基础配套设施上的缺失、整车厂商与运营服务商的掣肘，究其实质就是合理价值分享体系的缺失。重构的价值分享体系有助于实现各个市场主体的利益共享、风险共担机制，激励创新主体积极发展、相互协调，这将成为完善产业链的核心。

在上述价值分享体系中，我们看到新能源汽车整车厂商、电池厂商、运营服务商都能获得利益并在一定程度上规避风险。首先，电池分散经营模式有助于刺激市场需求，促进整车厂商积极研发和规模生产，打破产销不旺的市场困境。其次，运营服务商因高增值的新能源汽车服务而大规模建设基础配套设施，推出手机订购、汽车共享等多元服务方案，解决了当前基础配套设施缺失的问题。再次，当前整车厂商和运营服务商的“充换电”模式之争，主要在于争取政府补贴，在财政补贴退出后，这样的无谓之争将消失，二者都将在充换电兼容模式下获利。

下面以运营服务商为例，分析其利益风险。

首先，我们分析一下运营服务商从单个新能源汽车车主那里取得的收益，以12年为期限的运营服务商利润分析如表3－4所示，仍以比亚迪F3DM为例：

表3－4 运营服务商从单个车主取得的收益（不含基础配套设施投入）

收益	充换电收益	66000元
	电池租赁收益	17300元
成本	充换电电力成本	10500元
	电池成本	48000元
利润	总计利润	24000元

资料来源：本书作者整理。

表3－4显示，运营服务商在一辆新能源汽车12年使用周期内，从单个车主获利24000元，平均每年2000元。但是，以上收益分析并未扣除基础设施建设的巨额投资支出，我们需要预测未来新能源汽车保有量和基础设施投资，最终确定运营服务商的投资回收周期和盈利能力。我们以深圳市为例，分析运营服务商的收益（如表3－5所示）。

表3－5 深圳市新能源汽车运营服务商的投资收益分析

运营服务商收益（不含基础设施）	年份	2013	2014	2015	2017	2018	2019	2020	2021	2022	2023	2024
	EV保有量（万辆）	1.1	2.3	5.0	10.8	23.2	50.0	107.6	107.6	107.6	107.6	107.6
	年收益（万元）	2200	4600	10000	21600	46400	100000	215200	215200	215200	215200	215200
	总收益（万元）	1476000										

续表

	充换电设施	数量（个）	单价（万元）	总成本（万元）
基础配套设施成本	换电站（含额外购置电池）	250	4000	1000000
	充电站	200	500	100000
	充电桩	150000	2.5	375000
	总成本（万元）	1475000		

资料来源：国家《节能与新能源汽车产业发展规划（2012—2020年）》、深圳市《新能源汽车发展规划》、科尔尼管理咨询公司等预测数据以及2008—2012年中国深圳市新能源汽车推广的实际表现；埃森哲咨询公司、长策智库的报告和南方电网2012年在深圳的基础配套设施建设状况。

结合表3－4和表3－5分析可得，运营服务商每年从单个车主身上可获得2000元的收益（不含基础设施成本），这与普通加油站盈利持平。此外，运营服务商的基础设施投资回收周期为12年，这完全是可接受的，因为基础设施本身就具有投资额大、回收周期长的特点，12年后投资成本完成回收，运营服务商将获得非常可观的利润。

可见，在既定技术水平条件下，价值分享体系的重构可以让产业各环节获益，解决了整车厂商生产低迷、基础配套设施缺失、整车厂商和运营服务商掣肘的问题，促进了产业主体协调，完善了新能源汽车产业链。

第四节　新能源汽车创新网络运行保障

再设计的创新网络为政府制定创新政策提供了依据，政府需要制定与创新网络相配套的政策，努力优化创新网络环境，减少创新阻力，推动创新网络良好运行。

一　调整补贴结构，财政补贴逐步退出市场

财政补贴在推动产业技术进步方面的作用非常有限，高额的财政补贴造成的资源浪费也不容忽视，上述再设计的创新网络在财政补贴

退出的情况下，很好地解决了新能源汽车市场化的问题，使政府财政补贴退出成为可能。从产业长远发展看，“免补贴”是政府支持新能源汽车产业发展的理想选择。

（1）政府需要科学调整财政补贴结构

第一，保持基础与应用研究中的财政补贴，退出市场化开发的财政补贴，将其交由市场。第二，将补贴向电池、基础配套设施领域倾斜。第三，要建立完善的补贴机制，加强财政补贴规划、发放、考核、反馈等环节审查，确保补贴真正用于奖励推动技术进步者。

（2）政府需要逐步退出财政补贴直至实现免补贴

现阶段，政府应当及时退出新能源汽车市场化补贴，将市场化开发交由市场，依靠商业模式创新开启新能源汽车市场。待新能源汽车产业已成规模时，及时退出研发补贴，由企业自主研发投入取代政府研发补贴。

二　以非补贴优惠政策取代财政补贴

政府作为新能源汽车产业的引导者和支持者，仍需利用非补贴形式的优惠政策支持新能源汽车产业的各主体。

一是给予消费者上牌、税收、收费、道路使用等非补贴形式的政策优惠，强化新能源汽车综合成本和使用优势。例如，加大对新能源汽车消费税的折扣力度，使购买新能源汽车比购买传统汽车更有竞争力，税收折扣应以新能源汽车节能效率为依据，而不是以车辆购置价格为依据。

二是给予运营服务商电力成本、土地审批等政策支持。基础设施建设具有投资额巨大、投资回报期长等特点，为促进基础设施的提前部署，政府需要给予运营服务商相应政策优惠，帮助其降低成本，缩短成本回收周期。例如，目前市场电力谷价约为 0.26 元/kW·h，峰价和平价均值约为 0.9 元/kW·h，为了确保运营服务商成本回收和盈利，政府可以考虑为运营商进一步降低电力谷价，使其获得更多的成本优势。再比如征地费用，中型充电站征地费用约为 200 万—250 万元，充电桩征地费用约为3万—6万元，占基础设施投资的比例较大，政府可以考虑在基础建设初期给予运营服务商征地费用优惠。

三 明确充换电兼容的技术路线，制定产业标准

网络创新要求各节点相互协调传动，其中一个重要环节就是路线标准。新能源汽车产业链各个环节都依政策而动，尽早制定技术路线和行业标准有利于创新节点协调，规避系统创新风险。路线标准制定需要政府主导、各利益相关者参与。

一是政府需要通过产业政策形式，明确充换电兼容的技术路线，为现阶段产业发展奠定基调。新能源汽车技术路线理应由市场选择，而非政府单独确定，但是由于整车企业和电力企业之间的“充换电模式之争”以及创新网络需要，现阶段明确充换兼容的技术路线需要政府介入，消除各方矛盾，促进产业发展。

二是政府需要结合各创新主体既有标准和产业发展需求，指导制定新能源汽车行业标准，尤其是电池标准和基础设施标准。统一新能源汽车技术标准、充电站建设及运营标准、电网标准、排放发放标准等各项规范，有效解决目前市场上充换电站互不兼容的问题，化解新能源汽车行业、电力行业、电池生产商之间因标准问题而产生的利益冲突。此外，政府应该鼓励国内企业积极参与新能源汽车国际标准的制定，投资国外具有相关专利和标准的企业，确保国内企业在国际标准制定中占据一席之地。

四 积极引导和规范基础配套设施建设

新能源汽车运营服务产业因其巨大的利润空间和重要战略地位，势必会引起基础设施建设资质牌照的争夺战，电力企业、汽车企业、石化企业、民间资本都将涌入，政府应当引导和规范基础配套设施建设，确保其健康有序发展。

一方面，政府要积极培育和规范基础配套设施建设，实行“放开

市场、引入竞争、科学规范”的政策，明确准入门槛和相关规范，实现运营服务商的主体多元化，杜绝垄断，保证良性竞争，由优胜劣汰机制实现市场平衡，推动技术进步。

另一方面，我国基础配套设施建设应当以电网企业、石化企业等大型国企为先导，以整车企业、民间资本作为有益补充，电网企业在电力和配网方面具有先天优势，石化企业具有网络渠道优势，它们足以承担基础配套设施建设的重任，保证基础配套设施建设平稳进行。2013 年 5 月，以色列电动汽车网络服务商 Better Place 宣布申请破产清算，失败的原因在于资本市场需求过大且依赖性过强，这对我国运营服务商发展具有重要警示意义。

第五节　小结

新能源汽车将是我国实现能源自主、环境保护、提升汽车产业竞争力的重要突破口，免财政补贴的新能源汽车产业自主发展，将是一定阶段内政府产业政策的理想选择。本书认为新能源汽车财政补贴因其引起的挤出效应和网络失灵问题，在一定阶段内需要及时退出，代之以新的政策设计。财政补贴退出后的多主体创新网络运行机制设计，即电池分散经营和价值分享体系重构，能够解决新能源汽车产业化过程中遇到的市场认同度低、基础配套设施不完善、技术无法满足市场需求、利益风险分配不合理等阻碍，使各创新网络节点分工协作、共同获益，实现创新网络的自主驱动、自主运行。基于再设计的创新网络运行机制，本书认为政府应当调整财政补贴结构，逐步退出财政补贴，以非补贴优惠政策替代补贴，并且明确充换兼容技术路线，指导制定新能源汽车产业标准，积极培育基础配套设施产业，实现新能源汽车的产业化目标及技术创新目标。

第四章　财政补贴退出后的多主体创新网络运行机制仿真分析

财政补贴能够有效推进技术进步，但到一定时段应及时退出，代之以新的政策设计，不然会产生挤出效应，造成创新投入不足。本书把创新网络分为大幅度财政补贴中、财政补贴减少过程中和财政补贴退出后三种情形，采用多智能主体 Blanche 平台对财政补贴退出前后的创新网络运行机制进行了仿真，分析了不同动力情形下的创新网络演化特征，为我国新能源汽车创新网络运行机制的转变奠定了基础。

第一节　引言

创新网络是由多个企业及相关组织构成的，以产品或工艺创新及产业化为目标，以知识共享为基础，松散耦合的动态开放性新型技术创新合作组织。[①] 创新网络的参与者为了应对创新中的不确定性和复杂性，获取互补技术，分散创新风险，在新产品开发、生产和商业化过程中共同参与创新活动，实现新技术的开发和扩散。[②] 从动力源来看，创新网络可分为外部驱动和内部驱动两种。外部驱动即借助外力推动，例如政府的支持，体现在“财政补贴”及其他优惠政策等方面。内部驱动

---

① 刘兰剑：《创新网络 17 年研究文献述评》，《研究与发展管理》2009 年第 4 期。

② 李支东、章仁俊：《企业创新网络促进技术创新：综述》，《江苏科技大学学报》（社会科学版）2011 年第 11 期。

是依靠创新网络自身的运行机制实现资源的合理分配和利用。

财政补贴在基础与应用研究中必不可少，开发研究则应由市场完成，而政策时滞会导致财政补贴不能及时退出，产生挤出效应，造成创新投入不足，以企业为主体的创新体系建立进程缓慢。因此，在一些情况下，财政补贴若不能及时退出，代之以新的政策设计，非但不能推动创新，反倒会阻碍创新过程。在财政补贴退出的情况下，如何引导创新企业自主创新，实现产业技术进步，需要设计一种创新网络运行机制，使其在财政补贴退出的情况下，既能取代财政补贴原有的推动功能，又能化解产业化初期的障碍，实现创新网络的自行驱动。

创新网络运行机制受到多种因素影响，研究者从不同角度对这些因素进行了研究。Arrow（1962）最早提出由于发明的不可分性、研发收益的外部性以及市场的不确定性，自发的基础研究投入会低于社会最优投入，为应对市场失灵，需要政府对不足部分进行补充。[①] Solow（1956）对技术进步的要素进行了解构，认为创新政策重点在于对高水平研发的支持。[②] Nelson（1982）强调了路径依赖对技术创新的影响，认为制度与技术具有协同演化的特点，创新政策在于缓解路径依赖对技术创新的影响。[③] 预期短视理论（Benartzi，1995）认为企业在对未来的技术发展方向预期上存在缺陷，需要政府发动各界力量对未来趋势进行预见。[④] 蔡宁（2008）、Schoonmaker（2010）从网络失灵出发，认为当创新网络各个组成部分不能有效运行的时候，个体的表现有可能因为创新网络表现滞后，需要政策干预。[⑤]

---

① Arrow, K. Nelson ed., "Economic welfare and the allocation of resources for innovations", *The rate and direction of incentive activity*: *Economic and social factors*, Princeton University Press, Princeton, 1962.

② Solow, R. M., "A contribution to the theory of economic growth", *The Quarterly Journal of economics*, Vol. 70, No. 1, 1956, pp. 65 – 94.

③ R. R. Nelson and S. G. Winter, *An evolutionary theory of economic change*, Cambridge: Belknap Press of Harvard University Press Cambridge, Mass, 1982.

④ S. Benartzi, R. Michaely, and R. Thaler, "Do changes in dividends signal the future or the past?" *The Journal of Finance*, Vol. 52, No. 3, 1997, pp. 1007 – 1034.

⑤ 蔡宁、徐梦周：《产业集群网络失灵及其政策启示》，《重庆大学学报》（社会科学版）2008 年第 14 期。

回顾文献可见，关于创新网络运行机制的研究关注点从应对市场失灵逐渐转移到应对网络失灵，不同派系的创新政策理论关注的问题侧重点不同，但共同点是比较重视政府的作用，尤其是政府资助在创新中的作用，对非政府主导型的内部驱动的创新网络的研究正在兴起。

在新能源汽车创新上，我国和发达国家同时起步，在不依靠“路径依赖”和“持续学习”的新技术轨道上，本应更容易实现技术跨越，但由于过度依赖政府补贴，企业缺乏全力投入创新过程的动力，超越国外汽车技术的“百年良机”正在丧失。大规模集成电路、通信技术、生物医药等领域的重大科研命题都存在类似的问题，汇聚全国核心科研力量的政府主导型多主体创新网络绩效并非尽如人意。因此，本书选择新能源汽车创新网络作为研究对象，通过研究不同补贴情形下的创新网络运行效果，试图对此类战略意义重大的创新网络治理问题提出新的思路，以发现提高创新绩效的路径和办法。

新能源汽车创新网络涉及全国创新资源，小规模样本的实证研究难以了解其全貌，仿真分析可以对问题形成直观的理解。因此，本书采用多智能主体 Blanche 平台，对财政补贴退出前后的创新网络运行机制模型进行仿真实验，以发现创新网络运行的机理。

第二节　多主体创新网络运行机制的仿真模型

一　建模思想

长期以来，我国受计划经济体制的影响，在很多重大的产业问题上，生产什么、生产多少等都由政府指令性或者指导性计划设定，政府是经济发展的主要推动者。因此，在重大创新领域，政府主导型创新网络常常占主导地位。在以企业为主体的创新网络尚未发育成熟，网络自我运行机制没有建立起来的情况下，政府主导型创新网络对我国技术进步起到了明显的推动作用。

财政补贴在产业发展初期具有强有力的推动作用，但随着产业的逐步成熟，如果继续保留会分散创新参与者的注意力，甚至以获得政府补贴资金为企业经营的主要目标，无法真正专注于技术进步。在趋于成熟阶段，创新主体根据自己的目标和利益决定结合市场的供给和需求来选择自己的方向，政府这一关键"推动力"的作用逐渐弱化。

根据我国新能源汽车创新中财政补贴主要用于整车销售的实际，本书把财政补贴分为大幅度财政补贴中、财政补贴减少过程中和财政补贴退出后三个阶段，确定模型主要参数进行仿真实验，为创新网络运行机制的转变奠定基础。

Blanche 仿真模型的基本思路是：创新网络中的参与者是一个具有市场竞争偏好的代理人（Agent），在一定时期内，参与者参与市场竞争的程度受到交流概率、节点之间的相似点和参与者交流的偏好等多个因素的影响，这些因素大多是服从正态分布、二项分布、泊松分布等分布的随机序列，这些因素之间存在相互影响。创新网络的运行机制是通过观察参与者参与市场竞争的意愿程度来发现的，并通过图形化的方法观察参与者之间的相对关系。

二　Blanche 模型描述

本书选取 Blanche 4. X 版本作为研究工具，Blanche 4. X 设网络有 n 个节点，也就是 n 个网络的参与者。作为参与创新网络的参与者，记为 Agent—i（i = 1，…，n）＝{AttX，AttY，PComm，Comm}，参与者的属性分别说明如下：

Blanche 模型 4. X 版本将创新网络中的每个节点的属性变量设置为两个变量 AttX 和 AttY，这两个变量是该节点对整个创新网络影响较大的两个属性变量。节点大的两个属性变量是节点行动的主要途径，这两个属性变量可代表节点的属性。AttX 和 AttY 取值为［0，1］，"1"表示这个节点可以完全具有这个属性，而且此节点这个属性的变化会导致创新网络相同属性同等的变化。"0"表示节点对创新网络中这个属性几乎完全没有影响。用［0，1］衡量节点对创新网络的影响程度，较容易描述创新网络中参与者的主要属性。选取两个对创新网络影响较大的属性变量比用单一向量测度更加全面可靠。

AttX 和 AttY 被指定为以下方程式：

AttX/AttY = IF SIGMA （Comm - ij - t）! = 0 THEN CNRAND [SIGMA （Comm - ij - t * AttX - j） / [SIGMA （Comm - ij - t）], 0.05, 0, 1） ELSE AttX. （4 - 1）

PComm 表示节点之间参与市场竞争的主观概率，主观概率反映的是节点参与技术创新的意愿。假设节点参与技术创新的意愿与是否有助于实现自己的目标和投资收益价值相关，即参与者倾向于参与有助于实现自己的目标和投资收益价值的市场竞争。其被指定为以下方程式：

PComm = ω × PComm_ ij 0.1 × [1 - ABS （AttX_ i - AttX_ j）] × [1 - ABS （AttY_ i - AttY_ j）]. （4 - 2）

式 4 - 2 中，ω 表示创新网络有助于实现节点目标和投资收益价值的权数，取值为［0，1］，表示节点参与创新网络的技术创新活动能在多大程度上实现自身的目标和投资收益价值。如果参与者预期参与创新活动不能较好地获得自身的目标和投资收益价值，则这种创新网络的市场竞争程度低，数值上体现为权数小。反之，如果参与者预期参与创新活动能较好地获得自身的目标和利益，则这种创新网络的市场竞争程度高，数值上体现为权数大。

Comm 表示节点 i 和 j 之间是否存在进行市场竞争的纽带，它表示为：

Comm = If URAND （0，1） < = PComm - ij - t THEN 1 ELSE 0. （4 - 3）

式 4 - 3 表明判断节点 i 和 j 之间是否存在进入创新网络的纽带的依据是节点 i 和 j 在当前的时间 t 内进行技术创新的可能性。这种概率性是否存在进入创新网络纽带的方法能对实际节点中一些随机波动状况做出解释。

创新网络中每个时点上涉及的如上变量都发生变化，这些变化导致了创新网络的不断演化，进而导致了创新网络运行机制的变化。创新网络中每个时点上变量的变化在 Blanche 模型中体现为随着模型运行次数的变化而变化。

在财政补贴较大的创新网络情形下，如果是政府认定的战略性行业，政府会增加财政补贴，制定优惠政策，引导其发展。参与者按照政府的支持方向进行市场竞争以获取财政补贴和优惠政策，而对于财政补贴没有涉及的行业领域参与者积极性较小，这在一定程度上促进了政府支持的领域的发展。然而财政补贴的有限性决定其只能涉及较少领域，因此，在巨额财政补贴的情况下，只有部分获得资助的企业进行创新活动，市场竞争程度低，数值上体现为 Pcomm 中的权系数 ω 的权数小。

财政补贴较少的创新网络情形下，创新网络受政府干预和影响的程度小，市场需求变革或新技术的出现会导致新的市场机会出现，大量参与者在平等的环境下参与竞争。创新网络参与者根据自己的目标和利益并结合市场的供给和需求来选择技术创新的方向，参与者为实现自身目标和利益参与广泛的市场竞争和创新活动，这种情况下所有节点参与创新的意愿较强，数值上体现为 Pcomm 中的权系数 ω 的权数大。

模型计算结果主要选取下面几个指标：

1. 为反映政府财政补贴对创新网络效率的影响，选取政府这一节点对整个创新网络影响较大的两个属性变量。该节点用 subsidies 表示，对整个创新网络影响较大的两个属性变量表示为 AttX→Value→subsidies 和 AttY→Value→subsidies。在新能源汽车创新网络中，财政补贴（sub）主要用于市场补贴和技术补贴，因此，将政府财政补贴对整个创新网络影响最大的两个因素设置为这两个方面。市场补贴解决高成本带来的市场化问题，补贴的目的是使创新网络中各参与者在交互作用中规避高额的成本带来的市场化问题。技术补贴是指在基础与应用研究中的技术补贴，解决的是共性技术投入不足问题，补贴的目的是应对系统型技术创新中的不确定性和复杂性。

2. 为反映整个创新网络的绩效，选取以下三个指标。

（1）Density（Den）即网络密度指标，网络密度描述了创新网络内实际存在的联系数量占到可能联系数量的比例。[①] 网络密度可以衡

① 李志刚：《基于网络结构的产业集群创新机制和创新绩效研究》，硕士学位论文，中国科学技术大学，2007 年。

量整体网络创新资源获取的能力和相对开放程度。Coleman 认为高密度创新网络缩短了信息传递的平均路径，加快了信息和资源的流动，创新网络中更容易发展出相互信任关系、共享准则，以及共同的行为模式，从而有利于创新知识和成果的迅速传播。[①] 因此，选取 Density（Den）计算创新网络每一次仿真中的整体网络密度。

（2）Transitiveness（Tra）即网络传递和转移指标，知识转移模式制约着合作创新主体知识转移意愿、转移效率和转移宽度，知识的流动和扩散是知识创新和核心能力形成的基本途径。创新网络节点之间知识转移有效性的提高有助于提升创新网络的创新能力。因此，选取 Transitiveness（Tra）指标表示创新网络中知识传递的效率。

（3）Reciprocity（Rec）即互惠性指标，互惠性衡量了节点间地位的平等性。Oliver（1990）认为互惠性强调组织间合作、联合及协调，而不是命令、权力与控制。在互惠的基础上，组织间的成员均愿共同利益及目标努力，因此更能促进创新合作产生，也有助于创新网络绩效的提升。因此，选取 Reciprocity（Rec）指标表示创新网络中的互惠程度。

第三节　多主体创新网络运行机制演化仿真与结果分析

一　参数设置

设置 1：在创新网络中处于相同位置的节点是网络位置或结构的等同体，不同节点是网络中不同的参与者。新能源汽车创新网络由政府、整车厂商、电池厂商、运营服务商和消费者五个参与者共同组成，它们通过价值链得以连接。

设置 2：创新节点初始值的设置。创新网络节点的初始值，即节

① 李志刚：《产业集群网络结构与企业创新绩效关系研究》，《科学学研究》2007 年第 4 期。

点最初对整个创新网络影响较大的两个属性变量 AttX，AttY 的值。

设置 3：假设创新网络中的节点最初的市场竞争的总体状况，也就是整个创新网络节点之间最初的市场竞争的可能性。这里设置影响市场竞争程度的因素服从正态分布的随机序列，设置 Dev. 表示误差控制的范围。设置的主要参数如下：

属性 X（on a scale of 0 to 1）：Normal Distribution Mean，Std. Dev；

属性 Y（on a scale of 0 to 1）：Normal Distribution Mean，Std. Dev；

节点之间进行市场竞争的可能性：Normal Distribution Mean，Std. Dev。

设置 4：PComm 中权系数 ω 值，其不同取值表示创新网络有助于实现节点目标和投资收益价值的权数，表示参与创新网络市场竞争有助于获得节点自身的目标和投资收益价值的程度。

二　仿真结果

1. 大幅度财政补贴中的创新网络。具体参数设置如下：

创新网络节点的初始值中，政府主导型大幅度的财政补贴的创新网络中政府节点在创新中占据主导地位，政府对整个创新网络的影响比较大。因此，政府对应的最初对整个创新网络影响最大的属性变量 AttX 取 0.900，影响次之的属性变量 AttY 取值比最大的属性变量小一些，本书取 0.800，两个属性变量都接近 1，表示政府对整个创新网络有较强的影响力。政府为主导的大幅度财政补贴以整车为导向，使整车厂商处于有利地位。电池是新能源汽车的主要部件，其对整个新能源汽车创新网络影响较大。运营服务商在新能源汽车产业化之前不愿大规模建设配套设施，消费者对新能源汽车销售价格、续航里程、安全性等基本无法选择，以上两个属性变量按中等偏下的可能性设置，具体设置见表 4－1。

表 4 – 1　　创新网络节点的初始值

创新主体	AttX	AttY
政府	0.900	0.800
整车厂商	0.600	0.550
电池厂商	0.650	0.500
运营服务商	0.500	0.400
消费者	0.550	0.600

资料来源：本书作者整理。

大幅度财政补贴中的创新网络参与者比较关心财政补贴的方向，市场竞争程度较低，对和财政补贴无关的交流积极性不高。因此，按网络中参与者有中等偏下参与市场竞争的可能性设置指标，本书中属性 X 和 Y 以及节点之间进行市场竞争的可能性的 Mean 值均设置为 0.4。根据经验法则，Std. Dev 控制在 0.1 以内。

大幅度财政补贴情形下，网络节点按财政补贴方向行事收益最大，参与广泛的市场竞争并不能很好实现自身投资收益价值，节点目标的多样化和财政补贴的有限性决定了创新网络不能很好地实现不同类型节点的目标，因此 ω 值不高，在这里设置为 0.6。为更贴近创新网络运行机制真实情况，模型运行周期选择为 Blanche 最高的运行周期 99 次。

主要属性 X（on a scale of 0 to 1）：Normal Distribution Mean = 0.4，Std. Dev = 0.1；

主要属性 Y（on a scale of 0 to 1）：Normal Distribution Mean = 0.4，Std. Dev = 0.1；

节点之间进行市场竞争的可能性：Normal Distribution Mean = 0.4，Std. Dev = 0.1；

模型运行周期 T = 99 次。结果如图 4 – 1 所示：

观察图 4 – 1 大幅度财政补贴中的创新网络受 sub 影响比较大。随着时间的推移，sub 对创新网络的影响有明显的增加。在此情形下参与者根据能否获得财政补贴进行竞争，财政补贴方向的变化使创新网

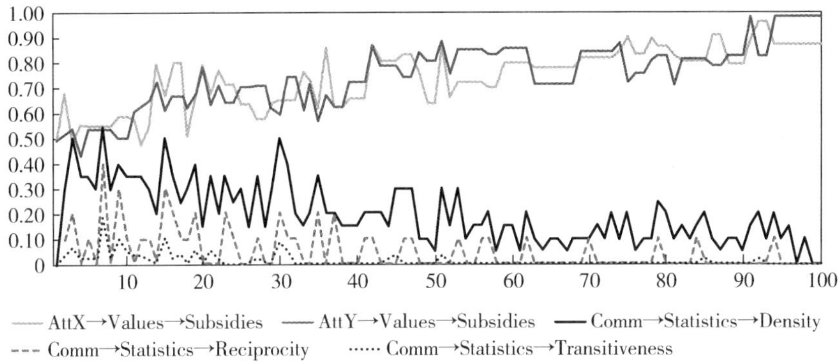

图4－1　大幅度财政补贴中的创新网络仿真结果

资料来源：实验所得。

络所依赖的路径发生改变，可以推论，财政补贴方向的频繁变化使创新网络处于不断变化中。政府导向型创新网络的初期 Den、Tra 和 Rec 均有一定程度的提高，但在模型运行 10 次以后（在横坐标轴 10 往右）均有所下降，财政补贴造成了创新系统整体表现滞后。

大幅度财政补贴中的技术创新网络存在于我国刚刚建立的新能源汽车创新网络中。创新网络中的参与者根据财政补贴的方向确定一定数量比例的原材料、人员和设备等来获取补贴，确定这些投入的取得途径取决于企业对参与者知识的认知。[①] 在创新网络形成初期，财政补贴在一定程度上补偿了企业研发创新外部性带来的成本与收益风险，有效地推进了技术进步。[②] 但到了一定的时段，在本模型中体现为模型运行 10 次以后，财政补贴引发的巨大的挤出效应挤压了企业研发投入，造成以企业为主体的创新网络建设进程缓慢，创新系统整体表现滞后，产生网络失灵问题。我国新能源汽车初期大幅度的财政补贴是以整车为导向的，试图通过降低新能源汽车的销售成本，促进新能源汽车的销售，以尽快实现新能源汽车的产业化。这在初期可促进新能

① 傅荣：《产业集群参与者交互偏好与知识网络演化：模型与仿真》，《中国管理科学》2006 年第 4 期。

② 朱云欢、张明喜：《我国财政补贴对企业研发影响的经验分析》，《经济经纬》2010 年第 5 期。

源产业的发展，但财政补贴造成创新网络创新主体的地位不对等，整车厂商存在一定的优势。这种创新网络所提供的渠道具有较小的选择性，存在各种定期制度的限制，难以与创新网络其他参与者进行及时的信息交换和沟通，信息的不对称使参与创新网络的交易成本大大提高，以上诸多缺点导致创新主体未能良好互动、竞合创新，这种补贴的倾向性阻碍了创新网络的发展。

2. 财政补贴减少过程中的创新网络。具体参数设置如下：

创新网络节点的初始值中，财政补贴减少过程中的创新网络中政府节点在创新中的主导地位有所降低，政府对整个创新网络的影响比大幅度补贴中的影响程度有所减弱。因此，政府对应的最初对整个创新网络影响较大的两个属性变量取值比大幅度补贴中的值有所减少，本书取 AttX 为 0.800，相应的取 AttY 为 0.700。政府主导地位的降低使整车厂商等四个创新节点的 AttX 和 AttY 的值比大幅度补贴中的值有所提升，具体设置如表 4－2 所示。

表 4－2　　创新网络节点的初始值

创新主体	AttX	AttY
政府	0.800	0.700
整车厂商	0.650	0.600
电池厂商	0.650	0.600
运营服务商	0.550	0.500
消费者	0.600	0.650

资料来源：本书作者整理。

财政补贴减少过程中创新网络的参与者减少了对财政补贴的依赖，市场竞争程度较高，参与者的主动性和积极性较高。因此，按网络中参与者有中等偏上参与市场竞争的可能性设置指标，属性 X 和 Y 以及节点之间进行市场竞争可能性的 Mean 值设置为 0.6。根据经验法则，Std. Dev 控制在 0.1 以内。财政补贴减少过程中的创新网络中市场需求变革或新技术的出现会导致出现新的市场机会，大量参与者在平等的环境下参与竞争，大量的市场机会和平等的市场环境使创新网络较好地实现节点目标和投资收益价值，因此，ω 值较高，在这里设置为 0.8。为更贴近创新网络运行机制真实情况，模型运行周期选择为 Blanche 最高的运行周期 99 次。

主要属性 X（on a scale of 0 to 1）：Normal Distribution Mean = 0.6，Std. Dev = 0.1；

主要属性 Y（on a scale of 0 to 1）：Normal Distribution Mean = 0.6，Std. Dev = 0.1；

节点之间进行市场竞争的可能性：Normal Distribution Mean = 0.6，Std. Dev = 0.1；

ω 值设置为 0.8

模型运行周期 T = 99 次。结果如图 4 - 2 所示：

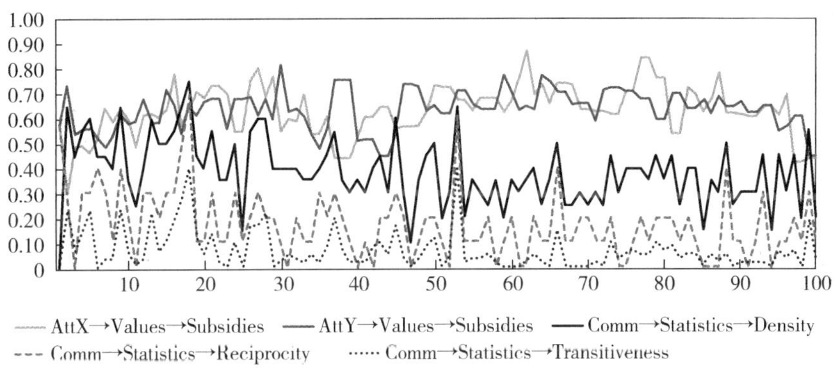

图 4 - 2　财政补贴减少过程中的创新网络仿真结果

资料来源：本书作者实验整理。

观察图 4 - 2，财政补贴减少过程中的创新网络减少了对 sub 的依赖，随着时间的推移，sub 对创新网络的影响虽波动较大，但整体维持在一定的数值。参与者之间形成的创新网络对财政补贴方向的影响趋于弱化。创新网络所依赖的路径较少受到财政补贴方向的变化而发生改变，创新网络逐渐摆脱财政补贴的作用，根据自身的需求进行市场竞争。目前我国新能源汽车创新网络处在这一阶段，逐渐减少了对财政补贴的依赖。

Den、Tra 和 Rec 相比大幅度财政补贴退出前的创新网络均有大幅度提高，这说明创新网络的绩效比大幅度补贴时的创新网络绩效明显提高。但随着时间的推移，网络 Den、Tra 和 Rec 波动较大，这种创新网络处在不稳定状态。财政补贴的减少有效避免了巨大的挤出效应，增加了企业研发投入，有效推进了以企业为主体的创新网络建设进程，一定程度上弥补了网络失灵。但目前新能源汽车创新网络运行机制的不完善使创新网络参与者之间的市场竞争趋于无序化。逐渐频繁的市场竞争、活跃的知识交互、创新网络运行机制的尚不健全使这种创新网络稳定性欠佳。创新网络的自驱运行机制尚不健全，没有实现创新网络的自驱运行。

3. 财政补贴退出后的创新网络。具体参数设置如下：

创新网络节点的初始值中，财政补贴退出后的市场主导型创新网络中政府对整个创新网络的影响比较小。[①] 本书通过设计创新网络运行机制来实现自行驱动重构的新能源汽车创新网络模型。在这个模型中，多主体创新网络中高价值通用件分散经营使其在各个创新主体之间和产品使用周期中分散了成本。价值分享体系促成各创新主体的良性传动。这种模式在推动新能源汽车市场化和产业化，以市场化和产业化反哺技术进步，形成多个循环回路推进机制等方面起了重要作用。因此，整车厂商、电池厂商、运营服务商、消费者对创新网络的影响均有所增强。

为更好地模拟市场补贴和技术补贴两类补贴的状况，本节对市场补贴和技术补贴两种情形下的财政补贴分别进行仿真实验。市场补贴和技术补贴的主要区分在创新网络节点的初始值的设置中。

在创新网络节点的初始值中，财政补贴退出后的创新网络中多主体创新网络较好的投资收益分享机制的设计一定程度上取代了市场补贴的作用，使市场补贴对整个创新网络的影响比较小，政府对整个创新网络的影响按中等偏下设置，因此，本书中取 0.400。好的投资收

① 曹孜：《区域创新网络结构特征及对企业创新能力的影响》，硕士学位论文，中南大学，2008 年。

益分享机制调动了整车厂商、电池厂商、运营服务商、消费者的积极性，使其对创新网络的影响均有所增强，因此选取对整个创新网络的影响按中等偏上设置，具体取值如表4－3所示。

表4－3 创新网络节点的初始值

创新主体	AttX
政府	0.400
整车厂商	0.700
电池厂商	0.750
运营服务商	0.700
消费者	0.700

资料来源：本书作者整理。

在财政补贴退出后的创新网络中，设计多主体创新网络较好的投资收益分享机制就需要财政补贴在基础与应用研究中共性研究的投入，因此技术补贴对整个创新网络的影响比较大，财政补贴中表示技术补贴的属性变量AttY的值设置如表4－4所示。

表4－4 创新网络节点的初始值

创新主体	AttX
政府	0.700
整车厂商	0.700
电池厂商	0.750
运营服务商	0.700
消费者	0.700

资料来源：本书作者整理。

在财政补贴退出后的创新网络中，参与者对财政补贴的依赖比财政补贴减少过程中进一步降低，市场竞争程度比财政补贴减少过程中进一步提高，参与者的主动性和积极性也进一步提高。因此，按网络中参与者有中等偏上参与市场竞争的可能性设置指标，这种状态下比财政补贴减少过程中的属性 X 和 Y 以及节点之间进行市场竞争可能性的 Mean 值高一些，在这里 Mean 值设置为 0.7。根据经验法则，Std. Dev 控制在 0.1 以内。财政补贴退出后的创新网络中市场需求变革或新技术的出现会产生新的市场机会，大量参与者在平等的环境下参与竞争，大量的市场机会和平等的市场环境使创新网络较好地实现节点目标和投资收益价值，因此，ω 值较高，在这里设置为 0.93。为更贴近创新网络运行机制真实情况，模型运行周期选择为 Blanche 最高的运行周期 99 次。

主要属性 X（on a scale of 0 to 1）：Normal Distribution Mean = 0.7，Std. Dev = 0.1；

主要属性 Y（on a scale of 0 to 1）：Normal Distribution Mean = 0.7，Std. Dev = 0.1；

节点之间进行市场竞争的可能性：Normal Distribution Mean = 0.7，Std. Dev = 0.1；

ω 值设置为 0.93

模型运行周期 T = 99 次。

结果如图 4 - 3 所示。

观察图 4 - 3 第一张图，AttX 所表示的在市场补贴领域的财政补贴呈下降趋势，表示财政补贴在市场领域中不断退出。财政补贴在市场补贴领域退出后的创新网络减少了对市场补贴的依赖，随着时间的推移，AttX-Values-sub 对创新网络的影响都有所减少。参与者之间形成的创新网络较少的受到财政补贴在市场领域方向的影响。因此，推论由于财政补贴政策的多变，特别是现实中由于信息的流入而使参与者自身的知识也处于动态变化中，知识网络的形成速度也许暂时不能满足创新网络发展的要求，然而，随着时间的推移，网络 Den、Tra 和 Rec 均有显著提高，到达准确认知的时间逐渐缩短。财政补贴在市场领域的退出有效避免了挤出效应，使创新网络效率提高，财政补贴逐步在市场领域退出后的创新网络机制将是政府政策创新的趋势。

财政补贴在市场补贴领域退出后的创新网络情况下，由于财政补

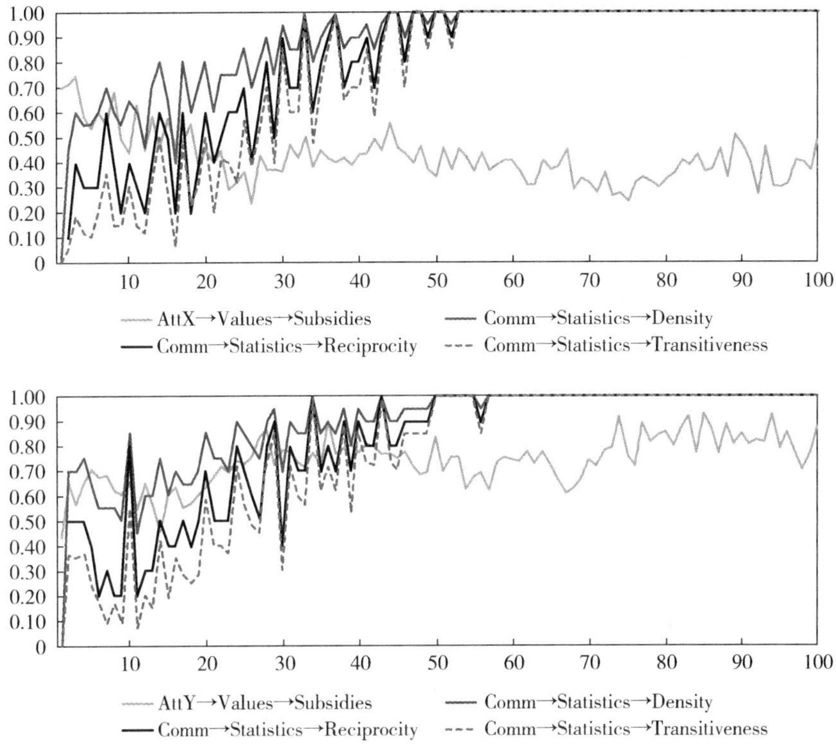

图4-3 财政补贴退出后的创新网络仿真结果

资料来源：本书作者实验整理。

贴在市场补贴领域的力度较小，创新的目标往往不清晰，企业很难确定明确的方向。而研发合作可降低不确定性、实现成本节约，它提供了一种有效的知识转移和组织学习的途径，因此，创新网络中参与者相互交流，进行信息和知识碰撞，在这个过程中形成彼此之间的知识认知，形成动态的知识网络。① 多主体创新网络中，参与者进行频繁的市场竞争，活跃的知识交流，技术的创新和产业化就来自参与者之间的交流和知识的碰撞，因此，多主体创新网络倾向于沟通和合作，并不急功近利地为财政补贴而进行市场竞争。这使创新网络的节点联

① 傅荣：《产业集群参与者交互偏好与知识网络演化：模型与仿真》，《中国管理科学》2006年第4期。

结强度有所增强，知识转移的速度加快，技术进步的程度加大，因此，Den、Tra 和 Rec 处于显著提高状态。

观察图 4－3 第二张图，AttY 表示的是在技术补贴领域的财政补贴呈增长趋势，表示财政补贴在技术领域呈增长趋势。随着时间的推移，网络 Den、Tra 和 Rec 均有显著提高，财政补贴在技术领域的增加使创新网络效率提高。财政补贴在基础与应用研究中的技术补贴必不可少，这方面的补贴解决了共性技术投入不足的问题。技术补贴降低了创新的不确定性，节省了交易成本，有效地促进了技术创新成果的相互磨合协调，最终形成系统型技术创新成果。因此，Den、Tra 和 Rec 处于显著提高状态。财政补贴在技术补贴领域不但不能退出，而且应该加大。

综上所述，财政补贴在基础与应用研究中的技术补贴必不可少，在市场领域的补贴应及时退出，开发研究阶段应由市场完成，否则会产生挤出效应，造成创新投入不足，以企业为主体的创新体系建立过程缓慢。在开发研究阶段，本书设计的多主体创新网络运行机制是取代在市场领域财政补贴的良好的投资利益分享机制。而弥补共性技术不足的技术领域的财政补贴不仅需要继续维持，而且需要加大。

第四节　小结

随着能源危机和环境污染的日趋严重，新能源汽车日渐成为研究的焦点，但新能源汽车背后的创新网络运行机制却不尽如人意。创新网络的运行机制是促进创新主体更有效地参与市场竞争，创新网络的运行机制本身成为创新网络的先决条件。① 本书通过设定相关参数，运用多智能主体 Blanche 平台对财政补贴退出前后的创新网络运行机制进行仿真分析。结果表明，在新能源汽车创新网络建立初期，财政

① 曹孜：《区域创新网络结构特征及对企业创新能力的影响》，硕士学士论文，中南大学，2008 年。

市场补贴在一定程度上补偿了研发创新外部性带来的成本与收益风险[①]，有效地促进了技术进步和产业技术创新能力的提高。而在创新网络成长成熟期，市场导向型的多主体创新网络能够更好地促进技术进步和创新网络效率的提高，财政补贴应该限定在基础研究和共性技术的研发等方面，否则大量的市场补贴可能会产生与制度设计初衷相反的作用。

我国新能源汽车创新网络正处在从生成到演化成熟的过程当中。从2001年的“863计划”开始，我国政府不断加大对新能源汽车技术创新的支持力度，在大力的销售补贴政策刺激下，我国新能源汽车的销售量跃居世界第二位，成绩斐然。然而，最为关键的核心技术水平却提升缓慢，发达国家再次远远超越我国。截至2014年年底，日本电动汽车的PCT专利是我国的5.3倍，美国是我国的3.51倍。因此，随着新能源汽车创新网络走向成熟，财政补贴对销售的推动作用应该逐步淡化，如何利用市场与政府的驱动机制推动核心技术的进步成为创新网络运行的关键。目前的新能源汽车创新网络以整车为市场补贴的直接对象，这种市场导向的财政补贴使整车企业处于有利地位，对于技术进步至关重要的零部件企业及研发机构的创新动力不足。为了维系丰厚的财政补贴，多数整车企业选择组装新能源汽车，在国内外市场广泛采购零部件，大量生产整车，片面追求销售数量，销售市场一片繁荣，而电池研制、电控、电机等关键技术的研发却进展缓慢，这种局面亟须改善。

① 黄燕、吴婧婧、商晓燕：《创新激励政策、风险投资与企业创新投入》，《科技管理研究》2013年第33期。

第五章　新能源汽车创新网络案例研究

本章选取了日本、美国和中国的新能源汽车创新网络作为案例研究对象，首先分析了各国新能源汽车创新网络的基本结构和绩效等概况，其次研究了美、日两国基于网络失灵问题的新能源汽车创新网络政策措施，最后分析了美、日两国案例对我国的启示。案例研究发现，第一，与我国的财政补贴着力于市场开拓不同，日本和美国的政策激励措施主要指向关键零部件的技术研发，因此，两国的技术进步速度较快，我国应调整补贴结构，逐步退出市场领域的财政补贴，加大对基础研究和产业共性技术的支持，以促进技术水平的提升。第二，在日本的新能源汽车创新网络中，政府挑选了丰田、日产等重要的关键企业进行扶持，破解了创新网络中机会主义行为，通过 LIBES 建立长期合作研发网络，进行从基础研究到应用研究的全面合作，取得了明显的绩效。尽管美国也采取了财政直接补贴研发的政策，但最终因为难以破解合作中的机会主义行为，再加上参与企业并没有全力投入新能源汽车研发活动中，因此，网络失灵现象在美国表现更为明显。

第一节　引言

石油资源的日益紧张以及生态环境的一再恶化，使新能源汽车的研发、推广成为各国汽车工业共同关注的焦点。起步晚、投入大、研发历程漫长的新能源汽车在世界上仍然处于起步和摸索阶段，其推广举步维艰。为解决汽车产业发展与能源短缺、环境恶化之间的矛盾，各国政府都在不遗余力地推动新能源汽车的发展。面对造价高昂、基础设施欠缺的产业现状，多个国家均推出了优惠补贴政策，希望通过政府扶持为新能源汽车发展保驾护航。[①]

本项目的专利数据分析表明，目前，日本和美国位列新能源汽车技术水平的第一位和第二位，因此，本章选择日本、美国和中国的创新网络作为案例研究对象，分析其网络基本状况和政策支持的措施，以形成对我国的借鉴。

第二节　日本新能源汽车创新网络案例分析

长期以来，日本由于自身地理条件的局限性，与其他发达国家相比较，能源资源极为贫乏[②]，大部分能源依靠进口。据国际能源署统计，2008 年其能源自给率仅为 17.7%，与其他发达国家相比处于较低的水平。同时，日本又是世界经济大国和能源消费大国，在现有资源条件下，如何确保国家能源供应安全，是日本政府面临的重要挑战。为此，日本颁布实施了一系列能源政策法规，一方面积极促进太阳能等新能源的开发利用，另一方面高度重视节能技术及其应用，努力做到“开源”和“节流”双管齐下，既满足国内的能源需求，又在一定程度上降低了对外依存度。[③] 发展新能源汽车，可以为日本降低能源消耗量，缓解能源紧张的局面。

一　日本新能源汽车创新网络概况

日本新能源汽车发展趋势有三：一是一般家庭用汽车，为混合动力车，包括汽油、天然气及合成燃料等；二是用于近距离的小型家庭车辆，为电动汽车；三是用于长途运输的商用车，为燃料电池汽车。[④]

---

① 李晓菲：《美国四措施促新能源汽车发展》，《商用汽车新闻》2013 年第 37 期。

② 《全球新能源汽车观察》，《装备制造》2014 年第 8 期。

③ 陈柳钦：《国外支持新能源汽车产业发展的政策管窥》，《中国高新区》2010 年第 10 期。

④ 陈柳钦：《日本新能源汽车发展及其政策支持》，《汽车与配件》2011 年第 35 期。

（1）混合动力车。长期以来，日本致力于混合动力汽车研发，其技术水平领先于欧美，混合动力车已发展到产业化阶段。目前，丰田、本田、日产等日本厂商的混合动力汽车不仅在国内热销，在国际市场上也令其他国家厂商望其项背。此外，日本各大汽车厂商还在既有车型的基础上安装混合动力系统，加快了节能环保汽车的推广和普及。

（2）电动车。日本的电动车开发经历了三次高峰：第一次，20 世纪 70 年代，主要推广铅蓄电池。当时经济高速增长，空气污染严重，迫切需要新能源汽车减少污染。但由于使用铅蓄电池，可靠度低，加上高峰电力需求不能满足，所以第一代电动汽车没有成功推广；第二次，1990 年以后，政府出台法律，一部分企业必须生产电动汽车，日本开始研发第二代电动汽车；第三次，2000 年以后，油价迅速上涨，加上环境污染的压力，电动汽车研发速度开始加快。目前，电动汽车成为日本各大汽车厂商着力研发的重点。[①] 三菱公司、富士重工、日产都陆续推出了电动汽车，其他厂商亦与电池供应商合作，加紧进行研发工作，预计今后竞争日趋白热化。电池作为电动汽车的核心部件，其生产所需的稀有金属资源及充电站等基础设施不完善成为当前日本电动汽车推广的制约因素。

（3）燃料电池汽车。据了解，燃料电池汽车（FCV）被称为“终极环保汽车”。燃料电池汽车搭载的电池中主要含有氢，氢与大气中的氧发生化学反应，产生出电能启动电机以驱动汽车。由于不使用汽油，只靠氢气和氧气运行，故不会排放温室气体，因此受到了越来越多的关注。使用燃料电池汽车被认为是未来长途运输的发展方向。尽管日本在此领域拥有先进技术，但当前应用状况并不理想。日本 13 家汽车和能源公司于 2011 年 1 月 13 日共同宣布，就今后共同推广燃料电池汽车达成一致意见。首先，各个能源公司通过合作，2015 年之前在日本东京、大阪、名古屋、福冈四大都市圈的市区和高速公路上建立 100 家氢气站，并努力降低氢气站的建设费用。其次，日本各大汽

① 陈柳钦：《日本新能源汽车发展及其政策支持》，《汽车与配件》2011 年第 35 期。

车厂商也共同努力，通过完善设计、改进生产技术的方法大幅降低燃料电池汽车的生产成本，将燃料电池汽车在2015年之前就投入日本市场。今后，随着配套技术设施逐步完善，相信这一领域将实现新的突破。①

通产省（Ministry of International Trade and Industry，MITI）认为电池是电动汽车成功的核心。因此，锂电池储能技术研究协会（the Lithium Battery Energy Storage Technology Research Association，LIBES）于1992年成立，除了政府实验室和大学之外，有十余家日本大型企业加入了该协会。参与者不仅包括日本电子行业的旗舰企业，如三洋、东芝、日立等，还包括公用事业和电池制造商。② 如何处理分散而又密切的公共机构、大学和产业之间的关系，日本政府开始探索一些方法③，这标志着日本将告别历来追求集中的策略，转而依靠松散型技术创新网络来解决重大技术问题。日本于1995年通过了《基本科学技术法》，该法试图增加大学和产业之间的联系④，对公司研发的税收进行减免，加强大学与产业界的联系，并允许大学教授担任公司董事，鼓励大学创办企业。⑤

LIBES在两个重要方面不同于其美国同行。首先，该项目计划延长了十年——大大超过美国项目的时间。其次，它平衡了基础和应用研究。这两个特性是相关的，因为允许联盟用更多的时间来协调参与者之间的关系，探讨有前途的技术以及虽然在实验室但在未来可能生产出产品的原型。这样就推动了从基础研究到应用研究整个创新链的进步。

持续对先进电池部门的支持最终取得了进步，在20世纪90年代

---

① 陈柳钦：《日本新能源汽车发展及其政策支持》，《汽车与配件》2011年第35期。

② T. Koyamada and H. Ishihara, "Research and development program of lithium battery in Japan", *Electrochimica acta*, Vol. 40, No. 13, 1995, pp. 2173 - 2175.

③ Kitagawa, F., "The regionalization of science and innovation governance in Japan?", *Regional Studies*, Vol. 41, No. 8, 2007, pp. 1099 - 1114.

④ Ibid.

⑤ Woolgar, L., "New institutional policies for university-industry links in Japan", *Research Policy*, Vol. 36, No. 8, 2007, pp. 1261 - 1274.

的十年中，日本工业逐渐成为市场的领导者。政府多方面的尝试建立战略联盟是这一成功的一个重要措施。最大的成就是新能源开发组织（New Energy Development Organization，NEDO），NEDO 内部协调高级电池项目，有效地遏制了机会主义。日本主要汽车制造商都开始努力研发电动汽车，NEDO 在培养公司竞争力的同时共享信息。例如，丰田与松下公司的科学家合作制造镍氢电池，丰田与松下的竞争者 Yuasa 开发了一个类似的电池。[①] MITI 熟练地部署和维护了这些至关重要的、错综复杂的竞争和协作网络关系。政府和关键企业能够保证创新网络成员之间增强联系，促进互利合作，而不是机会主义。

政府立法和规划部门营造的这种协作环境是至关重要的。NEDO 和其他组织汇聚了资源和知识，使得共享和协作成为可能。当美国 PNGV（Partnership for a New Generation of Vehicles）考虑锂离子电池是否合适的时候，日本制造商已经吸收了美国科学家 John Goodenough 的开创性想法——制造锂电池，并把它们付诸实践。早在 1992 年，索尼就开始出售商业锂电池。尽管这些电池是在电子行业制造的，但他们提供了使汽车制造商接受的证据。事实上，锂离子电池首先出现在电子产业，然后扩散到汽车产业。许多美国的电子公司积极推行的海外外包制造，实际上减少了关键的创新在美国本土发生的可能性。[②]

2008 年 12 月，日本政府联合美国乐土（Better Place）公司，以及斯巴鲁、三菱等日本汽车厂商共同参与由日本环境省实施的电动车试验项目——“新一代汽车导入促进业务”，这一项目的主要目的是测试电动汽车及其电池更换站方案的可行性。日本为攻克电池方面的关键性技术，已建立了开发高性能电动汽车动力蓄电池的最大新能源汽车产业联盟，共同实施 2009 年度“革新型蓄电池尖端科学基础研究专项”新项目。该联盟包括丰田、日产等汽车企业，三洋电机等电

---

① Patchell, J.,“Creating the Japanese electric vehicle industry: the challenges of uncertainty and cooperation”, *Environment and Planning A*, Vol. 31, No. 6, 1999, pp. 997 - 1016.

② Pisano, G. p. and W. C. Shih,“Restoring American Competitiveness”, *Harvard business review*, Vol. 87, No. 7 - 8, 2009, pp. 114 - 125.

机、电池生产企业以及京都大学等著名学府及研究机构，共计 22 家成员单位。该联盟每家单位出 50 名以上专业人员进行合作研究，开发企业所需要的共性基础技术。日本政府计划在七年内投入 210 亿日元开发高性能电动汽车动力蓄电池。在 2020 年前，将日本电动汽车一次充电的续驶里程比现在增加三倍以上。①

二　日本新能源汽车产业发展的相关政策支持

日本是最早开始发展电动汽车的国家之一。1965 年，日本启动了电动车的研制工作，并正式把电动汽车研发列为国家项目。1967 年，日本成立日本电动车协会，以促进电动汽车事业的发展。1971 年，日本政府多次投入巨额资金用于支持新能源汽车研发，仅在燃料电池开发方面的投入就达 200 多亿日元。除了研发，日本政府也支持新能源汽车的商业化项目。日本政府对新技术的早期研发提供 100% 的资金支持，对接近商业化的项目提供 1/2—2/3 的资金支持，对标准化项目提供 100% 资金支持。1974 年日本提出“新能源技术开发计划”，此后又分别于 1978 年和 1989 年提出了“节能技术开发计划”和“环境保护技术开发计划”。1980 年，日本推出了《替代石油能源法》，设立了“新能源综合开发机构”（New Energy Development Organization），开始大规模推进石油替代能源的综合技术开发，主要包括核能、太阳能、水力、废弃物发电、海洋热能、生物发电、绿色能源汽车、燃料电池等。1993 年，日本政府将“新能源技术开发计划”（阳光计划）、“节能技术开发计划”（月光计划）和“环境保护技术开发计划”合并成规模庞大的“新阳光计划”。“新阳光计划”的主要目的是在政府主导下，采取政府、企业和大学三者联合的方式，共同攻关，克服在能源开发方面遇到的各种难题。“新阳光计划”的主导思想是实现经济增长、能源供应和环境保护之间的合理平衡。1993 年起，日本开始实施“世界能源网络”计划，深入研究氢及其基础设施技术，希望到

① 陈柳钦：《日本新能源汽车发展及其政策支持》，《汽车与配件》2011 年第 35 期。

2020 年逐步推广氢能。同时，还启动了 ECO-Station 项目，计划建立 2000 个新能源汽车燃料供应站，其中包括 1000 个纯电动车快速充电站，日本政府计划为此投入大约 140 亿日元。此外，日本汽车企业在产业发展上的主导性较强，承担了大部分的研发经费，对市场信号非常敏感，研发重点集中在能迅速获得市场成效的项目上。因此，日本汽车企业从较早就将新能源汽车技术研发与生产重点放在现阶段解决环保和能源问题最为切实可行的，也是能最快出业绩的混合动力汽车上。1997 年，日本颁布了《关于促进新能源利用的特别措施法》，该法定义的新能源包括供给方新能源：太阳能发电与热利用、风力发电、废弃物发电与热利用、生物质能发电与热利用、温度差能；需求方新能源：新能源汽车、天然气热电联产、燃料电池。此外，一般也将地热、雪冰热、输出功率在 1000kW 以下的小水电、波浪能和潮汐能等列为新能源。①

日本十分重视新能源汽车的开发。2006 年 6 月，日本政府正式出台了《2030 年的能源战略》长远能源规划。这一规划涉及日本所有的能源领域。其中提出了使日本对石油的依赖降低到 40%；核电比重提高到 30%—40%；使日本成为世界上最节约能源的国家；发展各类新能源等战略构想；日本政府对新能源汽车予以减税、政府财政补贴等政策支持。目前，日本已经在普及混合动力系统的低燃耗、低排放和改进行驶性能方面走在了世界前列，在全球混合动力汽车市场上占据主导地位。最典型的就是丰田普锐斯（Prius）、本田 Insight，它们最早投放市场，不仅在国内热销，在国际市场上也遥遥领先。日本非常重视燃料电池和生物燃料等技术的开发，计划在 5 年内斥资 2090 亿日元开发以天然气为原料的液体合成燃料技术、车用电池技术，以及氢燃料电池科技；2007 年着手生物燃料的普及工作，在 2011 年单年度生产生物燃料就达到 5 万千升。②

为普及新能源汽车等环保汽车，日本从 2009 年 4 月 1 日起实施

① 陈柳钦：《日本新能源汽车发展及其政策支持》，《汽车与配件》2011 年第 35 期。

② 同上。

"绿色税制"，其实施对象包括纯电动汽车、混合动力车、清洁柴油车、天然气车以及获得认定的低排放且燃油消耗量低的车辆等。前三类车被日本政府定义为"下一代汽车"，购买这类车的人群可享受多种税赋优惠。例如，混合动力普锐斯可以享受到的最高优惠为：免除新车100%的重量税和取得税；个别车辆还有50%自动车税的减免；除了免税政策之外，还有财政补助金的优惠。例如，丰田在日本本土销售的车型中，已经有5款以上的混合动力汽车可以享受财政补助的优惠。借助丰田混合动力车型普锐斯的实战经验，日本在电动车等新能源汽车领域已狠下功夫。联合国有关机构在讨论重新修订汽车的世界标准中，就混合动力车和电动汽车设立全球统一安全标准，而丰田普锐斯和本田 Insight 的技术规范或许会成为世界标准。日本提出的安全标准方案几乎获得一致认可，有望成为世界标准。这意味着世界安全标准确立后，丰田普锐斯和本田 Insight 将无须做出任何改动，此外，日本实施低排放车认定制度，高、中档轿车和经济型轿车都可以向国土交通省申请接受低排放车认定。消费者可根据所购车辆的排放水平享受不同的减税待遇，购置以天然气为燃料或混合动力车等低公害车辆的地方公共团体，还可得到政府的补助金。日本媒体将2010年称为电动汽车革命之年，在这一年，从"汽油车转向电动汽车的革命已经开始"。①

为了促进电动车等新能源汽车的发展，在激烈的国际竞争中确保日本汽车产业的领先优势，日本政府大力推动新能源汽车的发展。2010年4月12日，日本经济产业省（部）公开了名为"新一代（次世代）机动车战略2010"的日本国内机动车产业指导规划。规划指出，到2020年，纯电动汽车（EV）和混合动力轿车（HYBRID）应在整体乘用车的销售比例中占到50%。战略计划内容中显示，根据推测，在未来数年中，全球对新能源车的需求将大大增加。为了促进日本在新能源汽车的竞争中确保优势地位，日本政府决定采取"官民一

① 日本新能源汽车发展规划，清洁能源网，http：//www.21ce.cc/statistics/Detail_25704.aspx. 2011。

体”的协作机制，日本政府将在未来制定一系列政策，以促进和鼓励新能源汽车的普及。这些协作机制的形成将帮助政府完成2020年温室气体排放减少25%的目标。截至2010年2月，日本的新能源车型销售总量不足新车销售总量的9.3%。但是根据该规划，到2020年，这一比例应占到50%，2030年将占到70%。规划中还指出，2020年，日本将为纯电动车型建成5000个快速充电站，200万个家用普通充电设备。此外，规划中还指出，在制定未来机动车使用的蓄电池国际标准时，日本企业必须起到主导作用。根据日本经济产业省2009年11月专门成立的“下一代汽车战略研究会”的报告，通过一系列措施的实施和多方努力，到2020年日本将把电动汽车的年销量提高到80万辆、混合动力汽车的年销量提高到120万辆。①

三 日本新能源汽车创新网络小结

根据日本的新能源汽车案例研究发现，日本在新能源汽车创新网络研究具有以下五个方面的特点：

第一，战略上规划。日本很早就开始了新能源汽车的研发工作，为战略规划的出台奠定了良好的产业基础。1967年，日本成立了电动汽车协会以促进电动汽车事业的发展。1971年，日本通产省制订了《电动汽车的开发计划》。1991年，日本通产省又制订了《第三届电动汽车普及计划》，提出到2000年日本电动汽车的年产量要达到10万辆，保有量达到20万辆的目标。② 2010年《新一代（次世代）机动车战略》的规划指出，到2020年，纯电动汽车和混合动力轿车应在整体乘用车的销售比例中占到50%。各种战略将新能源汽车的发展正式列入国家规划③，使产业发展具有了明确的方向。

第二，法律上限制。1990年以后，政府出台法律，要求一部分企

① 《全球新能源汽车观察》，《装备制造》2014年第8期。

② 范玉宏、张维、陈洋：《国外电动汽车发展分析及对我国的启示》，《华中电力》2010年第23期。

③ 陈柳钦：《日本新能源汽车发展及其政策支持》，《汽车与配件》2011年第35期。

业必须生产电动汽车[①]，这种法律上的强制性规定有效地推动了新能源汽车的研发工作。在这种法律规定的推动下，日本开始研发第二代电动汽车，并取得了令人瞩目的成就，为日本电动汽车技术在世界上遥遥领先奠定了基础。

第三，税费上引导。日本在新能源汽车的税费方面也采取了减免措施，如果在日本购买一辆轻自动汽车，则主要交3%的购置税。接下来便是日本特有的“汽车重量税”，如一辆1—1.5吨的轻自动车，只需交37800日元重量税，更关键的是，车辆报废后这部分税款可以返还。此外每年还要交一次汽车税，轻型自动车每年只需7200日元。总体算下来，一辆常见的售价100万日元左右的轻型自动车，需交的各类税款仅为总价的7.5%。而对于新能源汽车，这些税费大部分可以减免，甚至获得购车补助，这些措施激励了更多的消费者购买新能源汽车。

第四，行动上推进。日本政府积极组织各类新能源汽车创新网络，例如1992年成立的锂电池储能技术研究协会，1980年创立的新能源开发组织等政府主导型创新网络，有效地推进了新能源汽车的研发工作。

第五，管理上重视。日本政府不但组织成立了新能源汽车创新网络，而且注意到创新网络中可能出现的机会主义行为等问题。因此，日本采用了长期合作、利益共享、成本共担等方式，有效化解了合作创新中经常出现的机会主义现象，建立了以三洋、东芝、日立等旗舰企业以及公用事业和电池制造商为核心的创新网络，使日本的新能源汽车研发取得了巨大的成效。

第三节　美国新能源汽车创新网络案例

一直以来，美国自主研发的品牌汽车，如福特、通用等都在世界

① 高锋健：《电动汽车无刷直流电机控制系统的研究与设计》，硕士学位论文，山东理工大学，2011年。

上占据了相当大的市场份额，对世界汽车产业有着举足轻重的影响。但近年来，尤其是金融危机爆发之后，美国汽车工业格局发生了重大变化。美国三大汽车公司有两家申请破产保护，日系、欧系甚至是韩系车在全球占据了大部分的市场，这无疑给美国汽车产业带来了严峻的挑战。此外，随着国际形势的日益严峻，来自各国的威胁逐渐加大。美国作为汽车大国，开始在新能源汽车领域做出了很多努力，试图重振汽车大国的地位。

一 美国新能源汽车创新网络概况

美国之所以能在20世纪领导世界经济，是因为美国是世界技术创新的领导者。当今竞争更加剧烈，挑战更加严峻，因此，创新比过去任何时候都更加重要。创新是在新世纪创造新的、更好工作岗位的关键，创新也是确保当代和下一代人们高质量生活的关键。通过创新投资，美国一方面奠定了国家发展的基础，另一方面也为美国人民得到高收入的工作岗位提供了保障。[①]

尽管美国科学家以发明锂离子技术著称，但在近几十年，美国电池制造商已经失去了和外国对手竞争的优势。2008 年，美国只有两套国内先进的电池生产设备[②]，而世界上 98% 的先进制造业是在亚洲，仅日本就持有 57% 的世界市场份额。这解释了为什么美国公司停滞不前，而日本企业却繁荣发达的现象，因此，我们需要从各个国家的制度层面深入研究创新网络配置问题。[③]

美国政府早在 20 世纪 70 年代就致力于研发电动汽车。当时汽油价格不断上涨，促使国会驳回福特总统的决议，于 1976 年通过

① Hemphill, T. A., "POLICY DEBATE: The Obama innovation strategy: How will it influence US business innovation and R&D management? Innovation", Vol. 15, No. 3, 2013, pp. 260 - 270.

② Rodrik, D., "Industrial policy: don't ask why, ask how", *Middle East Development Journal*, Vol. 1, No. 1, 2009, pp. 1 - 29.

③ M. R. Keller and M. Negoita, "Correcting Network Failures: The Evolution of US Innovation Policy in the Wind and Advanced Battery Industries", *Competition & Change*, Vol. 17, No. 4, 2013, pp. 319 - 338.

《电动和混合动力汽车的研究、开发和示范运营法案》（电气化联盟，1976）。法案要求政府立法采购几千辆电动及混合动力汽车。尽管美国能源部（DOE）研发和示范项目花费了约7.17亿美元，然而，该项目由于经济和技术方面的挑战，再加上汽车制造商的兴趣也不大而失败。

在20世纪90年代早期，加州空气资源委员会突然颁布了一个汽车零排放法案，引发了电池技术的复苏。法案要求汽车制造商必须销售一定比例的零排放汽车，否则无法获取在加州销售汽车的资格，尽管该法案一直受到争议，但至少产生了一个重要的效果，即推动美国联邦政府和汽车制造商在1992年创建了美国汽车研究理事会（USCAR），促成了福特（Ford），通用汽车（General Motors）和克莱斯勒（Chrysler）的结盟。USCAR的首要计划是建立美国先进电池联盟（United States Advanced Battery Consortium，USABC），以推动电池技术的快速进步。

除了"三大"汽车制造商，USABC还包括能源部和电力研究所（EPRI）。该联盟专注于先进的设计如镍氢电池、锂离子电池、微电子计算机技术等，USABC试图在汽车制造商、国家实验室和电池公司之间建立广泛的合作关系。USABC还得到了近2亿美元的财政支持。然而，1998年的评估表明："尽管实现了巨大的技术进步。USABC并未能满足联盟所有中期或长期的目标"。为什么如此高调、资金充足的组织最终却走向失败？

多个相关的因素可以解释其业绩不景气的原因，其中最关键的是无法处理网络失灵的问题。USABC在很大程度上无法抑制机会主义——在合作者之间难以建立信任关系，难以建立促进知识转移的机制。尽管三巨头都加入了联盟，但在项目初期就彼此猜忌，难以深入合作。[①] 因为按照项目规定，所有提交到USABC的信息都是不能保密

① G. Collantes and D. Sperling, "The origin of California's zero emission vehicle mandate", *Transportation Research Part A: Policy and Practice*, Vol. 42, No. 10, 2008, pp. 1302 - 1313.

的，这更使得参与者之间不愿意共享内部开发的新知识。[①]

在知识创造和竞争力问题上，有两个问题困扰着 USABC 的设计，第一个问题是 USABC 无法召集中小企业加入联盟。由于在分摊费用方面缺乏具体的指导方针，导致一些小公司担心自己参与后的可持续性问题。此外，用来评估业绩的计分算法被认为严重偏向拥有雄厚生产能力的大公司。[②] 简而言之，该计划设计的网络结构特点是参与者有限，并且都是大公司。第二个问题是 USABC 对商业化过于雄心勃勃。该计划要求“中级”电池准备在三年内完成，支持发展高阶技术。在这种思想的指导下，有前途的新想法或 pre—prototype 技术被边缘化，即使这些新想法有坚实的科学依据，也一样被弃之不用。[③]

USABC 的问题反映了其上级 USCAR 的组织问题。在 1993 年，各联邦政府组建的新一代汽车伙伴关系（PNGV）战略联盟成立，US-CAR 和几个联邦实验室的目标都是提高美国汽车行业的竞争力。第一，在 20 世纪 90 年代，这些联盟是先进的车辆技术最重要的研发经费来源，例如电池研究。像 USABC、PNGV 启动了雄心勃勃的研究计划，其结果和缺点也类似于 USABC。第二，PNGV 提供了一个利益冲突的案例。在 PNGV 计划下，主要汽车厂商的优势再次边缘化了中小企业的贡献。通用汽车、福特和克莱斯勒同时游说反对增加企业平均燃料经济性标准。另外，保守党 1994 年选举的胜利，在国会创造了一个怀疑政府对经济干预的环境，因而，计划的预算逐步减少。最终，该联盟连一个原型机都无法生产出来。[④] 第三，也是最重要的，PNGV 的失误是没有联结电池公司与汽车制造商，这使得电池企业承担着为一个不确定的市场开发产品的风险。在 20 世纪 90 年代中期，包括金霸王（Duracell）和劲量（Energizer）等在内的电池制造商发起自己的

---

① SWINE-NRC，N. R. O.，*National academic of sciences*，1998，Washington：NRC.

② Ibid..

③ 斯珀林、戈登、王乃粒：《20 亿辆汽车：驶向可持续发展的未来》，上海交通大学出版社 2011 年版。

④ Sperling，D. and D. Gordon，“Two billion cars：driving toward sustainability”，*Oxford University Press*，2009.

锂离子电池项目。然而，仅过了不到十年，锂离子电池市场就暂时崩溃，同时也终止了他们的项目。①

2000年以来，替代车辆技术重新引起关注。在2002年，美国能源部、USCAR和几家能源公司包括英国石油（BP）、雪佛莱和埃克森美孚等启动了一个新的伙伴关系——Freedom CAR。该联盟开发了几个项目，旨在推进插电式混合动力汽车（PHEV），与先进电池的资金相比，PHEV的预算只占了其2/3左右。此外，布什总统的高级电池计划要求使车辆单纯依靠电池供电续航里程要达到40英里。②

在这个熟悉的主题当中，联邦政府未能完全实施自己的计划。在布什政府的最后几年，仅仅将不到20%的预算资金分配给Freedom CAR电化学存储技术（NRC，2008）。然而问题并不仅仅是资金不足，从2002开始，美国政府每年在锂离子电池开发方面的投资超过日本。③而问题主要是Freedom Car框架并没有引起热情参与。2008年美国国家科学院报告指出，政府的努力表现出极其缓慢的特征，即“严重缺乏紧迫性”，这份报告将其归咎于美国能源部。然而，进展缓慢也反映出政府不愿在基于替代燃料资源的运输系统上过多投入。事实上，在2008年，布什政府一度被认为是没有按照预定的计划使用基金，即通过推进替代技术、先进技术车辆制造业贷款计划救助通用汽车和克莱斯勒。④

前面的比较表明了创新网络失灵与成功的关键因素。案例研究表明，市场激励，尤其是促进投资增加非常关键。很显然，市场失灵包括投资不足、早期研究不足等，这些因素破坏了创新网络茁壮成长。同样的，以网络为中心的政策并不总是适当的。有效的网络依赖有能

① Brodd, R. J., “Factors Affecting US Production Decisions: Why are There No Volume Lithium-Ion Battery Manufacturers in the United States, Advanced Technology Program, National Institute of Standards and Technology: Gaithersburg”, 2005.

② SWINE-NRC, N. R. O., *National academic of sciences*, 1998, Washington: NRC.

③ Lowe, M., et al., *Lithium-ion batteries for electric vehicles*, The US Value Chain, Contributing CGGC researcher: Ansam Abayechi, 2010.

④ Wayne, L., “$25 Billion for Electric Cars Is Still Untouched”, *The New York Times*, February 27, 2009, B1.

力的企业和专家，制度和关系是促进信任和共同目标的条件，而单纯依靠政府不是网络“成功”的条件。其他相关的能力必须存在，参与者必须愿意并且有能力合作，必须支持新技术的采用。此外，政府在组建创新网络时需要有值得信赖的和有能力的官员，组织结构也应该灵活。①

经过分析创新网络的能力和条件我们发现，网络动力学对实现突破性创新是至关重要的，政府政策是塑造这些网络动力的核心，此外，美国产业的轨道线既无必要嵌入政策环境当中，也没有锁定。事实上，日本 R&D 方法的转变与其在 20 世纪 90 年代学习美国的公私合作不无关系。换句话说，这些网络失灵问题既不是注定的，也不是独有的。美国风能项目未能解决机会主义和知识隔离的问题。合作动力进一步削弱了研发与生产，在 R&D 实验室和工厂之间形成“隔离带”。② 先进电池项目也类似，部分原因是“协作惯性”导致参与者无法完全接受协作，最终的结果低于预期。在这种情况下，惯性是生成的降低机会主义的原因，很明显，美国的政策使得不信任加剧，而日本能够促进企业之间的合作竞争关系。这种结果不是不可避免的，因为美国的其他一些项目已经成功地刺激创新合作。③④

尽管大多数人认可“制度刚性”，但实际上美国的政策还是具有一定适应性的。近年来，美国越来越能够适应支持创新网络的政策，政府想办法克服网络失灵问题，不仅实行了补贴、保护以及规制等措施，而且使用了建议、说服和基于政府权威的威胁等手段。

美国这种持续的适应性最明显地反映在能源“刺激”政策方面。例如，2009 年，美国通过了《再投资和经济复苏法案》（ARRA）以

① Evans, P., “Embedded Autonomy: States and Industrial Autonomy”, *Princeton University Press*, *Princeton*, 1995.

② R. L. Florida and M. Kenney, “The breakthrough illusion: Corporate America's failure to move from innovation to mass production”, *Basic Books* (*AZ*), 1990.

③ Fuchs, E. R., “Rethinking the role of the state in technology development: DARPA and the case for embedded network governance”, *Research Policy*, Vol. 39, No. 9, 2010, pp. 1133 – 1147.

④ M. R. Keller and F. Block, “Explaining the transformation in the US innovation system: the impact of a small government program”, *Socio-Economic Review*, 2012, p. mws 021.

及美国能源部的《后复苏法案》（post-ARRA）等，这两个相关的计划表明，美国能源部有针对性地解决了之前网络失灵的困扰。

第一，ARRA 支持多方面的研发。资助从基础科学研究转化为商业产品，支持多元化战略，用多重资金支持从实验室到市场的创新。①例如，税收优惠和贷款计划侧重于建设“从世界上最大的风力发电厂到建设充电站网络，支持采用插电式混合动力车”等。通过 ARRA 贷款，提供了 247 亿美元支持有可能发生突破性创新的前瞻性项目。此外，ARRA 强调创建公共协作的空间。在先进电池技术方面，Johnson Controls（财富 500 强公司之一，总部在美国，主要经营汽车零件）得到 ARRA 的资助最多，与美国能源部的阿贡国家实验室合作开发可以商用的锂电池。这些项目的目标是在高技术领域取得领先地位，这种精心设计的合作机制促进了公私合作，虽然这些方法有多大成效还有待观察，但是这些方法促进了企业间的学习，更推动了对创新网络的核心和工业体系的识别。

第二，能源部 post-ARRA 战略涉及由这些项目组成的新兴创新网络。在这一点上，美国能源部没有重新建立合作网络。很多私立学校、公司和大学的研究人员已经收到资金资助，依靠政府支持得以发展创新。例如，在税收抵免计划支持下，Sage 电子公司分别获得了 10000 万美元的贷款；Sage 的项目在 DARPA、NSF、DOE 以及商业部共同组织的中小企业创新研究计划的支持之下建立。

令人惊讶的是，这些“网络中心”很少被承认。能源部的网站提供了支持 ARRA 投资的三大支柱体系的理论基础，即能源创新中心（Energy Innovation Hubs，the Hubs）、能源前沿研究中心（Energy Frontier Research Centers，EFRCs）和美国复苏与再投资法案（American Reinvestment and Recovery Act，ARPA-E）。每一个机构都有短期、中期和长期的创新战略规划，因此也收到了不同额度的资金支持。美国国会科学评价机构对比了能源创新中心（Hubs）和曼哈顿计划、麻省理工

① MacNeil, I. G., *An introduction to the law on financial investment*, Bloomsbury Publishing, 2012.

学院的辐射实验室等美国早期的创新中心计划发现，现在的 R&D 计划和当年的成功计划之间在驱动力上存在着巨大的差异，尤其是曼哈顿计划既不追求商业上的成功，也不忙于应付不同的利益集团。①

另一项政府创新报告反复强调了市场的作用。2011 年 6 月，总统科技咨询委员会的核心建议是要使得美国的制造业复苏，一定要通过政策来克服市场失灵。2012 年 1 月，美国商务部《关于美国的竞争力与创新能力的报告》表明，政府通过税收政策和知识产权法来纠正市场失灵，为创新提供一个良好的环境。然而，能源部的实践遵循着一个更微妙的逻辑，常常是直接地回应之前提出的网络失灵问题。

二 美国新能源汽车产业发展的相关政策支持

为了摆脱对传统石油的依赖，美国政府近年致力于提高乙醇和生物柴油等可再生燃料的使用。2007 年 1 月，美国时任总统布什发表了国情咨文，宣布了替代性能源和节能减排政策，并且提出了美国应该继续加大努力，争取在未来十年将汽油的使用量再降低 20%，这样美国从中东进口的石油量将会削减 75%，其中有 15% 是通过利用可再生能源来实现的。② 2007 年 4 月，美国政府发表声明，要求美国汽车消耗的能源必须有 4% 是可再生燃料，并且这一标准会逐年上升。同时美国政府还对生产可再生燃料提出了优惠政策。推动新能源汽车的发展是奥巴马政府能源政策的一个重要组成部分，奥巴马想借此大力发展新能源汽车，从而提高美国自身能源的供给率，降低对他国的石油依赖程度。奥巴马政府制定了一系列严格的新能源汽车政策以及汽车燃油标准，同时要求政府大量采购节能汽车，政府还对新能源基础设施建设给予资金支持，进一步推动了汽车向小型化、低排放、低消耗的方向发展。

---

① "The Manhattan Project, the Apollo Program, and Federal Energy Technology R&D Programs: A Comparative Analysis", CRS Report for Congress, 2009.

② 陈柳钦：《美国新能源汽车发展政策走向》，《时代汽车》2011 年第 9 期。

美国主要采取了财政补贴、减免税收、政府立法和政府投资四个方面的措施促进新能源汽车发展。

第一，财政补贴刺激消费。进行财政补贴是各国政府扶持新能源汽车的普遍做法。早在2009年，美国政府就提出“车辆补贴退款计划（CARS）”，鼓励美国人把大排量旧车置换为省油环保的新车。只要旧车使用寿命不超过25年，或者油耗效率低于每加仑18英里就可以进行置换，参与置换的车主可以领取每辆车3500—4500美元的现金补助。这一政策出乎意料地得到了消费者的追捧，仅当年7月的申请补贴车辆数已经高达25万辆。①

纽约州启动了一项旨在刺激纽约州电动卡车以及混合动力卡车、压缩天然气卡车等新能源交通工具发展的纽约卡车券计划。卡车券计划涵盖从3级到8级的多个级别卡车，其中包括大型皮卡、厢式货车、拖拉机挂车以及巴士等车型。纽约州能源研究与开发局被授权批准汽车制造商、经销商和改装车厂参与卡车券计划，借助该优惠政策，参与该项目的企业将向消费者提供较为低廉价格的卡车。该项“卡车券计划”主要包含两个部分：一是向纽约州境内未满足美国联邦政府清洁空气标准的30个县市消费者提供总额900万美元的电动卡车消费者抵用券，这些地区包括纽约州南部、纽约州首府以及纽约州西部；二是向纽约市提供价值1000万美元的替代燃料抵用券，该抵用券适用范围包括压缩天然气卡车、混合动力卡车以及经过环保改装的柴油卡车。对于纽约州来说，卡车券计划将是其满足联邦政府清洁空气标准的重要推进步骤，推行卡车券计划也是纽约州政府践行其绿色环保和低碳减排政策的具体行动。纽约州已经将先进的交通技术列入州政府重点扶持对象，上述计划由该州能源研究与开发局直接管理，资金来源于美国政府相关环保空气项目以及纽约州交通运输部。②

第二，减免税收鼓励应用。通过减免税收来促进新能源汽车的推广普及也是美国政府采取的主要措施之一，也取得了显著成效。

---

① 李晓菲：《美国四措施促新能源汽车发展》，《商用汽车新闻》2013年第37期。

② 同上。

美国政府对新能源汽车的生产、销售以及相关基础配套设施都制定了大幅度的税收减免政策。首先，美国通过了《能源独立和安全法案》，对制造新能源汽车及其零部件的企业给予了税收减免和向银行贷款的政策支持。其次，为了激励汽车企业生产代替传统燃料的新能源燃料，美国政府还对这些专门生产代用燃料的企业实行税收减免政策，根据这些企业的生产规模来确定减免幅度。

对于基础设施的建设，《美国国家能源政策法案》规定：凡是代用传统燃料的基础设施建设，统一实行税收优惠政策，如天然气加气站基础设施建设的减税额度为加天然气总成本的30%，如果加气站的规模比较大的话还可以给予最多3000美元的减税，小型的加气站最多只能给予1000美元的减税。[①]

此外，该法律还给个人和家庭购买新能源汽车提供了税收减免优惠，以此鼓励更多的人购买使用节能、清洁的新能源汽车产品。同时，为了鼓励消费者购买新能源汽车，政府还提供了高额的税收抵免，政府规定凡是购买通用汽车、福特及日系符合条件的混合动力车，还可以获得250—2600美元的税款抵免优惠。对于新购买的替代燃料汽车，即非改装过的新能源汽车，政府可以给予超过同款类型燃油车购买成本二分之一的减税。[②]

2005年，美国总统布什签署的《能源政策法（2005）》在鼓励个人消费者购买新能源汽车方面提出了很多具体方案。例如，购买质量在8500磅以内的氢能源车买主，最低可享受8000美元的减税优惠；超过8500磅的氢能源车买主还可享受更高的减税优惠。此外，该法还通过减免税收的方式鼓励人们购买使用液化气、天然气等非汽油燃料的清洁能源汽车。2006年1月1日—2010年12月31日，消费者购买混合动力汽车可以从联邦政府得到最高3400美元的税收返还。另外，美国的一些州政府（如加州政府）还对使用环保清洁汽车的消费者进行直接补贴，对不同新能源汽车实施1700—3150美元的税收减免。

---

① 李晓菲：《美国四措施促新能源汽车发展》，《商用汽车新闻》2013年第37期。

② 同上。

2007 年 5 月，美国国内收入局调整针对环保车辆的税收优惠政策，美国消费者购买不同混合动力车，可获得 250—1950 美元的税收抵免。[①]

第三，政府立法推进开发。美国还通过立法的方式在更高层面上支持新能源汽车产业的发展。在 1992 年《能源政策法案》中，美国第一次明确鼓励使用乙醇燃料。该法案把含有 85% 以上乙醇的调和燃料确定为交通运输替代燃料，而且法案要求政府公务用车必须购买一定比例的代用燃料车辆，以及规定购买乙醇燃料车辆可以享受税收减免的优惠政策。1993 年，时任美国总统克林顿批准了《总体技术措施计划》，计划在 2003 年把美国的汽车油耗降低 1/3。2005 年，联邦议会通过的《能源政策法 2005》提出了多项鼓励个人购买新能源汽车的政策，到 2012 年时，将乙醇等可再生燃料产量提高到 75 亿加仑。2006 年，时任美国总统布什在当年的《美国国情咨文》中宣布，要增加 22% 的替代燃料研究经费，并加大对燃料用乙醇技术的研究和开发力度。美国国会制定了目标，打算到 2017 年，将每年汽油消耗的 15% 用可替代能源取代。2007 年 12 月 18 日，美国众议院通过了自 1975 年以来的首个能源法案，以提高汽车燃油效率，降低燃油消耗。时任美国总统的布什第二天签署了这项已被美国汽车行业接受的法案。[②]

第四，政府投资研发项目。政府投资新能源汽车项目的研发是美国政府扶植新能源汽车产业发展的另一措施，通过这种方式，政府直接参与并推动新能源汽车发展。2008 年 6 月 12 日，美国能源部宣布拨款 3000 万美元，资助通用汽车公司、福特汽车公司、通用电气公司（与克莱斯勒汽车公司共同研究）2008—2011 年进行的 plug-in 混合动力电动汽车研究项目。美国能源部的目标是到 2014 年制造出有成本竞争力的、充电一次就可跑 40 英里的 plug-in 混合动力电动汽车，并到 2016 年实现批量生产。[③]

① 李晓菲：《美国四措施促新能源汽车发展》，《商用汽车新闻》2013 年第 37 期。
② 同上。
③ 同上。

三　美国新能源汽车创新网络小结

美国的新能源汽车创新网络具有其独特性，和其他国家相比，有以下五个方面的特点。

第一，政策措施起步早。美国政府在20世纪70年代就致力于研发电动汽车。早在1976年就通过《电动和混合动力汽车的研究、开发和示范运营法案》。这一时间和日本最初支持电动汽车相比较仅仅晚了不到10年时间，而且在法案出台之前，美国也有一些科研项目支持新能源汽车的研发工作，因此，美日两国的政策措施起步时间基本相当。

第二，创新网络主要由大公司构成。美国的新能源汽车创新网络主要由福特、通用汽车和克莱斯勒等大型汽车企业组成，零部件企业由于规模小，难以介入该网络。

第三，创新网络中的内部制度不利于消除机会主义行为。由于美国的新能源汽车创新网络参与企业数量不多，而且规定研发出的新知识，新技术必须公开，缺乏知识产权保护和投入分享的机制，因此，参与企业共享知识的积极性不高，相互之间猜忌，网络中存在着极其明显的机会主义氛围。

第四，零部件企业和整车企业之间缺乏衔接。由于创新网络中的大小企业隔离，特别是整车企业和零部件企业缺乏衔接，使得零部件企业不知道为谁研发新产品，研发出的新产品完全有可能被整车企业拒绝使用，因此，零部件企业参与新能源汽车研发的积极性不强。

第五，采取减免税费、政府回购旧车等方式促进新能源汽车的销售。和其他国家一样，美国也采取了减免税费、优先停车、免费停车等方式推动新能源汽车的销售。与其他国家不同的是，美国还推出了“车辆补贴退款计划（CARS）”，鼓励把大排量旧车置换为省油环保的新车。由政府以较高的价格回收旧车，鼓励消费者用大排量、高污染旧车换购新能源汽车。

第四节　中国新能源汽车创新网络

一　中国新能源汽车创新网络的概况

如前所述，2009 年至今，从“地方队”到“行业队”到“国家队”再到“国际队”，中国已经成立至少 16 个新能源汽车联盟。地方队如 2009 年 3 月 13 日成立的由北汽控股公司、北京公交集团、北京理工大学等单位共同发起的北京新能源汽车产业联盟。行业队如 2009 年 7 月 11 日由上汽、一汽、东风、长安、广汽、北汽、重汽、华晨、奇瑞、江淮十家国内车企联合成立的电动汽车产业联盟。国家队如 2010 年 8 月 8 日由国务院国资委推动，中国一汽集团、中国兵器装备集团、东风汽车公司等 16 家央企发起成立的中央企业电动车产业联盟。国际队如 2010 年 8 月 25 日由国内的福田汽车、大洋电机、中信国安盟固利，以及 IBM、AECOM 及伊顿三家外资企业组成的可持续新能源国际联盟。除此之外，还包括“863 计划”“973 计划”等国家科学基金支持的科研团队组成的创新网络。

相对而言，我国在电池方面的领先地位要远远高于整车。主要的电池厂商包括比亚迪、天津力神、深圳市比克电池有限公司、深圳德赛电池、万向集团以及上海燃料电池汽车动力系统有限公司，以上企业都受到了“863 计划”的支持。许多企业已经建立了电动汽车供应链。比亚迪试图用磷酸铁锂电池取代锂电池，这种化学物质更便宜，而且更稳定，理论上也更安全，然而，磷酸铁锂电池的密度比较小，因此，比亚迪重点在市内驾驶的汽车上使用磷酸铁锂电池，这种短距离、低速度的驾驶状况可以使电池表现良好。

我国在电池材料研究方面资助那些由大学、汽车企业和电池制造企业组成的联盟。1998—2007 年，我国的锂电池专利仅占世界的 1%，而日本占 52%，美国占 22%。但是，据美国专利和商标局 2010 年的数据，在与电动汽车相关的专利应用方面，我国的奇瑞汽车以 19 个应用排名第 9，比亚迪也以 11 个应用排名第 19。到了 2015 年，我国电动汽车占世界专利的份额已经达到了7%，比亚迪已经成为专利数量最多的公司（见图5-1），但是和日本相关专利最多的公司丰田相比，专利数量尚不足丰田（1733项）的十分之一。

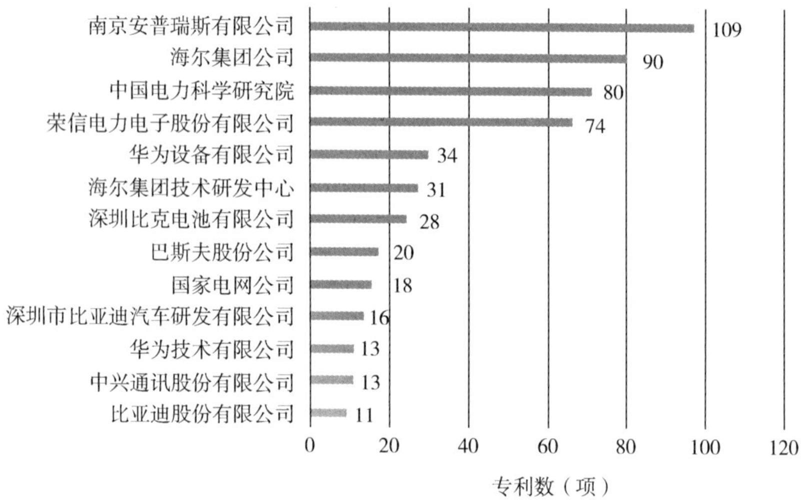

图5-1 中国电动汽车技术研发关键企业（10项专利以上）

资料来源：本书作者整理。

二 中国新能源汽车产业的相关政策

中国对新能源汽车发展的政策扶持力度较大，政策数量逐年增多。分阶段来看，“十五”时期是新能源汽车发展起步期，国家颁布的政策数量有限。“十一五”时期，我国新能源汽车开始全面发展，政策数量开始大增，出台的重大政策达16项之多。“十二五”时期，新能源汽车产业规划不断推出，对发展新能源汽车的重视程度不断提高，并且开始重视新能源汽车的安全管理和提升新能源汽车的整体技术水平，中国新能源汽车产业迎来有史以来最大规模的政策支持。总体来看，我国对新能源汽车的支持起始于“十五”期间的“863计划”，之后每个五年计划中都会有相当一部分和新能源汽车有关的政策出台。在这些政策的激励下，我国的新能源汽车产业发展很快，特别是销售量增长迅速，目前居世界第二位。技术进步速度也比较快，但比日本、美国等发达国家要落后许多。

三　中国新能源汽车创新网络小结

第一，相对日本、美国而言，我国电动汽车起步较晚。日本、美国对新能源汽车的资助开始于 20 世纪 60 年代，而我国的新能源汽车研发政府资助起始于 2001 年，与发达国家相比，整整晚了 30 多年，因此，所谓“新能源汽车研发国内外同时起步”的观点是不准确的。因为起步晚，我国的新能源汽车技术积累远没有发达国家丰厚。

第二，电动汽车技术进步较快，但已经落后。我国电动汽车专利数量从 2000 年之前占世界主要国家数量的 1% 进步到 2014 年年底的 7%，发展速度较快，但总体水平已经落后。截至 2014 年年底，日本的专利数量是我国的 5.3 倍，美国是我国的 3.51 倍，在现有的政策框架和技术基础上，我国的技术追赶困难重重。

第三，新能源汽车政策激励方向需要调整。当前，我国从多个方面出台了许多政策鼓励新能源汽车产业的发展，但其中最有效的政策是销售激励政策，即购车补贴政策，在该政策的激励下，我国的新能源汽车销售量成为仅次于美国的世界第二大国。销售量虽然增加幅度较大，但技术水平却没有同步提高，非常不利于新能源汽车产业的持续发展。

第四，多部门决策的机制导致政策目标难以落实。我国对电动汽车的决策是基于一些相互矛盾的政策目标：提高国内汽车企业的竞争力、能源安全、污染问题、技术进步以及低碳发展等，每个方面都有倡导者，但是，具体的电动汽车政策难以完成所有目标。而且，我国的能源政策制定需要多个部门一致同意，每个部门负责一个大问题中的一部分小问题，常常难以达成一致，因此，一项政策的形成往往需要数月时间，其间要经过多个部门的讨论，最后形成的政策反映了大部分部门的意见，很少有决策者会分析能源数据，掌握能源数据的机构常常不屑于和其他决策部门分享数据，决策往往是依赖经验和逻辑，而不是统计数据。

第五节 小结

第一，美国没有较好地消除创新网络中的机会主义行为，参与企业没有真正介入。因而在新能源汽车领域落后于日本。美国尽管采取了很多政策措施，而且在新能源汽车领域的投资也远远大于日本，却丢失了世界第一的地位，屈居第二。美国失利的原因在于其创新网络治理方面的网络失灵问题，即尽管政府高调组织了创新网络，也进行了大量的投资，但传统的三大汽车企业却始终没有认真地投入到新能源汽车的研发中来，以福特汽车公司为例，作为美国零排放车辆计划的领头羊，福特汽车公司2012年推出了“福克斯电动版”车型（Focus Electric），由于每次充电后的行驶里程不到100英里，采用锂电池的焦点电动车在2014年的前9个月销量只有1500辆，不到福特传统焦点车型销量（176156辆）的1%。在全美平均汽油价格下降到每加仑不到3美元的情况下，要说服消费者放弃传统车型改用电动汽车更为困难，因此，福特公司没有开发更多的电动汽车车型。这一方面和企业自身发展的技术轨道锁定、市场成熟度等有关，另一方面也和创新网络的利益协调机制不合理相关，政府的投资很难激发企业投资的热情，并且创新网络中机会主义盛行，参与者普遍持观望心态。美国政府意识到这个问题之后，政策倾向由普遍支持改为支持核心企业，辅之以税收、法律等手段调节市场失灵，促进新能源汽车创新网络有效运行。

第二，日本成功的秘密在于真正调动了企业的积极性。目前，电动车成为日本各大汽车厂商研发的重点。丰田、三菱、富士重工、日产都着力于电动汽车研发，其他厂商亦与电池供应商进行合作研发，形成了以企业为主体的新能源汽车创新网络。当前，这个网络中以专利数量为标准衡量的技术领先企业是丰田、日产和日本电气等公司，图5-2列出了世界专利在50项以上的日本企业名称及专利数量。

第三，我国在以电动汽车为代表的世界新能源汽车格局中并不占

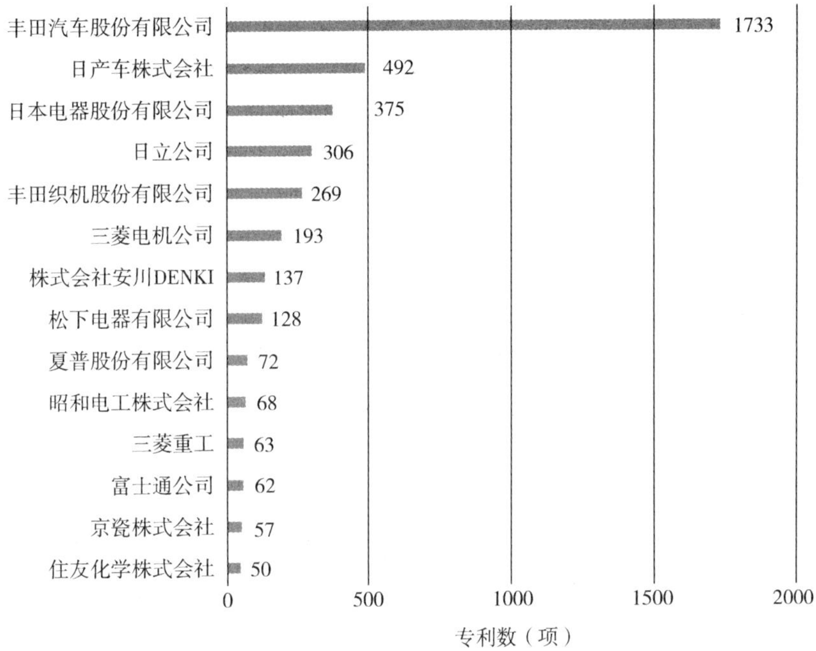

图5－2　日本电动汽车关键企业（50项专利以上）

资料来源：本书作者整理。

优势。目前，我国社会面临着三个相互交织的问题，即经济增长、环境问题以及能源安全。第一个问题源于对陷入“中等收入陷阱”的担心，当前的经济缺乏创新，我国主要从事低附加值的生产加工，创新活动主要依赖于国外。第二个问题是环境污染带来的负面效应成为新能源汽车产业进一步发展的障碍。截至2019年，中国每1000人拥车量为173辆，位列世界第17名。美国排名第一，千人汽车拥有量达837辆，是中国的近5倍。澳大利亚位列第二，千人汽车拥有量是747辆，意大利是695辆，加拿大和日本分别是670辆和591辆。[①]，但是环境污染和交通拥堵却困扰着我国，重新规划一条可持续发展的路线是对我国政府智慧的考验。第三个问题是我国依赖国外的石油资源。

① 《差距仍很大　最新统计中国千人汽车拥有量仅为173辆》，汽车中国网，https：//www. qi－che. com/guoneicheshi/4074. htm 2019－09－28。

近年来，煤炭和天然气的稀缺加深了我国对能源脆弱性的认识，尽管在新能源汽车的开发上进步很快，但在世界上并不占优势。根据国际电动汽车电池排行榜，我国只有比亚迪一家企业进入前10，而且仅仅排在第10位，其他9家企业有5家是日本公司、3家是韩国公司，1家是美国公司。Boston咨询公司估计，与韩国相比，美国的成本要高出6%，而我国要低8%，这在很大程度上是因为劳动力成本低，因此，我国电动汽车电池的成本要远远低于国外竞争对手，我国每辆新车的平均成本也要低于美国和欧洲。电池成本高是阻碍电动汽车发展的主要因素，因为电池成本在电动汽车成本中占了很高比例，因此，电池成本高也是阻碍电动汽车和传统汽车竞争的关键因素。按此推算，我国电动汽车的竞争力要强于世界其他国家，事实上却并非如此，我国动力电池在核心技术上远落后于其他国家，未来在大批量的生产中，势必支付高昂的专利使用费给领先世界的日本、美国等企业，因此成本未必低于其他国家。

第六章　新能源汽车关键创新链识别与优化研究

随着全球能源危机及环境污染的加剧，同时基于我国能源安全、环境保护和实现我国汽车工业跨越式发展的战略考虑，新能源汽车成为21世纪汽车工业发展的主题。发展新能源汽车，不仅仅是为了简单地用新能源汽车取代常规汽车，而是在探索新的节能环保出行方式和新的车型的基础上，开发符合各方面利益的新一代新能源汽车。本书采用非介入研究（通过二手资料）、理论研究、综合分析法等研究途径与方法，主要描述新能源汽车这一科技成果从创意的产生到商业化生产销售整个过程的链状结构，主要揭示知识、技术在整个过程中的流动、转化和增值效应，也反映各创新主体①（政府、企业、科研院所、高校、科技中介、金融投资等）在整个过程中的衔接、合作和价值传递关系②，指出了当前我国新能源汽车发展中各自为战的弊端，并发现了我国当前单纯研究新能源汽车或创新链理论的专家学者有很多，但将创新链理论引入新能源汽车创新的研究上还几乎处于空白状态，创新链的识别与优化在新能源汽车产业实践中的运用严重不足。本课题的研究能丰富现有的研究资料，主攻收集整理新能源关键创新资源的分布与识别，最终给出优化建议。

---

① 方鹏：《基于SD的产业链与创新链向产业创新链协同演进机制研究》，硕士学位论文，南华大学，2016年。

② 刘满凤：《基于效益视角的创新链合作机制研究》，《科技进步与对策》2009年第26期。

第一节 引言

随着全球能源危机及环境污染的加剧，能源与环保成为21世纪世界汽车工业发展的主题，促使各国政府出台越来越严格的汽车燃油消耗和二氧化碳排放的控制法规。然而传统汽车的节能减排潜力已不能满足法规的要求，因此发展新能源汽车是实现汽车工业可持续发展的必由之路。新能源汽车能够从根本上减少汽车对石油能源的依赖，并大幅度降低二氧化碳排放量，将会解决制约汽车工业发展的最主要障碍。我国要振兴民族汽车品牌，实现从汽车大国向汽车强国的转变，一是要提高自己的研发能力，二是要找准切入点。而新能源汽车为中国汽车企业的技术追赶提供了历史性机遇，因此谁抓住了新能源汽车，谁就抓住了汽车未来！

当前，学术界单纯研究新能源汽车或创新链理论的专家学者有很多，代表性人物有陈柳钦、陈清泉、肖俊涛、胡适、刘满凤、林淼、蔡翔、代明等。但将创新链理论引入新能源汽车创新政策的研究还几乎处于缺失状态。在中国知网检索时竟未发现一篇关于新能源汽车创新链的学术文章，创新链的识别与优化在新能源汽车产业实践中的运用表现出严重的先天不足，在我国学术界还没有实证研究。产业界虽然对新能源汽车产业的投资不断增加，但资金利用率低一直阻碍着产业的进步，而且业界对新能源汽车创新链的关注也非常缺失。创新链尤其是关键创新链在新能源汽车产业中的地位极其重要，决定着新能源汽车产业的行为方式和未来方向，其发展状况优劣直接影响着新能源汽车产业的进展速度。

本书的研究界定了新能源汽车关键创新链的内涵，并建立了相应模型，论述了关键创新链的识别和优化，为进一步研究新能源汽车关键创新链的合作机制、利益分配机制和组织管理等奠定了理论基础，对以围绕车企这一核心主体的新能源汽车创新具有一定的指导意义。[①]

---

① 姚良：《金融产品创新链研究》，《武汉理工大学学报》（信息与管理工程版）2010年第32期。

本章的研究也能丰富现有的研究资料，为我国发展新能源汽车产业提供理论依据与政策借鉴。

第二节　新能源汽车关键创新链的理论基础

本章将详细介绍有关新能源汽车关键创新链的四种理论基础，具体包括新能源汽车概述、创新链概述、新能源汽车创新链概述、新能源汽车关键创新链概述。

一　新能源汽车概述

根据2007年11月发布的《新能源汽车生产准入管理规则》，新能源汽车是指采用非常规的车用燃料作为动力来源（或使用常规的车用燃料而采用新型车载动力装置），综合车辆的动力控制和驱动方面的先进技术，形成的技术原理先进，是具有新技术、新结构的汽车。

目前，公认的新能源汽车主要包括电动汽车（如混合动力汽车、纯电动汽车、燃料电池汽车）与代用燃料汽车（如天然气汽车、醇类燃料汽车、二甲醚汽车、合成柴油汽车、太阳能汽车、氢能汽车等）。由于混合动力汽车、纯电动汽车、燃料电池汽车都涉及电动汽车，因此电动汽车便成了新能源汽车的主体，也是本书研究的主体。① 又由于混合动力汽车属于从传统汽车向新能源汽车过渡阶段的车型，加上燃料电池汽车技术不够成熟，故本书中出现的新能源汽车如无特殊说明，特指新能源汽车中的纯电动汽车。

我国新能源汽车产业始于21世纪初。2001年，新能源汽车研究项目被列入国家“十五”期间的“863计划”电动汽车重大科技课题，规划了以汽油车为起点，向氢动力车目标挺进的战略。“十一五”

① 胡适、蔡厚清：《我国新能源汽车发展现状、问题及对策探讨》，《武汉金融》2010年第4期。

以来，中国提出“节能和新能源汽车”战略，政府高度关注新能源汽车的研发和产业化。

二 创新链概述

创新链是描述一项科技成果从创意的产生到商业化生产销售整个过程的链状结构，主要揭示知识、技术在整个过程中的流动、转化和增值效应，也反映各创新主体在整个过程中的衔接、合作和价值传递关系。[①] 对于创新链理论，国内外专家学者还有如下定义。

许多国外学者根据创新链中职能的不同对创新链的基本结构进行了阶段划分。Turkenburg 解释了创新链的 3 个不同阶段：研究与开发、示范、扩散。Johansson 指出创新链包含研究和开发、建立示范项目，以及技术扩散 3 个阶段。Bamfield 指出创新链由试探研究、工艺开发、试制、市场启动、建立生产和销售 5 个阶段构成，出发点在商界。[②] Sen 则认为创新链包含创新思想、发明、研究论文、许可和产品的链，出发点在学界。

国内学者林淼等人从技术与产业的关系出发，把科技成果产业化的全过程定义为技术创新链。[③] 蔡翔把创新链与知识供应链统一起来，认为创新链是围绕某一个创新核心主体，以满足市场需求为导向，通过知识创新活动将相关的创新参与者连接起来，以实现知识经济化与创新系统优化的功能结构。[④] 张正良从企业系统结构分析，认为企业技术创新能力及其战略选择是创新链的核心，人才是决定性因素，文化是动力源泉，环境是有效支撑。杨志勇则侧重企业外部关系，认为创新链是技术创新过程中，企业之间及企业与其他组织之间形成的有

① 杨玉荣：《浅析汽柴油价格上升形势下新能源汽车行业的发展方式》，《北方经济》2011 年第 12 期。

② Bamfield P. Research and development management in the chemical and pharmaceutical industry, second edition, John Wiley & Sons, Inc. 2004.

③ 林淼：《技术链、产业链和技术创新链：理论分析与政策含义》，《科学学研究》2001 年第 4 期。

④ 蔡翔：《创新、创新族群、创新链及其启示》，《研究与发展管理》2002 年第 6 期。

利于技术创新的链式流程[①]。

从表面看，创新链是由创新参与主体连接而成的链条；从本质看，创新链是为生产出能满足市场需求的产品，而将相关知识创新活动在各参与主体之间进行分工，通过参与主体之间的有机配合，及其知识创新活动的有效衔接，产出能用于最终产品生产的技术。从这一意义上讲，创新链实质上是不同知识创新活动连接而成的链条，知识创新是其生命线。只有通过知识创新活动在不同参与主体之间的传承、转化和转移，使不同参与主体都能获取知识创新的增值收益，才能将他们连接起来，进而实现知识的经济化与创新系统的优化。[②]

三　新能源汽车创新链概述

新能源汽车创新链是指在新能源汽车这一产业内，科研机构、高等院校、企业（整车企业、关键零部件企业、销售商）和政府等创新主体之间相互协作，发挥各自优势，围绕新能源汽车创新过程中的企业（龙头车企）这个核心主体，以满足市场需求为导向，通过知识、技术在新能源汽车从创意的产生到商业化生产销售整个链状过程中的流动、转化和增值效应等[③]，实现新能源汽车知识的经济化与新能源汽车创新系统优化目标的官产学研相结合的创新链结构模式[④]（见图 6－1）。

如图 6－1 所示，汽车企业根据市场需求和政府导向，向相关汽车类高校（如清华大学、同济大学、长安大学等）提出人力资源和知识创新要求，从科研机构（如中国汽车技术研究中心、重庆汽车研究所）获取研究开发成果或专利技术，向科技中介搜寻技术信息或寻求中介服务，从金融投资部门获得资金支持，孵化器等中介机构介入，

① 杨志勇：《基于创新链模型的创新链管理研究——硅谷经验及对中国企业的启示》，《商场现代化》2006 年第 31 期。

② 姚良：《金融产品创新链研究》，《武汉理工大学学报》（信息与管理工程版）2010 年第 32 期。

③ 刘满凤：《基于效益视角的创新链合作机制研究》，《科技进步与对策》2009 年第 26 期。

④ 蔡翔：《创新、创新族群、创新链及其启示》，《研究与发展管理》2002 年第 6 期。

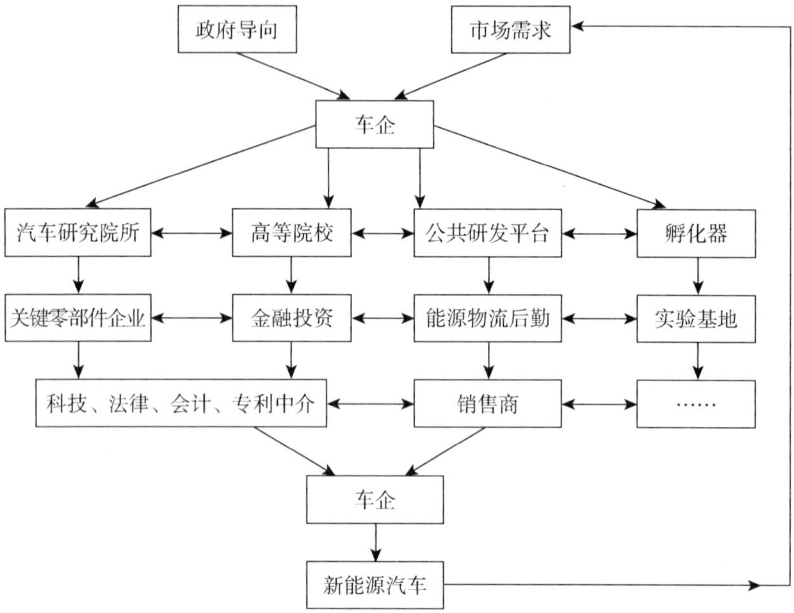

图 6－1　新能源汽车创新链结构

资料来源：本书作者整理。

加快成果产业化。在此基础上参与产品开发、设计、营销等一个或多个创新环节，最终形成市场适用的新能源汽车。

四　新能源汽车关键创新链概述

在新能源汽车创新活动中直接或间接发挥功能作用的上下游企业、政府、高校、科研院所（所谓“产官学研”）及孵化器、实验基地、公共研发平台、法律会计专利等中介机构、风险投资等金融服务、能源物流后勤等保障系统等创新主体都可以称作创新节点。[①] 新能源汽车创新链体现了多创新节点在新能源汽车创新过程中的协作关系，节点之间有效协作是完成技术创新协作过程的基础。创新的整个过程需

① 代明、梁意敏、戴毅：《创新链解构研究》，《科技进步与对策》2009 年第 26 期。

要研发、生产及销售等环节及车企、汽车研究院所、高等院校、政府部门、销售商等多个创新节点的集体行动与配合。各节点之间合作的好坏直接决定各环节之间的衔接及运行效果，即节点之间的合作性是新能源汽车关键创新链成功与否的重要保证。[①]

因此，汽车研究院所、高等院校、企业（整车企业、关键零部件企业、销售商）、政府部门等创新节点中的关键创新节点之间的相互关系及其对新能源汽车创新的作用构成了新能源汽车关键创新链。本书将重点研究新能源汽车创新链中的关键创新节点间的相互作用，及关键创新节点对新能源汽车关键创新链的影响。

综上所述，新能源汽车关键创新链是指在新能源汽车创新链所限定的范围之内的由新能源汽车创新链中的关键创新节点所组成的创新链（见图6－2）。

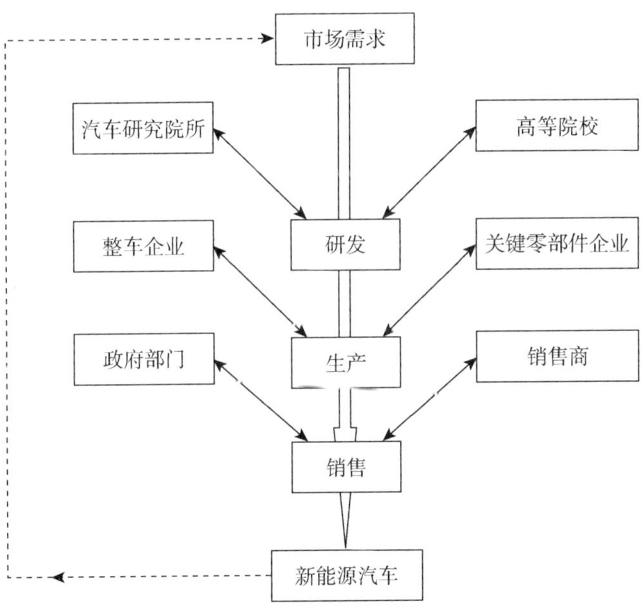

图6－2 新能源汽车关键创新链结构

资料来源：本书作者整理。

---

① 刘满凤：《基于效益视角的创新链合作机制研究》，《科技进步与对策》2009年第26期。

第三节 新能源汽车关键创新链的识别

如上文所述，新能源汽车的创新需要整车企业、汽车研究院所、高等院校、政府部门、销售商等创新节点的共同合作，正如在美国的高科技产业发展中，政府、高等院校、风险投资、中介机构都起到了巨大的推动作用。[①]

因此，本书基于新能源汽车关键创新链中的汽车研究院所、高等院校、企业（整车企业、关键零部件企业、销售商）、政府部门等关键创新节点进行识别。

一 新能源汽车关键创新链的识别方法

尽管创新链模式多种多样，但其本质是从新思想到技术扩散直到取得最终成果并实现其价值创造的全过程。各个环节应有集中且相对独立的工作区间对整个创新链的做出贡献，通过关键环节中的关键创新节点对新能源汽车产业发展的贡献大小分析可以使这一系列过程中的关键创新节点脱颖而出。因此可以从贡献的视角对创新链的基本结构进行分析，以利于明晰创新链的内涵以及创新政策的提出。[②] 因此，本书将主要从新能源汽车的关键创新节点在新能源汽车创新链中的贡献大小来识别新能源汽车关键创新链。

二 新能源汽车关键创新链的识别标准

研究发现，新能源汽车关键创新链中的汽车研究院所、高等院校、整车企业、关键零部件企业、政府部门等关键创新节点对新能源汽车

① 王红梅、邱成利：《技术创新过程中多主体合作的重要性分析及启示》，《中国软科学》2002 年第 3 期。

② 吴晓波、吴东：《论创新链的系统演化及其政策含义》，《自然辩证法研究》2008 年第 24 期。

关键创新链的良性运行起着至关重要的作用。

在汽车研发院所方面，创新体系的源头和最主要的知识创新主体是科研机构，其主要功能是从事基础研究和应用性研究。汽车研发院所是新能源汽车实现关键技术突破的主力军。为了全面科学地分析中国各汽车研发院所的新能源汽车技术的专利信息，本书选择中国专利数据库（中国知网版）作为数据采集的信息源。其中，专利采集的数据为1985—2011年公开的数据，包括发明专利、实用新型、外观设计。数据采集选择小范围检索策略，检索时从“专利名称”和“专利全文”入手，采用二者并举的方式，所选取的关键词有：新能源汽车、电动汽车、纯电动汽车等。对于关键汽车研发院所的识别，主要选用“专利数量”的指标来衡量。

在高等院校方面，教育是科技创新发展的基础和前提条件，而高等院校是知识生产、应用以及传播的重要环节，其主要功能是传播知识，提供人才和提高人的素质，为技术创新提供智力保障。没有高等院校创新能力的建设和提高，科技发展将丧失动力源和人才保证。[①] 因此，依靠教育创新支撑和推动科技创新，应成为教育界的奋斗目标。[②]

对于关键高等院校的识别，主要选用“在新能源汽车方面的专利数量、研究机构数量及发表的研究成果（论文）数量及质量（引用率）”等指标来衡量。

在整车企业方面，汽车企业在新能源汽车关键创新链中的作用是参与新能源汽车核心技术和新产品的开发以及实用性研究。具有核心技术和知名品牌的汽车企业是新能源汽车关键创新链的核心主体。对于关键整车企业的识别，主要选用“推出有影响力的车型数量及销售模式是否成功”等指标来衡量。

在关键零部件企业方面，关键零部件是新能源汽车发展必不可少

---

① 王红梅、邱成利：《技术创新过程中多主体合作的重要性分析及启示》，《中国软科学》2002年第3期。

② 苑春荟、霍煜梅、刘官华：《创新链中高校的定位及其创新机制分析》，《北京邮电大学学报》（社会科学版）2007年第6期。

的关键环节，决定着新能源汽车能否大范围推广的技术命运。对于关键零部件企业的识别，主要选用“是否列入《2011 节能与新能源汽车年鉴》中国内主要零部件厂商名单和推出产品的数量”等指标来衡量。

在政府部门方面，国家创新体系中起引导作用的是政府相关部门，其主要任务是制定有关技术创新的政策法规，向关系到国家竞争力的重大技术创新及基础研究投资，以及进行相关基础设施的建设等。[①]国内知名学者柳卸林在其《技术创新经济学》一书中谈到：政府在基础研究、基础设施建设、社会收益大的技术创新（如新能源汽车）、避免创新的重复性、增强国际竞争能力、创新的扩散、合作研究等领域的创新活动中最能发挥作用。研究发现，政府在上述领域的推动作用对于新能源汽车发展来讲十分适用，尤其是在新能源汽车基础研究、配套基础设施建设、新能源汽车技术创新的扩散和促使企业合作创新等领域，政府的推动作用更加明显。政府还是新能源汽车发展的组织者与推动者，新能源汽车的商业化过程或技术进步过程，在取得成功的市场化之前需要强大政府支持的研究与开发活动和实现全面商业化的政策工具。对于关键政府部门的识别，主要选用“出台新能源汽车相关政策、法规的数量”等指标来衡量。

三　新能源汽车关键创新链的识别结果及分析

1. 新能源汽车关键创新链的识别结果

新能源汽车的各关键创新节点的识别结果如下：

在汽车研究院所方面，截至 2011 年年底，中国专利公开的三种专利数据中，有关新能源汽车的专利共 12842 件。其中发明专利 8464 件，约占总数的 66.0%；实用新型 4378 件，约占总数的 34.0%；没有外观设计。其中，中国汽车工程研究中心发明专利 2 项，实用新型

① 王红梅、邱成利：《技术创新过程中多主体合作的重要性分析及启示》，《中国软科学》2002 年第 3 期。

2 项，外观设计 0 项。中科院电工研究所、北京有色金属研究总院、中科院大连化学物理研究所、中国工程院等研究机构在新能源汽车相关领域，如电池、电控等方面有所建树。

在高等院校方面，按照识别标准，通过在中国专利数据库（中国知网版）对各高校“在新能源汽车方面的专利数量、研究机构数量及发表的研究成果（论文）数量及质量（引用率）”的检索，对该高校是否属于新能源汽车关键创新节点识别结果如下。

表 6－1　　高等院校在新能源汽车创新中的指标统计

序号	高校名称	专利申请数量			研究机构数量	论文数量（单篇论文最多被引用频次）
		发明专利	实用新型	外观设计		
1	清华大学	109/201/71	10/30/4	0/0/0	1	193/979/123（177）
2	同济大学	42/43/15	9/27/7	0/0/0	1	50/571/93（80）
3	上海交通大学	51/96/34	3/4/2	0/0/0	1	114/544/94（59）
4	吉林大学	24/62/26	5/30/11	0/0/0	2	327/882/243（237）
5	北京理工大学	26/84/23	6/26/12	0/0/0	3	50/491/93（127）
6	重庆大学	19/65/25	1/10/0	0/0/0	2	113/613/114（142）
7	长安大学	7/11/3	3/7/0	0/0/0	0	92/246/74（14）
8	合肥工业大学	8/17/6	1/7/0	0/0/0	1	108/428/93（99）
9	东南大学	16/41/10	3/18/3	0/0/0	1	21/159/8（84）
10	河北工业大学	12/10/2	1/4/0	0/0/0	1	19/129/17（11）
11	上海大学	28/22/7	3/5/0	0/0/0	0	20/108/6（21）
12	江苏大学	10/34/8	3/14/3	0/0/0	0	40/247/51（112）

注：1. 专利申请数量、论文数量中三类数字分别代表：新能源汽车、电动汽车、纯电动汽车的专利申请数量和发表论文数量。

2. 主要研究机构有：清华大学汽车安全与节能国家重点实验室、同济大学新能源汽车工程中心、上海交通大学汽车科学与工程研究院、合肥工业大学汽车技术研究院、东南大学汽车装备研究所、河北工业大学汽车研究所。

资料来源：本书作者整理。

整车企业方面，在“节能减排”国家战略推动下，中国主要汽车企业联合相关产学研单位进一步加快了新能源汽车的开发与商业化步伐。中国一汽、东风汽车、宇通、中通、五洲龙等开发出混合动力客车产品并积极开拓市场；比亚迪、长安、奇瑞、吉利、上汽、华晨等相继开发出混合动力轿车并积极拓展市场。整个汽车行业根据形势需要，已经行动起来，依靠科技进步优质发展。至2008年年底，已有40多款自主品牌电动汽车产品进入国家汽车新产品公告，实现了小批量的整车生产和示范运行，部分车型已经开始在国内外市场上销售。已有29款电动汽车产品获得了国家汽车产品公告，其中纯电动客车14款（包含2007年前上公告的起步期车辆6款），纯电动客车底盘8款，纯电动轿车1款，纯电动中小型工程车（客车）3款，Plug-in客车2款，Plug-in轿车1款。2009年，哈飞赛豹、郑州东风、比亚迪F6、吉利熊猫等多款纯电动和Plug-in汽车又获得了国家公告。这些产品为电动汽车的扩大示范应用规模、发展电动汽车产业奠定了基础。2010年新能源汽车的生产量为20729辆，其中乘用车占64.5%、商用车占35.5%；销售量为19888辆，其中乘用车占64.2%、商用车占35.8%。截至2010年年底，共有54家汽车生产企业的190个车型列入《节能与新能源汽车示范应用推广工程推荐车型目录》。与2010年之前相比，乘用车占新能源汽车产销量的比例增至60%以上，为历年最高，占市场主体地位的乘用车开始进入新能源汽车市场。经过查证，目前国内主要车企及车型如表6-2所示。

表6-2　国内主要新能源汽车企业与车型

汽车企业	产品名称	产品分类	汽车企业	产品名称	产品分类
比亚迪	E6	纯电动	中华	尊驰	混合动力
	F3E	纯电动		骏捷 Wagon	混合动力
	F3DM	Plug-in（可插电）	东风	风神 S30BSG	微度混合动力
奇瑞	瑞麒 M1-EV	纯电动		风神 ISG	轻度混合动力
	瑞麒 M3-EV	纯电动	江淮	愿景 IV	混合动力概念车
	G5EV	纯电动		和悦	混合动力
	QQ3	纯电动	东南	V4	混合动力概念车
	A5BSG	轻度混合动力	福田	欧 V 客车	混合动力

续表

汽车企业	产品名称	产品分类	汽车企业	产品名称	产品分类
北汽	C30EV	纯电动	海马	福仕达 EV	纯电动
	C70EV	纯电动		M1	纯电动
	C71EV	纯电动	清源	幸福使者	纯电动
一汽	E-wing	纯电动仿生概念车		威乐	纯电动
	E-coo	纯电动仿生概念车		威姿	纯电动
	奔腾 B70	混合动力		微型货车	纯电动
	奔腾 B50	Plug-in	万向	客车	纯电动
长安	氢程	氢燃料		电力服务车	纯电动
	SSC73313	纯电动	南车时代	客车	Plug-in
	杰勋 HEV	混合动力	五洲龙	客车	Plug-in
吉利	EK－2	纯电动	华普	轿车	混合动力
	LCE	纯电动	长城	精灵 EV	纯电动
	EI	纯电动	力帆	320EV	纯电动
	荣威 750	混合动力			

资料来源：本书作者整理。

销售模式方面，当前销售商最普遍的销售方式是将新能源汽车投放到社会服务领域，进行示范运营或者采取销售补贴方式进行销售。如东风、福田、长安等企业投放的新能源城市客车、出租车，比亚迪等4S店的补贴销售模式。而众泰提出的租赁模式可能是新能源汽车市场化、商业化的一条新路。

在关键零部件企业方面，新能源汽车关键零部件包括车用动力蓄电池、驱动电机、电控系统等。其中电池企业与驱动电机发展情况如下：

电池企业方面，根据《2011 节能与新能源汽车年鉴》统计，各主流动力电池企业的镍氢动力电池和锂离子动力电池的产能情况如表6－3所示。

表 6 – 3　　中国主流动力电池产业产能情况统计

产品类别	企业名称	2010 年产能（亿瓦时）
镍氢动力电池	中炬森莱	1.20
	江苏春兰	1.00
	内蒙古稀奥科	0.78
	湖南神舟	0.60
	湖南科霸公司	0.12
锂离子动力电池	天津力神	7.00
	哈尔滨光宇	4.00
	苏州星恒	2.52
	深圳比亚迪	2.50
	中信国安盟固利	2.16
	杭州万向	1.28
	天津捷威	0.90
	比克国际（天津）	0.54
	上海航天电源	0.48
合计		25.08

资料来源：本书作者整理。

电机产业方面，国内电机企业通过多渠道筹集资金，加强与上下游企业合作，正在积极完善产业链建设。根据《2011 节能与新能源汽车年鉴》统计显示，上海电驱动、南车时代、大洋电机、精进电动、上海大郡、襄樊特种电机、湘潭电机和中纺锐利等企业通过多年技术积累或技术移植，目前纷纷投入进行电机生产能力建设，2010 年已具备了一定的配套能力，并基本满足了电动汽车发展需求。目前，我国国内的电动汽车大部分由本土电机生产企业进行配套。“十一五”以来，中国开发的具有自主知识产权的驱动电机系统如表 6 – 4 所示。

表 6-4 国内具有代表性的车用驱动电机系统汇总

承担单位	样机描述	最大扭矩（N·m）	峰值功率（kW）	重量比功率（kW/kg）	系统最高功率（%）
“863 计划”指南要求			5—150	>1.2	
电工所	东风混合动力轿车驱动电机		28		
御能电动	东风混合动力轿车驱动电机	152	28	0.94	92
电工所	东风混合动力轿车 BSG 电机		7		
御能电动	东风混合动力轿车 BSG 电机	56	7	0.576	90
御能电动	长安混合动力轿车 ISG 电机	80	15	0.94	91
中纺锐力	东风混合动力客车驱动电机	319	60	0.448	92
大连普传	一汽混合动力客车驱动电机	212	80	0.9	86
电工所	北理工纯电动客车驱动电机	850	150	0.5	93
株洲所	清华燃料电池客车驱动电机		180	0.6	
安乃达	同济燃料电池轿车驱动电机	127	65	1.358	93
御能电动	同济燃料电池轿车驱动电机	140	65	1.327	93
天津大学	天津清源纯电动轿车	99.5	45	1.087	95

资料来源：本书作者整理。

在政府部门方面，近年来国家有关部门加大了鼓励新能源和节能汽车发展的力度，出台了一系列的相关政策，如表 6-5 所示。

表 6-5 近年新能源汽车政策、技术标准汇总

政策名称	制定部门	出台时间	政策类别	主要内容
《关于开展节能与新能源汽车示范推广试点工作的通知》	科技部、财政部	2009 年 1 月	鼓励性政策	在北京、上海、重庆等 13 个城市示范推广
《汽车产业振兴规划》	国务院	2009 年 3 月	鼓励性政策	改造现有生产能力
《新能源汽车生产企业及产品准入管理规则》	工信部	2009 年 8 月	技术、标准	明确新能源汽车概念

续表

政策名称	制定部门	出台时间	政策类别	主要内容
《关于开展节能与新能源汽车示范推广试点工作的通知》	国务院、财政部、科技部	2009 年 12 月	鼓励性政策	国务院批复汽车消费政策
《关于开展私人购买新能源汽车补贴试点的通知》	财政部、科技部、工信部、国家发改委	2010 年 6 月 1 日	鼓励性政策	启动私人购买新能源汽车补贴试点工作
《国务院关于加快培育和发展战略性新兴产业的决定》	国务院常务会议	2010 年 9 月 8 日	鼓励性政策	新能源汽车产业定位于国家战略性新兴产业
《节能与新能源汽车产业发展规划》	国务院	2012 年 4 月	鼓励性政策	新能源汽车发展的总体目标和阶段目标
《电动汽车充电站通用要求》		2010 年 4 月	标准	新能源汽车试验、电池标准
《电动汽车充电接口》		2010 年 4 月	标准	新能源汽车试验、电池标准
《电动汽车电池管理系统和非车载充电机之间的通讯协议》		2010 年 4 月	标准	新能源汽车试验、电池标准
《电动汽车充电桩技术条件》《电动汽车车载充电机》		修订中	标准	充电相关标准

资料来源：本书作者整理。

值得重视的是，由工信部牵头，财政部、科技部、国家发改委等部委联合制定的涉及新能源汽车产业政策、财政政策、税收政策、投融资政策的《节能与新能源汽车产业发展规划》（以下简称《规划》）已经正式出台，《规划》明确了未来十年新能源汽车发展的总目标和阶段性目标。

2. 新能源汽车关键创新链的识别结果分析

在汽车研究院所方面，中国汽车工程研究中心、中科院电工研究所、北京有色金属研究总院、中科院大连化学物理研究所、中国工程院等研究机构等汽车研究院所属于关键创新节点。但通过数据明显可以看出，汽车研究院所在新能源汽车关键技术领域核心专利少，创新能力不足。

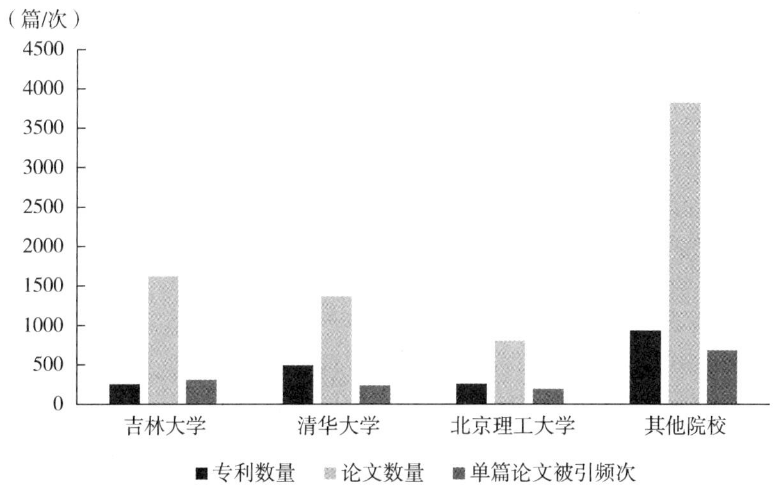

图6-3　高等院校在新能源汽车创新中的指标统计结果分析

资料来源：本书作者整理。

在高等院校方面，吉林大学、清华大学、北京理工大学、重庆大学、上海交通大学、同济大学等院校在新能源汽车关键创新链中具有举足轻重的作用，属于关键创新节点。这些传统的汽车领域强校在新能源汽车时代迅速抢占了技术高地，但其仍然存在着科研资金投资效率低和人力资源供给不足的短板。

在整车企业方面，奇瑞、一汽、比亚迪、北汽、长安、吉利等传统汽车企业与浙江万向、天津清源、湖南南车时代等新兴新能源汽车整车企业在新能源汽车关键创新链中占据绝对优势，发挥主导作用，属于关键创新节点。

在关键零部件企业方面，天津力神、哈尔滨光宇、苏州星恒、深圳比亚迪、中炬森莱、江苏春兰等电池企业产能占电池企业总产能的73%，属于关键创新节点；御能电动、上海电驱动、南车时代、大洋电机、精进电动、上海大郡、襄樊特种电机、湘潭电机和中纺锐利等电机企业占据电机市场大量份额，属于关键创新节点。

遗憾的是整车企业和关键零部件企业的“整零关系”并未理顺，整车企业之间、整车企业与关键零部件厂商之间都存在着各自为战，缺乏有效合作的弊端。

在政府部门方面，国务院及工信部、科技部、财政部、国家发改委等部委属于新能源汽车相关政策、法规的主要制定与施行单位，属于关键创新节点。虽然政府部门制定了一系列的发展新能源汽车的政策、法规，然而在配套基础设施建设和相关标准制定上还相对落后。

四 新能源汽车关键创新链中存在的主要问题

1. 汽车研究院所未掌握核心技术

当前从整体来看，我国新能源汽车核心技术水平仍落后于国际先进水平，新能源汽车的产品本身存在着可靠性低、安全性差等问题。汽车研究院所未能完全掌握整车控制系统、车载能源系统、驱动系统等三项核心技术。在动力电池方面，国产电池组使用寿命短，一般只能循环充电300—500次，快速充电大电池只能用100—200次，即电池使用寿命仅为半年。电池隔膜的技术难题仍没有攻克，基本靠进口，而其成本占到电池总成本的30%，也间接造成了电池成本高昂。在安全性方面，现在电动汽车驱动时需要100—600V电压，如何保持新能源汽车涉水之后的安全问题，怎样快速切断电源，保证乘客不会触电，仍然没有很好的解决方案。

2. 高校创新机制不完善

科研资金利用率低。人们以前总以为科研资金投入不足是新能源汽车关键创新链发展中的瓶颈，但难以解释的是20世纪80年代后全球科研投资减少一半以上，而科技成果却日新月异。后来人们才发现其实大多数创新特别是渐进性创新，并不是由技术推动引发的。实证研究表明，用于科研的资源投入大，创新成果并不一定多。如果一味地强调科研投入而忽视创新过程其他阶段的管理以及市场导向，技术成果很可能就没有商业价值，技术创新就无法实现。[①] 学术界把创新链中间阶段的这种现象称为“技术死亡谷”。因此科技研发不能单纯地依赖增加投资金额来奢望新技术能够跨越“技术死亡谷”获得市场化的成功。与传统汽车开发相比，我国新能源汽车的研发仍处于初级阶段，要真正实现产业化，尚有大量资金缺口。而就在这有限的政府投资中，还存在着资金利用率低、核心技术和专利申请少等问题。政府自主高效的许多研发项目，常常因为缺乏市场竞争而效益低下。很多高校新能源汽车课题组纯粹是打着“研发新能源汽车”的幌子在骗取国家科研基金挪作他用。一言以蔽之，不是科研资金少，而是利用率低。

人力资源供给不足。当前新能源汽车产业发展如火如荼，相应的专业技术人才和管理人才缺口也越来越大。虽然我国目前有 57 所高校开设有车辆工程的专业，其中也不乏清华大学、北京理工大学、西南交通大学、同济大学、北京航空航天大学、吉林大学等业内名校，但基本上还是以传统汽车为教学方向，并无高校在“车辆工程”专业下专门开设“电动汽车”或“新能源汽车”方向，以培养跨学科的复合型人才。

3. 企业间缺乏有效合作

目前，我国新能源汽车企业大多各自为战，分头研制，行业协会和中介机构的作用得不到发挥，缺乏必要的资源整合与统筹协调，低水平重复建设较多，资源浪费现象比较普遍，[②] 主要表现为车企与关键零部件厂商、车企与汽车研究院所、销售商与消费者之间的矛盾。

矛盾一：新能源汽车产业的快速发展，离不开整车企业与零部件企业的合作共赢。但从目前看，整零关系并未理顺，整车厂关注的是现在能否实现批量供货，零部件企业也看重这一点，但他们更看重未来发展趋势，把重心放在新技术开发上。整车企业和供应商关注焦点很不一致，甚至南辕北辙，这就产生了矛盾。

---

① 郭成林：《中国海油科技创新水平评价认识》，《现代经济信息》2014 年第 13 期。

② 贾健：《浅述新能源汽车发展与应用》，《黑龙江科技信息》2011 年第 18 期。

矛盾二：汽车研究院所、高校研发的新能源汽车技术呈现出百花齐放、百家争鸣的局面，新技术、新方案、新专利层出不穷。遗憾的是，虽然新技术很多，但目前真正能够被整车企业采用并实现商业化运营的少之又少。

矛盾三：销售商对创新模式设计认识不足。以销售模式创新为例，如果不进行创新便会陷入“价格高—市场冷的恶性循环”（如图6－4所示），这种现象一直困扰着新能源汽车行业的发展。相反，传统内燃机汽车节能技术不断改进也导致消费者购买新能源汽车的经济性相对下降。对我国目前公告内新能源汽车市场售价调查得知，我国新能源汽车的价格普遍比原型车的价格高一倍左右。可见新能源汽车价格偏高是限制其市场化进程发展的首要因素。

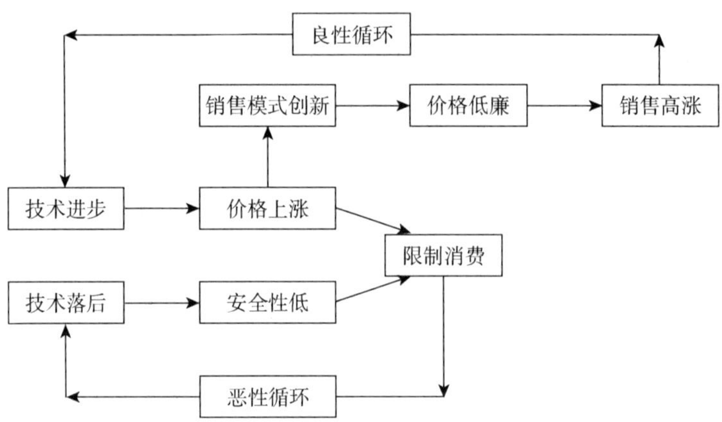

图6－4　价格高——市场冷的恶性循环

资料来源：本书作者整理。

4. 政府部门缺位严重

在新能源汽车产业发展问题上，政府部门往往容易走向两个极端：要么无所作为，要么过度干预，尤其是政府直接进行的新能源汽车政策创新存在不少问题。我国政府部门在新能源汽车创新中作用发挥欠佳，政府缺位严重主要表现在以下几个方面。

（1）配套设施建设滞后。目前基础配套设施严重不完善，特别是充电站建设滞后，这是新能源汽车发展的最大阻碍所在，也一直困扰和影响着车企和消费者的信心。充电网络建设滞后，电动汽车的大规模推广是不现实的。电动汽车的价格优势也会被其使用的困难性所抵消，而车企研发与生产的积极性也会被影响，这就是一种恶性循环，就好比没有手机信号网络覆盖，手机就是摆设，卖不出去一样。究竟是应先有信号，还是应先有手机？这是摆在“新能源汽车”与“配套设施建设”之间的矛盾。

（2）标准不统一。近年来我国出台了一系列有关新能源汽车测试、性能和安全方面的政策法规，但新能源汽车市场化的标准严重缺水，譬如充电桩标准、电池尺寸标准、车载充电机标准都未出台国家统一标准。

第四节　新能源汽车关键创新链的优化措施

由于新能源汽车是一个复杂的系统工程，我国发展新能源汽车尚需借鉴国内外成功经验，做到配套完善的激励引导政策，开拓市场、吸引投资、完善产业链、降低成本，培育产业化产品制造体系，推动中国新能源汽车技术攻关成果向产业化过渡。鉴于新能源汽车产业目前尚处于培育和成长阶段，为使我国的新能源汽车产业不负众望、健康、快速地发展，我国有关部门和专家分别提出了许多有益的建议，结合本书研究发现，现将主要观点论述如下。

一　汽车研究院所全力攻克技术难关

充分发挥汽车研究院所技术攻关作用。汽车研究院所要在继续深入研究开发相关技术的基础上，加强与政府、相关企业等的沟通与协调，促进科技成果产业化的转化和实施。充分利用政府产学研专项资金的优惠政策以及税收政策，以企业为主体推进产学研合作。汽车研究院所在新能源汽车产业化中长期发展阶段的主要工作是与制造业等结合，不断进行零部件及相关技术的创新性研究和发明，与生产制造企业一起实现新能源汽车产业的跨越式发展。

伴随着我国新能源汽车发展的不断加速，地方层面的新能源汽车产业联盟纷纷上马，如上文提到的北京电动汽车产业联盟、“T10”组织等。但这种情况可能引发新的地方保护主义、重复建设、无序竞争。所以本书建议整合上文识别出的各关键创新节点，包括：汽车研究院所中的中国汽车工程研究中心、中科院电工研究所、北京有色金属研究总院、中科院大连化学物理研究所、中国工程院；高等院校中的北京理工大学、清华大学、同济大学、上海交通大学、吉林大学及清华大学汽车安全与节能国家重点实验室、同济大学新能源汽车工程中心、上海交通大学汽车科学与工程研究院、合肥工业大学汽车技术研究院、东南大学汽车装备研究所、河北工业大学汽车研究所等高校研究机构；整车企业中的比亚迪、安凯、京华客车、浙江万向、天津清源；关键零部件企业中的电池企业比亚迪、苏州星恒、比克、东莞新能源（ATL）、万向、盟固利、科力远及锂矿企业北京当升科技、湖南瑞翔、中信国安盟固利、北大先行、西安荣华和电机企业御能电动、电工所等的优势资源，对目前已经成立的地方新能源产业联盟进行整合重组。组建新能源汽车产业技术创新公共平台，以市场化操作为原则，集中各创新主体优势，长安、一汽、上汽等大汽车集团入股，让奇瑞、比亚迪、众泰、吉利等自主品牌广泛参与，整合优质资产与技术，形成强大合力，避免企业内耗，共同参与国际竞争。当然，在中国新能源汽车公共研发平台面对国家利益、社会利益、企业利益平衡的问题上，唯一解决途径只能是国家意志和政策倾向。

二　完善高校创新机制

我国高等学校的创新能力及其在新能源汽车创新体系中的地位有待进一步提高，需完善相关创新机制使高校创新能力得到充分发挥。具体应该做到以下两点。

1. 提高科研资金利用率，增加科技成果产出

高校必须考虑到出现在新能源汽车关键技术领域的重要突破有许

多是由市场需求和生产需要所引起的。高校应该首先清楚地知道在哪个技术方向上、以什么方式、投入多少来寻求技术创新，而不是只会一味地争取国家科研基金；其次，高校要了解市场需求，使技术创新有市场价值；最后，对科研资金申请、使用过程实行最为严格的结果导向型的绩效考核制度，让其在充分的竞争环境中获得更高的效率。

2. 培养跨学科的电动汽车领域人才

新能源汽车的研发和生产涉及机械、电子、电器、能源、材料、控制工程、化工、信息等多学科、多行业。研究建议通过教学观念、内容、模式和方法的改制，在高校增设新能源汽车相关专业或者在“车辆工程”专业下细分“电动汽车”专业方向，在“交通运输”“交通工程”等专业外，新增“电动交通”专业，以此来加强学生创新精神及创新能力的培养，为新能源汽车创新建设提供人才保障。

三　加强企业合作创新

新能源汽车作为尚在培育中的高新技术行业，投资需求大，涉及领域多，投资风险高，而新能源汽车企业往往不能承担如此重任，因此政府应颁布政策措施鼓励新能源汽车企业在技术创新中进行有效合作。这样不仅能降低技术创新失败后的风险性，减轻企业科研资金压力，而且能在核心技术上进行优势互补。

产业化初期发展阶段，以企业为主导。整车和零部件等有关企业要着眼未来，不断进行技术革新，提高新能源汽车的可靠性和便利性，降低新能源汽车整车成本，促进新能源汽车向实用性、大众化方向发展。新能源汽车高新企业应充分利用现有政策，加大企业自主创新投入，包括建设技术中心、购买国外先进研发设备等，充分利用政府对企业自主创新专项基金的优惠政策以及税收政策。①

产业化中长期发展阶段，企业主导新能源汽车产业的发展水平和进度。新能源汽车整车及零部件制造企业的工作重点是进一步降低生

① 陈静：《花垣县锰矿业可持续发展现状及对策》，《产业与科技论坛》2008 年第 2 期。

产制造成本，提供高质量的产品和完善的售后服务体系，提高企业的竞争能力和产品的市场占有率，提高产品生产达到规模效益所需要的水平，获得更高的企业经济效益。电力企业与充电站运营企业或电力企业自己建立的充电站一起保证电力供应，做好电网规划和充电站大规模规划、建设与运营服务，为新能源汽车提供便利的供电服务保障。由于大量低谷电量的使用，大都市用电类型的显著特征之一是峰谷差不断拉大的现象也将得到较大的改善，电力企业会获得较高的利润回报。

销售商应对“价格高——市场冷的恶性循环”的破解之道是采用租赁模式，为新能源汽车商业化开辟道路。正如图6－4所示，破解难题的关键救灾“销售模式创新”这一节点，而解决办法就是“循环加电”模式。“循环加电”又称“电池租赁”“裸车销售”，即销售商只卖车壳，不售电池，购车者在政府或企业建设的换电站支付比传统汽车加油花费少许多的电池充电费，租赁电池使用即可，换电站则利用国家“谷电”的低廉价格对换下来的电池进行充电。这就使高昂的电动车售价大大降低，同时让企业有利可图，继续推进创新。租赁模式不受充电、换电站设施建设滞后的影响，在让消费者省去高昂费用的同时也帮助企业发现并解决产品在使用中存在的问题。

四　明确政府定位与职能

我国需要出台促进产学研合作的相关政策和管理办法，明确产学研各方的权利、职责，规范产学研合作行为，并在资金管理、利益分配、知识产权归属等方面加以规范协调，改善目前组织松散、行为短期、不能持续发展的乱象，为产学研健康发展提供必要的政策保障。①

以政府部门的支持为前提和后盾。政府部门要在国家鼓励节能、减排，鼓励发展资源节约型、技术创新型工业的宏观思想指导下，充分借鉴国内外发展新能源汽车的宝贵经验，制定支持和推动新能源汽

① 崔旭、邵力军：《产学研合作模式与合作稳定性关系研究》，《创新》2009年第3期。

车产业发展的经济扶持、政策激励和法规强制政策，给予新能源汽车整车及零部件生产企业以适当的优惠，在新能源汽车的购买、运行、维护以及充电站的运营等方面给予经济补贴、税收减免等，尽快出台相关标准，广泛开展推动新能源汽车发展的宣传、教育工作，为新能源汽车的产业化营造良好的社会环境。产业化中长期发展阶段，政府部门以监管和宏观调控作用为主。政府部门在此阶段的主要工作是通过相关标准、法律、法规的制定和实施，为新能源汽车行业建立公平、合理、有序的市场竞争秩序，使新能源汽车行业健康、快速、稳定发展。

第五节　小结

新能源汽车关键创新链的创新是车企建立核心竞争力的重要途径，此观点业已得到多数企业的认可。但汽车企业受限于自身资源禀赋，势必要进行合作创新活动，因此形成了环环相扣的新能源汽车创新链，以“链”的形式研究新能源汽车创新具有积极意义。在运行新能源汽车创新链的基础上，重点突破与完善关键创新链，提高核心技术水平、改进产品可靠性、降低电池成本、普及使用经济性宣传、开拓中长期市场，使新能源汽车平稳度过市场导入期，是一种充分发挥创新链理论的创新，实践也将证明这是新能源汽车发展的最佳路径。

第七章　新能源汽车共性技术创新中政府投资方式研究

日益加剧的能源危机令新能源汽车成为全世界关注的热点，共性技术的创新制约着新能源汽车产业的发展①，共性技术供给体系不健全，信贷政策不完善，R&D 融资数量不足，融资结构不合理等问题制约着我国新能源汽车的自主创新。② 本书对政府参与新能源汽车共性技术创新条件进行分析，认为新能源共性技术创新应该划分为不稳定、过渡和稳定三个阶段，根据三个阶段各自的特点，选择不同的投资方式。

第一节　引言

新能源汽车是未来发展的方向，是未来世界汽车技术竞争的焦点，世界各国都在积极为其发展创造良好的政策环境。目前，德国已经投入了 14 亿欧元，着手启动氢和燃料电池的全球计划。美国由政府出资已经开发出一批新技术，如超低硫柴油燃料推广和使用，镍金属氢电池等，目前，这些技术成果已在美国新能源汽车行业使用。日本耗资 17 亿美元开发节能车、便宜的混合动力车型以及更环保的燃料，以求

---

① 张春勋：《我国汽车零部件产业技术创新能力提升路径》，《重庆工商大学学报》（西部论坛）2007 年第 3 期。

② 佟岩：《从模仿学习到自主创新》，博士学位论文，辽宁大学，2007 年。

降低原油用量和二氧化碳排放量。[①]

进入经济快速发展期以来，我国产业技术的总体水平大大提高，但是汽车工业仍然摆脱不了靠引进资金、引进技术的对外合作发展模式，技术进步对经济增长的贡献率低，结构性矛盾十分突出，构建产业共性技术创新体系迫在眉睫。[②] 王静、朱桂龙（2012）的研究表明，在新能源汽车研发方面，日本和美国的公司表现出较强的研发能力，中国企业研发能力有限。[③]

我国新能源汽车关键共性技术创新中遇到诸多问题，如投资风险过高企业不愿承担、学校与科研院所无保障资金进行科研、产业联盟与产学研模式下的关键核心技术的知识产权归属问题等。如何解决上述问题，推进新能源关键共性技术创新？本书从国家创新系统理论出发，对新能源汽车共性技术创新阶段及政府的投资方式进行分析，以破解上述问题。

第二节 新能源汽车共性技术创新现状分析

产业共性技术是指在很多领域内已经或未来可能被普遍应用，其研发成果可共享并对整个产业或多个产业及其企业产生深度影响的一类技术。[④] 产业共性技术可以分为产业间共性技术、产业内共性技术、企业内共性技术。产业共性技术因其具有很强的外部性，会导致较严重的市场失灵，完全依靠市场机制，将导致产业共性技术研究的投入严重不足。共性技术是基础研究迈向市场应用的第一步，属于“竞争前技术”，它是企业专有技术开发和技术产品商品化、市场化的基础。同时，共性技术成果往往凝聚着多学科的知识，特别是关键共性技术

① 《车事荟萃》，《时代汽车》2010 年第 7 期。

② 胡莹：《新能源汽车产业共性技术创新体系研究》，《汽车工业研究》2010 年第 12 期。

③ 王静、朱桂龙：《新能源汽车产业产学研合作专利分析》，《中国科技论坛》2012 年第 1 期。

④ 吴贵生、李纪珍：《产业共性技术供给体系研究》，《科学技术与工程》2003 年第 4 期。

突破，需要多学科研究人员的联合攻关。[①]

一 新能源汽车共性技术供给体系分析

技术创新体系是推动技术创新的组织系统、关系网络以及保证系统有效运行的制度和机制，主要由包括企业、大学和科研院所、中介机构、政府部门等技术创新活动参与者，以及与它们相互联系的运作机制构成。[②]

共性技术创新主体具有多元性，包括企业、政府、高校和科研院所[③]，所以形成了众多的共性技术创新供给模式。其中，产业间共性技术的供给通过组建国家产业技术研究院这种技术联合体来解决；产业内共性技术供给主要有五种形式[④]：（1）完全由单个企业供给；（2）企业自主组成联合体合作研发；（3）由大学或非营利机构承担；（4）由国家工程中心和行业共性技术基地完成；（5）由政府牵头组织攻关。

单个企业由于受创新能力和创新积极性的制约，难以承担起共性技术开发主体的重任，依托市场推进共性技术创新受到限制。[⑤] 高校立足于理论知识研究，与生产企业脱节，不能满足企业技术与市场的需求，从而导致其研究结果理论性太强或超前，与现实需求严重脱节，加之高校人才流动性较大，难以保证科研的持续性。科研院所，重学术、轻技术，侧重于基础研究和学术证明；重成果，轻转化，不面向市场和经济建设，而是面向上级与政府；只注重研发与效益，不注重风险与经营，自己不承担风险，只顾自身利益，将风险全部转移给其他企业，忽视生产、销售、服务、市场反馈等若干环节。在此背景下，

① 胡莹：《新能源汽车产业共性技术创新体系研究》，《汽车工业研究》2010 年第 12 期。

② 同上。

③ 操龙灿、杨善林：《产业共性技术创新体系建设的研究》，《中国软科学》2005 年第 11 期。

④ 吴贵生、李纪珍：《产业共性技术供给体系研究》，《科学技术与工程》2003 年第 4 期。

⑤ 操龙灿、杨善林：《产业共性技术创新体系建设的研究》，《中国软科学》2005 年第 11 期。

我国新能源汽车研发方面存在着产业共性技术、关键核心技术供给严重不足的状况[①]，仍然出现了传统汽车行业中表现出的“核心技术空心化”现象。[②]

当前我国产业共性技术的供给体系还很不完善，在共性技术的研发项目立题时，缺乏市场导向，政府的资助额度没有结合产业特征，并且政府鼓励企业间合作开发的相关政策也不到位。因此，只有系统性构建产业共性技术研发与服务，高效整合技术资源，实现优势互补，才能为新能源汽车共性技术的发展创新提供足够供给，提高自主创新能力。

二　政府参与新能源汽车共性技术创新的理论分析

产业共性技术分为关键共性技术、基础共性技术和一般共性技术。[③] 关键共性技术是对整个国民经济有重大影响的技术，这类技术影响最广，经济和社会效益最明显；基础共性技术是指测量、测试和标准技术，这类技术为产业进步提供必需的基础性技术手段；其他的共性技术被称为一般共性技术。

关键共性技术是制约新能源汽车发展的核心，但是，任何一项共性技术的创新发展，都必须从基础共性技术开始着手，将实验技术转换为共性技术，进而向应用技术与专有技术转换[④]，从而完成技术创新。

在根本性的产品或工艺创新出现之后，还会有一系列后继的渐进性创新并形成创新群，从而引起新产业的成长和老产业的再生或衰亡，这一过程称为持续创新过程。美国哈佛大学的 Abernathy 和麻省理工学院的 Utterback 通过对以产品创新为主的持续创新过程进行研究，发现企业的创新类型和创新程度取决于企业和产业的成长阶段，即 A – U

① 胡莹：《新能源汽车产业共性技术创新体系研究》，《汽车工业研究》2010 年第 12 期。
② 同上。
③ 吴贵生、李纪珍：《产业共性技术供给体系研究》，《科学技术与工程》2003 年第 4 期。
④ 佟岩：《从模仿学习到自主创新》，博士学位论文，辽宁大学，2007 年。

模型。①

根据 A－U 模型，可将新能源汽车共性技术创新分为以下三个阶段：不稳定阶段、过渡阶段和稳定阶段。在这三个阶段，新能源汽车共性技术在竞争重点、创新激励、创新类型、生产方式、生产工艺及组织管理等方面都有着各自的特点（如表 7－1 所示）。

表 7－1　新能源汽车共性技术创新各阶段的特点

阶段	不稳定阶段	过渡阶段	稳定阶段
产品属性	纯公共产品	准公共产品	竞争性产品
创新激励	用户需求技术信息	建立竞争优势的愿望	竞争压力
主要创新类型	频繁的重大产品创新	重大工艺创新	渐进共性创新
技术研究方向	基础研究、实验共性技术	实验性研究、应用共性技术	专有技术
设备	通用设备，需要技术熟练的劳动力	有些过程实现自动化	专用设备，自动化程度高
组织管理	非正式组织，强调企业家精神	通过项目小组进行控制，强调协调	强调组织结构、目标和程序
R&D 与经济效益	R&D 投入大，却不能立即产出很高的经济效益	仍需加强投入，具有一定竞争力	形成明显的垄断优势
竞争重点	产品功能、性能	产品多样化	降低成本
来源结构	政府主导	政府企业双主导	企业主导

资料来源：本书作者整理。

针对当前我国产业共性技术创新动力、创新融资、创新能力不足的问题，在政策设计中需要考虑如下问题：第一，财政支持方面应设计促进自主创新的政策；第二，推进风险投资事业，完善风险分担机制；第三，进一步加大对自主知识产权的保护与激励；第四，鼓励中小企业与大企业进行技术战略联盟，推进产学研合作，实现开

① 林善浪：《家电产业生命周期：以电视机和电冰箱为例》，《东南学术》2005 年第 1 期。

放式创新[①]；第四，开发服务创新的金融新机制，促进技术产权交易，构建支持自主创新的多层次新型资本市场，引导民间资本进入创新投资领域。

在弗里曼国家创新体系中，企业是技术创新主体；政府是创新体系协调机构，教育培训部门和中介机构提供科学技术知识转移和技术扩散；金融服务、金融政策对创新提供资金保障；历史文化因素影响着人们的思维方式和行为模式[②]，形成创新的社会氛围（见图7－1）。

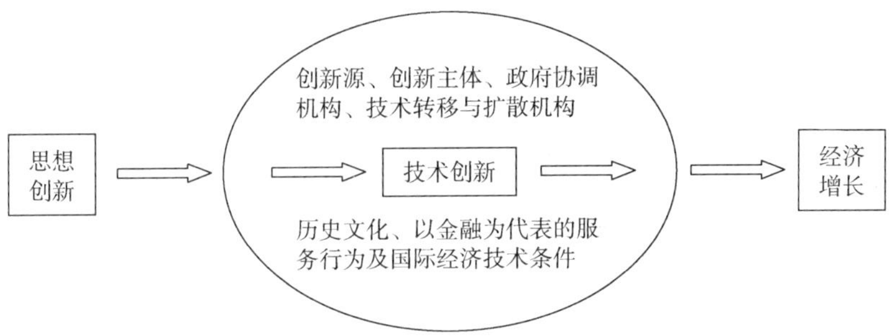

图7－1　弗里曼国家创新体系理论框架

资料来源：《弗里曼国家创新体系理论的改进初探》。

政府投资是国家宏观经济调控的必要手段，在社会投资和资源配置中起重要的导向作用。政府投资可以弥补市场失灵，协调全社会的重大投资比例关系，进而推动经济发展和结构优化。[③] 新能源汽车共性技术创新过程中，由于缺乏有效的供给体系，其发展需要通过公共投资，整合政府、企业、大学、科研机构等各方面资源，促进创新协同发展。由于共性技术创新的“市场失灵”与“组织失灵”，决定了政府干预在共性技术供给与扩散当中的独特作用。

① 贾中华、项源：《中国中小企业科技自主创新现状及对策研究》，《中国发展》2012年第12期。

② 林衡博、陈运兴：《弗里曼国家创新体系理论的改进初探》，《当代经济》2003年第6期。

③ 仝晓烈：《城市基础设施投资效率问题》，《商场现代化》2012年第6期。

三 政府参与新能源汽车共性技术创新现实依据

美、日、德、法等发达国家汽车产业发展史与技术创新史表明，汽车产业的不同发展阶段与R&D来源结构间呈现出一定的内在规律性（如表7－2所示）。当前我国汽车产业还处于成长初期，合理的R&D经费来源结构应该是政府企业双主导型，且政府R&D投入比重应大于企业，但实际上，R&D经费70%以上来源于企业，政府投入不足25%，且呈逐年下降趋势。

表7－2　　发达国家汽车产业不同发展阶段R&D来源结构

发展阶段	萌芽期	成长期	成熟期	创新期
年代	1898—1908年	1908—1960年	1960—1980年	1980至今
来源结构	强政府主导型	政府主导型	政府企业双主导型	企业主导型

据英国商业、创新和技能部统计，2008年丰田、大众、通用、福特的R&D投入分别高达73.57亿英镑、57.29亿英镑、55.64亿英镑、50.77亿英镑，占销售收入比重分别高达3.6%、5.2%、5.4%、5%；而同年我国汽车产业R&D投入总额却仅为30.67亿英镑，不足丰田的一半，R&D占销售收入的比例仅为1.81%，约为世界各主要汽车企业（集团）的三分之一。奥纬咨询发布的《汽车创新展望2015》研究报告指出，中国汽车生产商的研发投入水平远比国际水平要低，欧洲一辆新车的R&D投入在500—600欧元，而中国只有其1/5左右。R&D投入严重不足是中国汽车产业缺乏国际竞争力的根本原因，只有当中国汽车企业在每辆新车上的R&D投入至少达到300—350欧元时，才有实力与包括丰田、通用、大众、福特、戴克等在内的国际汽车巨头同台竞争。①

① 王健、周宇华、杨永征：《科技成果转化过程中科研院所的制约因素》，《中国科技论坛》2005年第4期。

我国汽车产业 R&D 总量增长缓慢，R&D 占销售收入的比值很低，在 2000 年达到最高之后，2001 年就大幅下降了，之后一直徘徊不前。国际经验表明，R&D 投入增长率应高于同期 GDP 增长率，这样，科技发展的后劲与实力才能得到长期保持和不断增强。美、日、德、韩等工业发达国家 R&D 投入增长率都远远高于同期 GDP 增长率，其中，日本 1960—2003 年 R&D 投入总量从 1844 亿日元增长到 168041 亿日元，43 年间增长 91.1 倍。然而，我国汽车产业 R&D 投入不仅基数低，而且增长率远低于同期 GDP 增长率，1999 年 R&D 投入总额为 57.4 亿元，到 2008 年也才 312.17 亿元，不足丰田一年 R&D 投入的一半。①

综上所述，现阶段我国汽车产业 R&D 融资存在着融资总量不足、投入增长缓慢、融资结构不合理的问题，其主要原因是政府与国有汽车企业缺乏进行 R&D 投入的动力以及 R&D 融资市场的“市场失灵”问题。

第三节 新能源汽车共性技术创新中政府投资方式选择

政府投资是指政府为投资主体的投资活动，包括中央政府投资和地方政府投资。市场失灵理论认为：市场存在着自身无法克服的局限性，并且常常会出现失灵，市场无法纠正自己的失灵，只能靠政府进行干预。同样的非均衡发展论认为，由于发展中国家现有资源的稀缺、企业家的缺乏和市场不够健全等因素，均衡发展是不能实现的，应当集中有限的资本和资源首先发展一部分地区的一部分产业，以此为动力，形成产业“关联效应”，逐步带动其他产业的发展。

一 共性技术创新中政府投资方式

政府支持共性技术研究，并不仅仅是增加经费投入，更重要的是

① 阳立高、刘建江、杨沿平：《略论加大 R&D 投入推进汽车产业自主创新》，《经济问题》2010 年第 12 期。

采取有针对性、有效率和有利于共性技术扩散应用的组织方式和政策。[①] 政府投资可以分为直接投资和间接投资两大类。其中，直接投资可分为财政拨款、风险投资、股权投资、投资补助、政府采购等方式；间接投资可分为政策性融资、税收杠杆调节等。

二 政府投资在新能源汽车共性技术创新各阶段的方式选择

如前所述，新能源汽车共性技术创新可以分为不稳定、过渡和稳定三个阶段。在这三个阶段中都需要政府积极的财政资金、政策制度的大力支持。新能源汽车共性技术创新过程中，由于阶段性进展不同，所需要的供给体系也不同，对资金、技术、人才以及政策的需求各异。若不分阶段进行选择，极有可能造成低水平的重复建设、投资项目审查不力等问题。同时，在我国财政分权体制下的财政政策行为主体不仅是中央政府，还有地方政府的情况下，财政支出权责不统一[②]，投资方向不明确，盲目投资，产生“挤出效应”，浪费社会资源。投资方式的选择应根据各阶段的特点进行选择。

1. 不稳定阶段

在纯公共产品领域内，政府投资应当以拨款投资为主，以间接投资（包括贴息，政策性金融等）为辅。在纯公共产品的投资中，社会效益高，经济效益最低，是一般企业无力和不愿承担的，政府应当从总体上承担此类项目的融资责任，主要采取无偿的直接投资方式，可以采取全额或大部分拨款、土地划拨、税收免除等方式。[③]

由于我国汽车工业技术基础比较薄弱，新能源汽车又是一个新兴的产业，在技术与基础设施方面存在着极大的缺陷与不足。在此期间，新能源汽车的共性技术应该坚持走“引进—二次创新”的战略路径，

---

① 栾春娟、王贤文、侯海燕：《国内外共性技术及其测度研究综述》，《科学学与科学技术管理》2011 年第 32 期。

② 卓越、杨嵘：《我国政府投资的挤出效应分析》，《湖南财经高等专科学校学报》2009 年第 25 期。

③ 王元京：《政府投资方式适用性研究》，《经济研究参考》2006 年第 4 期。

积极引进国外先进的技术设备、检测手段和配套设施以及各种关键技术专利。为后续的创新阶段奠定技术基础。短期内国内关于新能源汽车的技术和所需的配套基础设施、检测手段等都是一片空白。引进国外先进技术，单独靠任何民间团体是不可能实现的，必须由政府进行直接全额投资，进行产业支持，即政府提供总投资资金，并由政府财政部门直接向项目拨款。

由于我国汽车产业已经形成六大产业集群，这些集群主要分布在东北、京津、中部（湖北、安徽）、西南（重庆）、珠三角以及长三角等地区。在考虑地方财力、受益人范围等因素的情况下，应该由中央政府和地方政府各按一定的比例进行投资①，在保证技术创新顺利进行的同时兼顾地方的特色发展。

在采用直接全额投资的方式的同时，还应采取一些灵活的辅助投资方式。其中效果最为明显的应该是实行招标代建制，将政府项目的建设管理任务交由专业化、常设性的项目管理机构承担。政府可以根据合同要求分期支付租金以及维护管理费的形式出资，将财政支出由单一年度全额支付转换为多个年度的均衡支付，进一步分散投资风险。②

新能源汽车共性技术创新要取得成效，政府应该在“引进”的基础上，转变投资方向，改变投资重点，走“引进—吸收—再创新”的路径，配合税收优惠政策和宽松的信贷政策，支持企业引进国外先进技术。

在此阶段的投资重点是对引进技术的吸收，必须走出由“重引进、轻吸收”造成的“引进-落后-再引进-再落后”的怪圈。政府可以通过造成科技引导资金进行融资，出资组建各类风险投资资金、担保资金、补贴和各种支持新能源汽车共性技术创新的专项资金。政府科技引导资金可以以多种方式出现：（1）政府设立促进新能源汽车共性技术创新专项科技计划，对其实施直接的投入；（2）政府出资，

---

① 李国义、曲洪建、王凯宏：《论政府投资方式的选择》，《学术交流》2006年第6期。

② 同上。

吸引民间资本组建投资公司、担保公司，政府不直接参与资金的运作与管理，而是以市场化的公司制实现，包括政府出资的风险投资公司和担保公司等；（3）由政府设立，具有补贴性质的基金；（4）由政府设立面向新能源汽车的政府采购资金，主要购买本国或本地区的高新技术产品。

2. 过渡阶段

在过渡阶段，新能源汽车共性技术创新由政府与企业共同主导，产品属于准公共产品，并且具有一定的竞争愿望。在准公共产品领域内，政府应当以资本资金注入和产业补助为主，以间接投资（包括贴息、政策性金融等）为辅。准公共产品领域项目不同于一般竞争领域和纯公共产品领域，是有收费机制和资金流入，须承担部分公共职能、具有明显的外部性与一定的经营性，政府定价且不足以补偿成本的建设项目。投资团体应以社会团体与企业为主投资，政府部门可以提供适当补贴或提供必要的资本金作为引导资金，弥补外部效益，弥补市场失灵或抵消、促进公平配置。①

新能源汽车共性技术作为一种准公共产品，在投资过程中，不能由政府部门独家供给与运营，更不能只寄希望于力量还比较薄弱的非营利机构，应充分动员政府、社会团体与企业的投资资源，采取多样化的投资运营方式，使整个供给效率更有效。应该采取直接投资与间接投资相结合、货币投资与权利投资相结合、财政拨款与贴息贷款相结合和投资比例机动灵活的投资方式。②

任何产品最终都要流入市场，接受市场的检验。新能源汽车作为一种新兴产品，市场并不成熟。在此阶段政府可以通过采取政府采购、减免车辆购置税和实施购车补贴等手段来引导一部分人先使用，起到示范带头作用，让广大消费者逐渐了解新能源汽车，逐步扩展市场容量。

政府应采取有效措施推动政府采购，培育新能源汽车市场。各级政府及公共机构，实行节能与新能源汽车强制性采购，逐步扩大采购

① 王元京：《政府投资方式适用性研究》，《经济研究参考》2006 年第 4 期。

② 李国义、曲洪建、王凯宏：《论政府投资方式的选择》，《学术交流》2006 年第 6 期。

规模，优先在城市公交系统，定线专用运输、机场及景区等区域采用节能与新能源汽车；按一定比例采购自主品牌的新能源汽车作为公务用车，鼓励在特定区域和特殊用途的场合使用新能源汽车。①

政府补贴和减免购置税会刺激消费者购买新能源汽车，同时我国也需要不断提升新能源汽车研发能力以保证自身的技术优势。政府可以考虑减免节能与新能源汽车车辆购置税（税率为10%）和消费税，在车辆购置税中提取一定比例作为专项基金，支持产品技术创新研发。补贴和示范推广作为推动新能源汽车产业化的重要手段，在国内早已开始实施。至2010年，国内新能源汽车示范推广城市已扩大到25个，其中6个城市启动了私人购买新能源汽车补贴试点，对满足支持条件的新能源车按3000元/千瓦时进行补贴；对插电式混合动力车最高补贴5万元；对纯电动车最高补贴6万元。②

3. 稳定阶段

稳定阶段新能源汽车共性技术创新依赖主导企业，此阶段的产品具有明显的竞争性。政府在竞争性领域进行项目投资，应该以间接投资（贴息、担保、政策性贷款等）为主，以直接投资（资本金注入、产业辅助）为辅。其投资的经济效益较高，社会效益较弱，所以，只能由企业作为投资主体。但由于经营性项目受到信用等级、技术进步、企业规模等多种因素的影响，完全依靠企业特别是中小企业的独立投资，难以发挥更大的投资效益。因此，政府部门也应当采取以间接投入为主的投资方式，如通过信贷贴息、信用担保、政策性贷款等投资工具的使用，降低企业投资成本。③

当新能源汽车企业在“市场需求驱动”和“自身技术驱动”下积极进行自主创新的时候，新能源汽车共性技术主要是作为一种竞争性产品出现，其创新的主要目的是提高产品竞争力，占据广阔的市场份额，赢得巨大的利润空间。政府可以通过少量投资，起到间接调控和

① 万钢：《我国节能与新能源汽车发展模式的思考与探索》，《交通与运输》2008年第24期。

② 耿国彪：《新能源汽车的沉与浮》，《绿色中国》2011年第8期。

③ 王元京：《政府投资方式适用性研究》，《经济研究参考》2006年第4期。

促进经济发展的作用，可以对其进行调控性投资或者促进性投资，其中调控性投资以中央政府为主，促进性投资以地方政府为主。稳定阶段应采取“控股性投资与参股性投资结合、投资实施与投资回收结合、项目运作与资本运作结合”的投资方式。[①]

由于在新能源车共性技术的研发阶段中投资方式和投资主体的多元化，特别是在产业联盟的组建，“官产学研”的创新模式下，在产品的盈利和利润分配方面会出现较大的分歧，例如技术专利、知识产权等问题，这就有可能限制新技术的扩散和转化。政府应积极完善制度、法规，创造一个公平竞争的环境，通过多种途径（奖励、补贴、技术购买与技术转让、制订合同框架以及利润分配原则）促进参与经济主体的积极资源合作，减少技术联合体中诸如文化、行为的冲突摩擦，减少合作的交易费用。[②] 而且政府可以购买知识产权难以划分的技术专利，然后以技术股份形式提供给企业，促进技术的转化和扩散。

在此阶段，政府的投资重点应该偏重于技术创新的奖励与激励。通过建立科技创新奖励制度，对在新能源汽车共性技术创新方面有所突破的人员进行奖励，形成一种科学合理的奖励机制。实行“以奖代补”和“奖补结合”的模式，有助于避免人才外流，提高创新人员的积极性和创造性，促进新能源汽车产业的健康持续发展。

在政策性贷款方面实施“弹性贷款”制度。如果企业项目投产后成本回收缓慢则可以延期偿还，如果企业效益一般则可以减免利息，如果企业整体上经营困难则可以减少甚至豁免贷款本金的偿还。[③] 项目成功则可以对有关人员增加奖励。实行这种投资方式既可以避免直接无偿赠予的弊端，又可以化解一般贷款的压力和风险，可以将无偿援助和有偿支持的优点结合起来，克服二者的弊端。[④]

---

① 李国义、曲洪建、王凯宏：《论政府投资方式的选择》，《学术交流》2006 年第 6 期。

② 毕于榜：《我国汽车企业自主创新面临的困境及其应对措施》，《环渤海经济瞭望》2012 年第 1 期。

③ 周琳：《我国政府投资方式改革浅议》，《理论导刊》2001 年第 10 期。

④ 李济广：《国家对企业财政科技投入方式的改革与优化》，《中国科技论坛》2008 年第 11 期。

第八章 新能源汽车充电设施建设激励政策研究

随着全球环境污染和能源紧缺的不断加剧，世界各国都积极致力于新能源汽车的研发及应用，为此我国政府出台了一系列的研发、推广及扶持政策，但仍存在诸多问题，由于地方政府认识不到位等原因，基础充电设施建设缺乏，严重阻碍了新能源汽车推广。消费者在选择新能源汽车时，除价格外，充电便捷性、续航能力等方面也在考虑范围内，所以虽然价格方面有相关的补助措施，但充电设施的匮乏也会使很多消费者不愿意选择新能源汽车。对于充电设施企业，由于盈利得不到有效保障，使得民营企业资本不愿意投入到充电基础设施的建设上，由此形成恶性循环，阻碍新能源汽车的进一步发展。我国新能源汽车推广出现的一系列问题都说明，推广新能源汽车任重道远，要从政策、技术等多方面进行研究分析。

第一节 引言

汽车产业是我国经济发展的重要支柱，一方面，消费者对汽车的刚性需求意味着我国汽车行业的销量在未来很长时间内都将以持续增长的态势继续发展；另一方面，传统汽车产业已无法应对我国日益严重的环境污染和能源供给紧张的问题。这些迫切需要解决的问题使得世界各国对汽车产业进行了重新定位，并将兼具环保和节能多重功效的新能源汽车作为大力推广的新兴产业，新能源汽车是实现节能减排、低碳生活的有效方法，也是实现中国汽车产业技术革新、实现中国汽车行业弯道超车的关键途径，因此得到了国家各级部门的高度重视。然而，我国目前新能源汽车基础设施建设薄弱，充电设施建设缺乏，亟须进一步对我国新能源汽车基础设施面临的问题进行研究。本章通过研究我国新能源汽车充电基础设施建设中存在的问题，分析新能源汽车推广过程中遇到的阻力，并结合局部地区的成功经验及发达国家的经验，在原有理论的基础上提出促进新能源汽车发展的方案，为政府决策提供一定的参考。

新能源汽车作为新兴产业，在中国具有较好的发展前景，国内对这一领域的研究也在逐年增加，但大部分的研究多侧重于汽车补贴财税政策等方面的研究，涉及新能源汽车基础设施建设方面的政策研究尚存在不足，鉴于此，笔者尝试对新能源汽车基础设施建设的激励政策做进一步理论研究，这对充实我国的新能源汽车发展的激励政策的研究具有重要的理论价值。

为了保护人类的居住环境、保持能源的可持续发展、保护人类的身心健康，各国政府不惜投入大量人力、物力、财力寻求解决能源危机和环境污染问题的最佳途径。[①] 发展新能源汽车不仅是经济发展、环境保护的需求，更是我国可持续发展战略的重要环节。我国目前已成为原油需求量大、依赖程度深、进口依存度高的国家之一，2014 年我国原油进口量已达到了全年原油消耗量的 59.6%。原油进口依存度高使得我国的经济命脉受制于他国，未来原油供给和价格波动的冲击会严重影响工业、农业、交通运输业以及人民生活等各个方面，从而造成国民经济整体运行成本增加，会严重影响国内经济的持续稳定健康发展，甚至危及国家经济安全。[②] 因此，发展新能源汽车，减少原油消耗量，对于调整我国的能源结构，提高我国的能源安全具有十分

① 江王林、王瑞敏：《电动汽车制动过程受力分析及制动能量回收策略研究》，《汽车实用技术》2012 年第 3 期。

② 高建良、梁桂枝：《基于 HHA 分析的中国原油进口风险研究》，《湖南财经高等专科学校学报》2007 年第 5 期。

重要的战略意义。①

与传统的普通汽油柴油汽车相比，新能源汽车具有明显的优势，其优势在于，功耗低、污染少、噪声小、效率高，节省能源开支等。就目前来说，新能源汽车是我国新能源发展的主要方向之一，为我国的新能源产业做出了重要贡献。目前，有越来越多的汽车生产厂商开始放弃传统能源，转型研发新能源汽车。在世界各国，越来越多的汽车制造商也开始投入大量的人力、物力、财力研发新能源汽车，因为他们发现，新能源的运用是全世界能源的发展趋势，新能源的不断发展，能够为世界环保做出贡献。

目前，新能源汽车在我国的发展已经从萌芽时期转入快速发展时期，我国在“十一五”期间，确定了以新能源的发展作为我国能源发展的主要方向，新能源汽车的加入，为我国的新能源事业做出了重要贡献。“十一五”期间，我国政府对新能源汽车的发展重视程度提高到了一个新阶段。“十二五”期间，我国政府再次对新能源汽车的发展提出发展目标：到 2020 年时，我国电动汽车的销量要达到世界第一，届时我国新能源汽车发展将达到新高度。我国在“十二五”规划当中，确立了新能源汽车生产企业的补贴标准，通过政策支持的方式鼓励汽车生产企业向新能源方向转化。《中国制造 2025》中明确表明，2015 年到 2025 年这 10 年是我国新能源电动汽车是关键制造阶段，该阶段政府应给企业合理的补贴支持，使新能源汽车加快生产，提高旧能源汽车的淘汰效率。

第二节　国内外研究现状

一　国内研究综述

随着全球环境污染和能源紧缺的不断加剧，在传统汽车作为排污重要产业之一的情况下，世界各国都在致力于发展新能源汽车以对汽

① 饶建业：《中外风电并网技术规定对比》，《电网技术》2012 年第 36 期。

车产业进行变革，我国政府为发展该新兴产业出台了一系列的推广政策及扶持措施，以期为新能源汽车在我国顺利发展提供一个有利的平台。不过即便有了政府的重视，我国新能源汽车的发展仍存在诸多问题，其节能减排等优势并未体现，推广依旧任重道远，与国外发达国家相比更存在难以追赶的差距。

学者冯光（2018）在《汽车产业转型升级下的新能源行业变革趋势》一文中认为，新能源汽车之所以不能满足汽车市场的需求，是因为新能源汽车基础设施建设不够充分、缺乏有效的市场激励机制。刘宗巍、赵福全[①]等（2018）在《中国新能源汽车产业地方保护问题及对策研究》中对我国新能源汽车领域的地方保护现象及其危害进行了深入剖析，并从完善国家关于新能源汽车顶层设计、改革新能源汽车财税政策和打通使用环节等多方面着手，提出了防止地方保护的对策建议。杜明伟和王伟（2014）提到我国新能源汽车最主要的配套设施——充电站建设存在明显的滞后性，这是导致我国新能源汽车发展受阻的重要原因之一，并针对这一问题提出中央与地方通过降低购置税、财政补贴、财政贴息、引入民间资本等方式加快新能源汽车基础设施的建设，为建设用地一路开绿灯。刘坚、高世宪等提出交通部门与电力企业、民营企业应相互联合共同参与，降低新能源汽车的研发风险，使得新能源汽车的售价有所降低，并认为我国新能源汽车发展应以完善市场配套设施建设为着重点。蒋涛、秦奋等[②]（2017）认为我国目前充电桩的建设数量与新能源汽车的销量不成正比，充电难成为我国目前新能源汽车市场的常态，并对充电桩少的制约因素进行了分析，进一步得出具体的应对策略。李良、郭艺[③]（2016）认为充电设施建设滞后成为新能源汽车产业最短板，多重捆绑拖累充电设施建设步伐。“十三五”期间充电设施建设黄金时代需要加大政策扶

① 赵福全、刘宗巍：《我国建设汽车强国的行动方向》，《汽车工业研究》2014 年第 10 期。

② 蒋涛：《我国充电桩大规模应用面临的问题及对策研究》，《东北电力技术》2017 年第 38 期。

③ 李良、郭艺：《充电桩建设面临的突出问题及亟待落实的政策》，《中国能源》2016 年第 38 期。

持力度。一是凝聚全国力量，鼓励广泛参与。二是精准解决突出问题，协调电动汽车用户居住地充电设施建设。三是坚持体质创新，充电设施建设积极探索混合所有制。四是完善配套政策，加快公共充电基础设施建设。五是精准实行鼓励政策，整体改善充电设施投资环境。张勇[①]（2014）认为，相关电网企业应该尽可能发挥其长处，为新能源汽车充电设施起到带头表率作用。以电动车为例，电动车属于一种可移动的电器设备，需要利用可靠电网优势建立小型充电桩。徐凡认为，电动车的发展情况与电动车的充电桩数量存在着一定的关联性，他对一些城市进行调研后发现，一些大型城市电动车充电设施配置齐全，能够满足居民日常的充电需求，而一些小型城市或者农村地区，这一点还需要进一步加强。王成山、葛少云[②]等认为目前我国的充电桩分布情况与加油站的分布情况并不一致，有些地区有加油站但没有充电设施，所以，为了解决这类问题，应在没有建设完整充电站的情况下，在加油站中增设充电设备，满足日常充电需要。通过国内的专家学者的研究可以看出，我国的电动汽车在发展中已经取得了一些进步，但是仍然有需要优化的部分，加快充电设施建设，才能够保证我国的电动汽车的快速发展。

二 国外研究综述

许多发达国家的新能源汽车发展较早，有关新能源汽车基础设施激励政策的相关研究更是趋于成熟和全面，如荷兰新能源汽车能够得到发展的关键在于在政府的扶持下出现便利消费者的多种充电方式并存的市场现状。Wang Heng-song 等（2010）认为完善新能源汽车基础设施建设的激励政策需要考虑充电站、电动汽车消费者的特性、城市用电网络布局、市区建设规划等多方面因素的相互作用。Parks K 等

① 张勇、蒲勇健、史乐峰：《电动汽车充电基础设施建设与政府策略分析》，《中国软科学》2014 年第 6 期。

② 葛少云：《电动汽车充电站规划布局与选址方案的优化方法》，《中国电力》2012 年第 45 期。

(2007) 认为在新能源汽车市场中关于基础设施建设问题通常存在用户、政府和企业等多方主体的利益博弈，只有当激励政策符合各方目的时，才会带动新能源汽车的发展。井志忠（2007）通过对日本新能源汽车产业发展模式进行研究，从能源、技术、经济的角度阐述了该产业发展的动因、政策扶持和研发格局，其中管、产、学一体化的新措施，奠定了新能源汽车在日本可持续发展中的坚定地位。

三　新能源汽车充电设施激励政策相关概念

1. 新能源汽车及其特点

新能源汽车是以电力、太阳能及天然气等清洁能源作为动力来源，综合动力控制及驱动方面的先进技术而制造的车辆，是具有新技术、新结构的汽车。我国在 1986 年 11 月提出“新能源汽车”这一概念，并列入“高技术研究发展计划（863 计划）”从此新能源汽车成为新常态的新明星。新能源汽车与传统汽车相比具有以下特点：

（1）高投入

无论是发达国家还是发展中国家，为了推广新能源汽车这一新兴产业，都需要投入大量的财力、物力和人力，尤其是在研发产品部件以及配套设施等方面。美国为了发展新能源汽车产业投入了七百多亿美元，我国仅在推广新能源汽车之初就已花费二十多亿元人民币，新能源汽车的研发与推广将会需要更大的资金投入。由此可见，新能源汽车的发展，离不开国家对其提供的各方面支持。

（2）高技术

新能源汽车具有非常复杂的产业体系，并由资源、核心部件、整车产品和配套设施多部分组成其产业链，而且其研发过程所需的技术知识和学科领域存在着交叉关系，从新能源汽车电池等核心部件的研发、整车产品的优化到配套设施的建设以及售后服务都有较高的技术要求，可以说新能源汽车是一个集多门技术为一体的技术知识密集型产业，由此可以看出，企业要想占领这一新兴市场，必须拥有庞大的技术队伍，加大对新能源汽车的研发力度。

（3）高风险

新能源汽车作为一个新兴产业，在发展初期会面临许多方面的风险，比如说来自市场本身的风险（包括市场的竞争风险、消费者对产品的认知风险还有产品成本风险等）、资金风险（主要是所需投入的人力、财力、物力与获得产品成果之间的风险）、技术风险（包括技术选择、竞争和开发等风险）以及政策风险（包括政策的持续性和稳定性风险），等等，也正因新能源汽车具有高风险性，激励政策就显得极为重要，它不仅能避免因高风险而带来的"市场失灵"现象的发生，更能保障该产业的顺利发展。

2. 新能源汽车充电设施分类

电动汽车的能量补给形式正趋于多元化，不同的充电模式对电池的使用寿命、充电时间起着决定性的作用，目前最普遍的充电基础设施分为充电桩和充电站。

（1）充电桩及充电站

充电桩，简单来说，就是为电动汽车充电的一种直接充电设备，它的便利性比较强，一般在一些停车场、小区以及大型超市均有分布。目前，常用的充电桩有直流充电桩和交流充电桩两种，根据当地电网的不同情况，安装不同的充电桩。

充电桩的工作原理是，首先，将电动汽车的电源插入充电桩中，如果是交流充电桩，那么变压过程将在汽车中进行；如果是直流充电桩，那么充电桩将直接输出汽车可接受的电压值。另外，充电桩的功能也比较多，人们可以在充电桩中通过完美的人机交互界面，快捷地完成汽车充电、电费充值等工作。

充电站具有特定控制功能和通信功能，将直流电能量传送到电动汽车的设施总成。通常由供电设备、监控设备等组成，能满足三台及以上电动汽车同时充电。

（2）充电桩建设要求

充电桩的建设必须依托电网，电网的分布在一定程度上限制了充电桩的建设，因此充电桩呈现分布分散、覆盖面广和通信距离短的特点。首先，充电桩设置必须要保证通信可靠，能够抵抗恶劣环境和较强电磁干扰，保持通信畅通；其次，在满足可靠性的条件下，尽量降低建设成本及维护费用；再次，在满足双向通信的情况下，确保多业务的数据传输速率，不能出现信息丢包问题；最后，要具有一定的扩展性能，便于满足业务拓展升级。另外，还需要设有应急处置设施。

（3）充电模式和换电模式

为了适应市场发展需要，实现新能源汽车续航最常见的模式是充电模式和续航模式，两种模式各具特点：前者，主要通过充电桩实现，具有设置灵活，占用空间小的特点，通常在车位设置即可，充电桩只要通过租赁或者购买的方式获得，后续使用购电即可，可利用夜间闲暇时间来补充能源，且对电池的标准和互换性要求比较低，能够节约能源，但这种模式对充电网络建设提出了要求，需要充电桩间互联互通以保证使用的便捷性，此外，正常的充电耗时长，但快充会影响电池寿命；后者，续航模式依靠更换动力电池来实现，在动力电池电源即将耗尽时，就近寻找电池进行更换，但是前提条件是所载电池和待换电池物权必须统一，优点是节约了充电时间，能够保证车辆的运行效率，但是极大增加了电池采购投资，对换电站运营商的资本容量有较高要求，同时电池需要实现标准化、序列化，也需要国家层面的强力推广。根据上文分析，新能源汽车电能供给方式比较如表8-1所示。

表8-1　新能源汽车电能供给的方式比较分析

充电类型	交流充电	直流充电	无线充电	换电
用时	7—11小时	有两种，一种是快速充电，不足1小时，另一种是普通速度，大约6小时	稳定运行，根据需要确定速度	五分钟左右极速充电
利用地点	小区、企事业单位	城市中心等区域	专用的充电站	换电站
所需金额	充电费用较低，前期成本较高	较少，前期成本价格高	没有占地费，运营成本低	大型电站，价格高

续表

充电类型	交流充电	直流充电	无线充电	换电
维护情况	良好，但后续维护难度较大	价格高，但维护质量好	属于专属占地区域，占地面积小，维护方便	维护成本一般，主要对电池进行维修保养
可用范围	各种小型车辆	道路客运车辆	城市大型客运车辆	城市道路客运车辆

资料来源：本书作者整理。

3. 激励政策相关概念

所谓激励，是一种奖惩制度，一般是在进行一项工作之前，由相关人员制定合理的奖惩制度，以鼓励完成任务较好的成员，促进其工作进步。目前，这种模式在企业中应用比较广泛，同时，也反映出了大量的问题。以新能源汽车制造行业为例，目前我国新能源汽车行业发展迅猛，竞争压力激增，企业通过不断地创新管理方法，改进奖惩制度，以督促员工提高创新意识，为公司创造更好的产品。但是激励并非全部为奖励，同样也有惩罚措施，比如，一个员工没有按时完成任务，在工作当中态度不端正，这种情况下，企业也要执行激励政策，通过惩罚的方法规范其工作态度。我国常见激励政策有两种情况，第一种是货币政策，主要是以国家为单位，对企业进行激励的一种行为。比如，国家为了实现某项研究的目标，为企业提供一些优惠政策等。第二种是财政政策，也是政府对经济进行调控的一种表现，主要表现为通过发行债权等方式进行融资，从而扩大政府资金量，全力投入某个工作的研究当中。

激励政策支持[①]是促进新能源汽车消费市场等商业化条件成熟的重要手段，能够在有限的公共财政资源约束下，平衡财政补贴在基础设施建设和价格补贴上的权重，最大限度地发挥公共财政资源在激活新能源汽车需求中的点睛效果，包括新能源汽车消费和使用基础设施

① 张勇、蒲勇健、史乐峰：《电动汽车充电基础设施建设与政府策略分析》，《中国软科学》2014 年第 6 期。

建设、驾驶优先权、政府采购等方面。针对我国新能源汽车需求市场发展过程中面临的现实困境，近年来中央和地方政府在供给侧和需求侧方面都先后出台了相应的激励政策，在一定程度上促进了我国新能源汽车需求市场的快速发展。

4. 新能源汽车充电设施发展概况

从国务院2012年颁布的《节能与新能源汽车产业发展规划（2012—2020年）》把推进新能源汽车的发展作为主要任务之一，激发了新能源汽车的巨大活力①，到2014年国务院颁布的《关于加快新能源汽车推广应用的指导意见》和同年11月由国家发改委、能源局、住房城乡建设部以及工业和信息化部联合颁布的《电动汽车充电基础设施发展指南（2015—2020年）》，再到2017年的“两会”上，习近平总书记提出“绿水青山就是金山银山”的重要论述，绿色发展理念被写入“十三五”规划，充分说明了国家及国家领导人高度重视新能源产业的发展，并大力扶持新能源汽车产业的发展。

从新能源汽车的销量来看，新能源汽车产业经过近10年的市场推广应用，产业链基本形成，动力电池、驱动电机等关键零部件形成规模化生产，产业趋近成熟。我国新能源汽车的产量自2015年开始就超过美国，成为世界上销量最高的国家，2017年，我国全年销售新能源汽车77.7万辆，同比增长53.3%，市场份额达到2.7%，比2016年提高0.9个百分点，显现了由政策驱动向市场化发展的强劲势头，我国新能源汽车销量约占全球新能源汽车的60%，截至2017年年末，我国新能源汽车保有量超过170万辆，约占全球保有量的55%。

表8-2 乘用车全球销量排名前十车型

排名	车型	2017年销售量
1	北汽EC系列	78079

① 李良、郭艺：《充电桩建设面临的突出问题及亟待落实的政策》，《中国能源》2016年第38期。

续表

排名	车型	2017 年销售量
2	特斯拉 Model S	54715
3	丰田普锐斯 Prime 插电混动车	50830
4	日产 Leaf	47195
5	特斯拉 Model X	46535
6	知豆 D2	42342
7	雷诺 Zoe	31932
8	宝马 i3	31410
9	比亚迪 宋 插电混动	30920
10	雪佛莱 Volt	27982

资料来源：中国新能源网，http：//www. cnxinnengyuan. com/。

近年来，随着新能源汽车产业迅速发展，充电桩建设速度加快，数量激增，目前我国已成为充电桩建设增长速度最快的国家。充电基础设施的建设对新能源汽车产业的发展有着不可忽视的作用。截至 2016 年年底，全国公共类充电桩建设运营数量 141253 个（见图 8－1）。其中，直流充电桩和交直流一体充电桩分别为 38096 和 50380 个，分别占总数的 27% 和 36%（见图 8－2）。

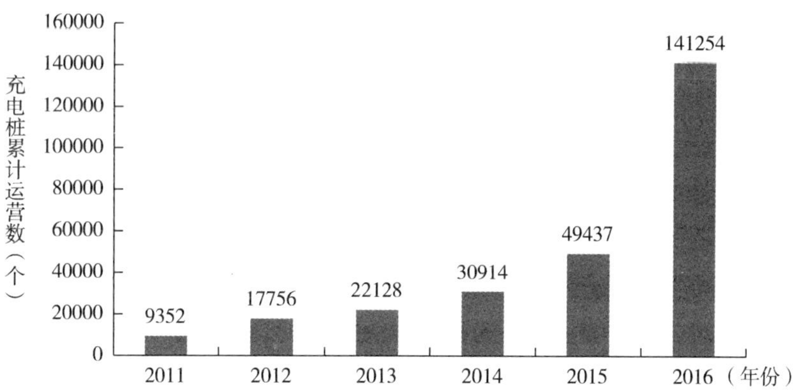

图 8－1　2011—2016 年公共充电桩各年累计建设运营数量

目前，我国充电基础设施投资以大型电网企业和汽车企业为主，其中有特来电、国网公司、万帮、中国普天运营规模占总量的 89%；

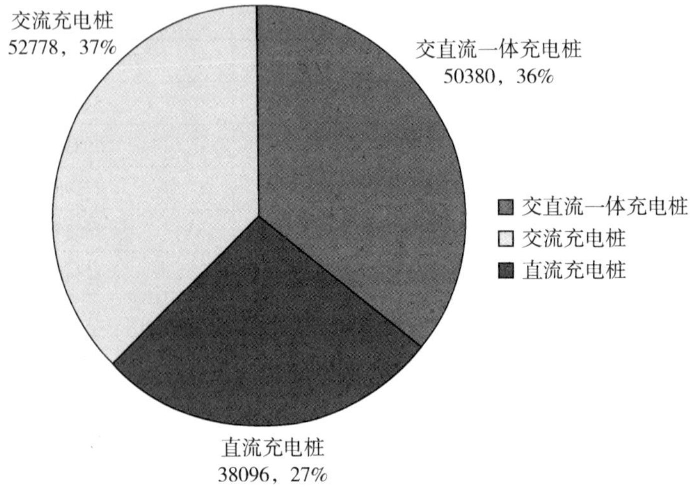

图 8-2 截至 2016 年年底不同类别公共充电桩累积量及占比

资料来源：本书作者整理所得。

比亚迪、上汽安悦、南方电网、珠海驿联①、富电科技等企业占有一定份额，但是总量不到 10%。2017 年年初，我国充电桩的数量仍然呈现出不断增长的态势，经营充电桩企业也在不断地增加，但是，总体上来说，充电桩的增长速度放慢，但主要原因并不是企业认为充电桩的发展速度应该变慢，而是大多数企业将建设的重点转向运营，提高服务质量和效率，同时，不断地引进国内外先进技术，使电动汽车在充电一次后，能够享受到长久的行驶里程。

从充电设施的使用场景看，充电设施可分为私人随车配建充电桩和公共充电桩，公共充电桩又包含社会车辆充电桩、公交专用充电桩、企事业单位内部停车场充电桩、社会运营类车辆（出租车、物流车、共享汽车或共享车等）充电桩等专用充电桩。从充电联盟统计数据看，截至 2017 年 12 月，私人随车配建充电桩约占充电桩总量的 52%，专用充电桩约占充电桩总量的 8.1%。

---

① 王月辉、王青：《北京居民新能源汽车购买意向影响因素——基于 TAM 和 TPB 整合模型的研究》，《中国管理科学》2013 年第 21 期。

从充电设施数量分布形式看，充电设施主要集中分布在东部沿海省份，占全国总量的62%。经济实力强的省份投资运营数量靠前，如北京、广东、上海、江苏、山东等。受经济基础及基础设施影响，西部地区省份投资运营数量悬殊，具体各个省份的分布见表8－3。

表8－3　　截至2016年年底各省份充电桩数量分布　　单位：个

序号	省份	数量	序号	省份	数量
1	北京	21940	17	湖南	2041
2	广东	21108	18	陕西	1973
3	上海	16444	19	江西	446
4	江苏	15869	20	云南	412
5	山东	12340	21	广西	393
6	河北	7307	22	海南	365
7	安徽	6782	23	甘肃	339
8	天津	6756	24	贵州	282
9	浙江	5246	25	青海	248
10	湖北	4266	26	宁夏	189
11	山西	3349	27	新疆	119
12	四川	2986	28	内蒙古	92
13	福建	2810	29	黑龙江	82
14	辽宁	2520	30	吉林	47
15	重庆	2362	31	西藏	9
16	河南	2132	32		

资料来源：本书作者整理。

从充电设施区域发展看，充电设施和新能源汽车推广应用趋势紧密相关，珠三角、长三角发展相对迅速；中部地区在地方政府的政策引导及扶持下也呈现出比较好的发展趋势。其中上海、北京、天津、广州超大型城市是充电设施产业发展的重要区域，大致占到全国充电设施的45%。在车辆运营发展比较快的区域，充电设施利用率相对较高，且充电电量在行业中占比较大，如山西以电动出租车辆为主，山东、广州以纯电动公交运营为主。随着运营车辆及共享汽车的出现，部分公共充电站点出现排队充电和一桩难求的现象。总体而言，充电设施的发展与推广应用处于不平衡的状态。

综上所述，近几年新能源汽车充电设施不断发展，产业不断进步。首先，汽车企业提升了对充电技术、充电服务的认识，加强了人财物的投入，同时主动参与到充电设施建设的运营当中，协助提升充电服务能力，提高充电服务质量；其次，充电设施互联智能化标准基本明确，充电运营商重视运维能力，充电用户体验提升，各充电运营商接到用户投诉比率大幅下降；最后，充电运营商主动积极探索商业模式，充电运营行业的发展模式发生改变，充电收入占营业额比重有所下降，增值业务不断融合，产业盈利能力逐步提升。

充电设施产业生态发展环境需要继续改善。2015 年以来，国务院、国家有关部委陆续发布了推动充电设施建设发展政策举措[①]，政策内容涵盖了建设用地、电力接入和电价、充电设施建设及运营、网联智能化等多个方面，极大地推动了充电设施建设和产业发展。但是，尚有部分政策未能落地，建设用地难、充电桩补贴难、供电设施占充电站总投资比重大、大型公共停车场及居民小区建设充电设施难、燃油汽车占位等问题仍未得到有效解决。

充电设施安全问题依然需要行业重点关注。安全是产业发展的重要基础，汽车企业、设备制造商、充电运营商、第三方检测认证机构需要一起努力有效提升充电设施的安全性能，然而充电设施在安全方面仍然存在漏洞，偷电行为未能杜绝，充电设施被故意损坏的情况时有发生，实力较弱的充电运营商未能在充电站点配备必要的消防器材，充电设施安全防范问题亟待解决。

充电设施需要大幅提升质量品质。自 2015 年版新国标发布，中国电动汽车充电基础设施促进联盟启动了充电设施标识检测、认证、评定、发布等强化行业自律的工作，充电设施制造行业的门槛有所提高，新型充电设施产品质量有所提高，但是不同企业对充电标准认识仍然存在差异，充电设施耐久性不足、设施兼容性低、插头充电不便捷、

① 廖家勤、孙小爽：《新能源汽车财税政策效应研究》，《税务与经济》2017 年第 1 期。

陈旧充电设施改造难等问题[①]影响了用户充电使用感。

国际合作与交流进一步加强。我国充电设施行业发展总体上位于国际领先地位，但我国充电设施行业仍然面临诸多阶段性难题。新能源汽车市场和不同的地域衍生了多样的充电发展模式。2017 年，中国电动汽车充电基础设施促进联盟组织行业与挪威、日本、俄罗斯、德国等多个国家进行技术交流，得到了一定的启示和借鉴，中国电动汽车充电基础设施促进联盟作为国家充电设施的行业的代表，其国际影响力得到了提升。

5. 理论依据

从整个行业的发展趋势看，充电设施市场的发展与新能源汽车市场的扩大有极强的相关性。新能源汽车市场的发展是充电设施市场的根本推动力，而有效的充电设施可以缓解用户的续航里程焦虑，提升用户认可度，进一步促进新能源汽车市场的发展。新能源汽车的快速发展，汽车充电基础设施建设将成为“大蓝海”，新能源汽车也将成为人民群众环保出行的必然选择。[②] 民心所向，政之所行，坚持以人民为中心既是习近平新时代中国特色社会主义思想的重要内容，也是新时代坚持和发展中国特色社会主义的基本方略之一。[③] 让人民群众有更多获得感，体现了中国共产党的宗旨和执政理念。我国政府正是依据公共治理、基础设施供给、激励机制这三方面的理论基础，制定了新能源汽车充电设施的相关政策。

（1）公共治理理论

“治理”的词义源于古拉丁语中的“操舵”之词，意为控制、指导或者是操纵，在 20 世纪 90 年代以前常意指政府在公共事务管理时并非“划桨者”，而应是“掌舵人”。直到 90 年代以后，治理理论才得到了新的升华，摒弃了以往政府权力高度集中的全能型地位，改变

① 哈昊天：《多国发布新政拥抱新能源汽车》，《经济研究参考》2016 年第 42 期。

② 本刊编辑部：《各方资本侵袭之下的新能源汽车背后金矿》，《变频器世界》2017 年第 2 期。

③ 韩喜平、巩瑞波：《“以人民为中心”三个问题的理论界说》，《湖北社会科学》2018 年第 11 期。

了政府与其他主体之间管理与被管理的关系，更注重公共管理时的互动性与平等性，并确定了政府公共事务治理多元化的新方向，即政府不再是公共事务管理的唯一主体，企业、单位和个人基于与政府之间存在的平等合作关系都能成为治理公共事务的主体，并凭借各类主体的优势，实现治理效率最大化。①

公共治理的特征决定了其在新能源汽车发展过程中具有广泛的适用性。新能源汽车作为一种极具环保性质的新兴产业，在节能减排、宣传环保理念、推动创新、发展绿色经济等方面发挥着积极的作用，但推广政策落实性不强、配套设施失衡、核心技术不够成熟等诸多因素，制约了新能源汽车的发展。在公共治理理论视域下，以政府引导为主，加强政府同多方主体的合作，改善治理结构，能够促进新能源汽车产业治理的多元化。

（2）基础设施供给理论

基础设施建设是保证人民安居乐业的必要建设之一，这类建设在经济竞争中不存在明显的竞争性，而且大多数建设任务由政府主导完成。基础设施的建设主要考虑的因素有两点，第一是选择什么样的地点，进行什么样的基础设计、建设、规划和制造。第二是面向的群体范围。在这里主要考虑的是大众民生工程以及面向企业的有偿建设服务。以上两种模式是我国基础设施建设中的两种重点模式②，在目前的社会中，我国政府根据不同情况确定基础设施的建设，不断完善相关配套设施，促进企业更好地生产。

公共经济学是我们研究基础设施建设以及民生工程的重点内容，对于一个国家来说，只有人均收入稳定，贫富差距变小，综合能力才会变强。但是企业和政府对基础设施理论有着不同的理解，首先，企业是以营利为目的的单位，因此，在进行产品制造时，更多的是考虑该产品是否能为自身带来经济效益，一定程度上不能真正体现民生的

---

① 赵彦霖、穆兴睿、秦燕国：《浅谈节能及新型能源汽车的发展》，《电脑迷》2017 年第 3 期。

② 孙雪：《中国发展电动汽车的前景展望》，《当代石油石化》2015 年第 23 期。

实际需要。而政府就有所不同，政府的职能就是给人民创造良好的生活环境，因此，在进行相关产业制造时，重点是以民生为中心，提高人民的生活水平。我国虽然是以市场经济体制为主，但仍然存在着一些大型企业垄断经营的现象[①]，造成了企业之间的发展不平衡，为了解决这种问题，政府需要适度进行干预，发挥宏观调控的职能，从而平衡各方利益以促进共同发展。

新能源汽车充电设备是一种服务大众的基础设施，因此，在建设时必须依靠政府主导进行制造，如果单纯依靠企业制造，那么企业很可能会为了自身利益，忽略了产品的质量。但随着我国的经济发展速度加快，政府在宏观调控方面难度也逐渐变大。而国外的一种新型BOT生产模式为我们提供了借鉴，这种模式仍然是以私营企业生产为中心，政府参与监督指导，从而使私营企业按规定生产。这种生产方式比较适用于我国的充电桩发展要求。

（3）激励机制理论

激励机制具有两层含义：一是提供一种行动的动机，即诱导、驱使之意。管理学中是指经过特别设计，最大限度激发员工的工作热情和潜能，最大程度调动其工作积极性。二是含有约束和规范之意，对所激发的行为加以约束和规范。从内容上看，可以将激励分为正激励和负激励两种[②]，即奖励和惩罚。激励机制存在的根本原因是为了满足组织成员的需要，对激励主体而言，通过分析能够调动激励客体积极性的各种激励资源，设计出各种激励方案，使得行为导向制度得以建立，从而提高激励主体的各方面效益，避免资源浪费；对激励客体而言，激励机制的建立有助于其个人目标的实现，充分满足员工在各层次上的需求。

激励政策支持是促进新能源汽车消费市场等商业化条件成熟的重要手段，政府在如何选择和应用新能源汽车激励政策时仍存在着一些问题。为了能在有限的公共财政资源约束下最大限度地发挥其对新能

① 彭娜君：《加速我国新能源汽车发展的政策初探》，《化学工程与装备》2016年第7期。

② 肖阳、薛寒欣、陶桂芬：《领先顾客的消费者创新性对新能源汽车采用意愿的影响》，《技术经济》2016年第35期。

源汽车产业的激励作用，近年各级政府都先后出台了相应的激励政策以促进我国新能源汽车市场的快速发展。

第三节 国内新能源汽车充电设施建设激励政策梳理

一 中央层面具体激励政策

为助力新能源汽车的推广，我国政府分别通过在基础设施建设的顶层设计、奖励机制设置、用电优惠政策、行业管理、地方政策等几个方面进行大力扶持（见表8－4），部分省市的政府也响应国家大力推广新能源汽车产业的号召，密集发布具体的实施规划，目的是满足新能源汽车市场用户充电的需求，建成布局合理、桩站先行且高效智能的充电基础设施体系。这些激励政策不仅使新能源汽车充电基础设施市场得到了进一步发展，同时也为充电桩运营公司的运作带来了新一轮的发展契机。①

表8－4　新能源汽车充电基础设施建设的扶持激励政策

顶层设计	《国务院办公厅关于加快电动汽车充电基础设施建设的指导意见》
	《电动汽车充电基础设施发展指南（2015—2020）》
	《关于加强城市电动汽车充电设施规划建设工的通知》
建设奖励	《关于“十三五”新能源汽车充电基础设施奖励政策及加强新能源汽车推广应用的通知》
电价优惠	《关于电动汽车用电价格政策有关问题的通知》
行业管理	《关于开展电动汽车充电基础设施安全专项检查的通知》
	《关于加强城市停车设施建设的指导意见》
	电动汽车充电接口及通信协议5项国家标准

① 陈开朗：《新能源汽车行业中政府、企业和消费者三方的博弈分析》，《经济研究导刊》2015年第12期。

续表

地方政策	截止到2016年12月，已有15省45市出台有关新能源汽车充电基础实施规划的政策

资料来源：本书作者整理所得。

1. 发展规划政策

为加快新能源汽车的发展，国务院2012年颁布的《节能与新能源汽车产业发展规划（2012—2020年）》把推进新能源汽车的发展作为主要任务之一。2014年国务院颁布了《关于加快新能源汽车推广应用的指导意见》，同年11月由国家发改委、国家能源局、住房和城乡建设部以及工业和信息化部联合颁布的《电动汽车充电基础设施发展指南（2015—2020年）》中明确提出到2020年，我国至少要保证每个大型城市中至少存在一个大型换电站，也提出要加快充电桩的建设，到2020年，分散式充电设施超过480万座。在此基础上，还对一些充电桩的建设模式进行了优化建议，比如，建设充电桩时，应优先考虑在一些公共服务地带进行建设，如停车场、办公大楼集中区等。2015年9月，国务院颁布了《国务院办公厅关于加快电动汽车充电基础设施建设的指导意见》，意见中对新能源电动汽车的充电设施建设布局、后续服务、保障体系提出了更高的要求。同时提出了加强市场监督体制，规范充电设施标准，加快互联网智能体系的建设，使用户通过互联网查询到充电桩的分布，减少充电时间；加快充电桩的企业建设脚步，让更多的科技企业参与到充电桩的建设中。到2020年时，确保我国充电设施分配合理，保证让每一辆新能源汽车不再被充电所困扰。2016年住建部发布了《住房城乡建设部关于加强城市电动汽车充电设施规划建设工作的通知》，我国在充电桩领域再次推出新政，从政策上为充电设施建设保驾护航。

2. 建设奖励政策

2016年财政部、国家发展改革委、工业和信息化部、科技部、国家能源局五部委（局）联合发布了《关于"十三五"新能源汽车充电基础设施奖励政策及加强新能源汽车推广应用的通知》，这个政策极大地推动了新能源汽车充电桩的建设步伐，在政策发出后，政府开始对充电桩的生产企业提供资金补贴，帮助新兴企业创业发展，在政府的政策指引下，越来越多的企业加入到充电桩的建设中。中央财政继续安排资金对充电基础设施建设、运营进行补贴与奖励。[①] 通知中明确了补贴与奖励的对象和充电设施的奖励标准，对大气污染治理的重点省市推广量为 3 万辆，补贴与奖励标准为 9000 万元，超出部分的补贴与奖励最高 1.2 亿元。2020 年大气污染治理重点省市奖励门槛为 7 万辆，补贴与奖励标准 1.26 亿元。目前，这一政策正在稳步实施中，相信到 2020 年时，这类政策的实施将会进入一个新阶段。

3. 财政补贴政策

2016 年，财政部、工信部等多个部委共同颁布了《关于调整新能源汽车推广应用财政补贴政策的通知》[②]，补充完善了一系列的补贴政策。包括对于新能源电动汽车充电桩的产品质量补贴标准做出了规定，电动汽车充电桩建立以续航为标准的补贴方案，可行驶里程越长可享受的财政技术补贴就越高；对不同的车型给出了不同的补贴标准，货车为一个级别，普通汽车为一个级别，按照电池电量来设定补贴标准。财政补贴过程中，地方政府发挥着重要作用，中央政府在宏观调控后，将任务下放到地方政府，地方政府根据当地的充电桩建设实际情况进行财政补贴，同时加强监管体系的建设，对于一些生产质量差的企业，减少补贴金额，甚至进行相应的处罚。如果遇到骗补贴的情况，政府要依法进行查处，督促企业整改，同时追究相关人员的责任。只有建立完善的监督体系，才能使政府的财政补贴用到需要之处，从而促进我国的新能源汽车充电桩产业健康稳定发展。[③]

---

① 秦字兴、朱阁：《基于政府、企业和消费者三方博弈的电动汽车市场推广分析》，《工业工程》2015 年第 18 期。

② 陈歌：《扶持政策对新能源汽车产业发展的影响研究》，硕士学位论文，山东大学，2017 年。

③ 谢梦、庞守林、彭佳：《政府补贴、新能源汽车市场价值与企业研发投资——基于交换期权和演化博弈理论的实证分析》，《投资研究》2016 年第 35 期。

4. 用电优惠政策

2014 年 8 月，我国政府颁布了《关于电动汽车用电价格政策有关问题的通知》，明确对新能源汽车充换电设施电费实行扶持电价政策。通知指出，新能源汽车充电设施是我国新能源汽车发展的重要基础，要根据用电类型划分不同电价，对电网企业经营的充换电设施在收取电费时，应降低电费标准，实行大工业电费收费标准，争取在 2020 年之前，免收基本电费；对于居民用户和小区住宅实行居民电价；公共停车场、企事业单位以及党政机关安装的充电设施执行一般工商业和其他类用电标准。通知还指出，不得对充电用户额外加收接网费用。在 2020 年前，各个地方政府要根据所辖区域的实际情况确定不同的激励政策[①]，如通过财政补贴政策、无偿划拨土地、鼓励降低市场运营成本等方式来增强企业竞争力。未来，我国针对不同的企业类型，电费收取标准会有所不同，且政府给予补贴的方式也不相同，同时，在居民充电方面，政府也会下调充电设施用电电费，减少居民的出行成本。

5. 统一标准政策

2011 年 12 月国家质检总局、国家标准委联合国家能源局、工信部、科技部等部门颁布电动汽车充电接口和通信协议 4 项国家标准。但是，对充电时的电流、电压、功率等细节并未进一步地做出详尽要求[②]。此次 5 项标准修订电动车充电接口在硬件和软件层面最终实现了统一，全面提升了充电的安全性和兼容性。

二 地方层面具体激励政策

各地政府按照国家要求，在与当地新能源汽车充电基础设施建设的条件和需求相结合的基础上，提出了“十三五”期间的建设具体规

① 吴虹雨、毛德华、冯立攀：《城市土地低碳利用中政府、企业和消费者的演化博弈分析》，《地域研究与开发》2015 年第 34 期。

② 白胜：《Christensen 破坏性创新理论的逻辑演进》，《科技进步与对策》2012 年第 29 期。

划和产业发展目标。在一定程度上加快了新能源汽车的推广。

1. 发展规划政策

各个城市为贯彻国家相关政策，推出相应的充电基础设施建设支持政策，据统计，2016 年山西、广西、上海、浙江、湖南等省市的充电设施规划陆续出台。全国共有北京、上海、中山、惠州、重庆、杭州、合肥、河北、石家庄、衡水、运城、泸州、安徽、安庆、滁州、铜陵、淮北、陕西、郑州、湖南、福建、甘肃、云南、广西、柳州、山东、青岛、潍坊、青海、江西、许昌、武清、温州、浙江金华、山西、天津、海南等多省市出台电动汽车充电规划、办法或实施意见（见表 8－5）。

表 8－5　截至 2016 年年底各省市充电基础设施相关政策一览

省/城市	充电相关政策
北京	《北京市电动汽车充电基础设施专项规划（2016—2020 年）》
上海	《上海市鼓励电动汽车充换电设施发展扶持办法》
	《关于进一步加强本市电动汽车充电基础设施规划建设运营管理的通知》
中山	《中山市中心城区新能源（电动）汽车充电设施布局规划》
惠州	《惠州市新能源汽车充换电设施建设实施细则（暂行）》
重庆	《重庆市加快电动汽车充电基础设施建设实施方案》
杭州	《杭州市推进新能源电动汽车充电基础设施建设实施办法》
合肥	《关于加快电动汽车充电基础设施建设和管理的实施意见》
河北	《关于加快全省电动汽车充电基础设施建设的实施意见》
石家庄	《关于推进全市电动汽车充电基础设施建设的实施意见》
衡水	《关于加快全市电动汽车充电基础设施建设的实施意见》
运城	《运城市城区电动汽车充换电设施建设暂行管理办法》
泸州	《泸州市新能源汽车充电设施专项规划（2015—2030 年）》
安徽	《关于加快电动汽车充电基础设施建设的实施意见》
安庆	《安庆市关于加快电动汽车充电基础设施建设的实施意见》
滁州	《滁州市关于加快电动汽车充电基础设施建设的实施意见》
铜陵	《铜陵市关于加快电动汽车充电基础设施建设的实施意见》
淮北	《淮北市加快电动汽车充电基础设施建设实施方案》

续表

省/城市	充电相关政策
陕西	《陕西省电动汽车充电基础设施专项规划（2016—2020 年）》
郑州	《关于推动电动汽车充电基础设施的规划建设的通知》
湖南	《湖南省电动汽车充电基础设施专项规划（2016—2020 年）》
福建	《福建省“十三五”电动汽车充电基础设施专项规划》
甘肃	《关于加快电动汽车充电基础设施建设的实施意见》
云南	《云南省电动汽车充电基础设施规划（2016—2020 年）》
广西	《广西电动汽车充电基础设施建设运营管理暂行办法》
柳州	《柳州市电动汽车充电基础设施建设暂行管理办法》
山东	《关于加快全省电动汽车充电基础设施建设的实施意见》
青岛	《关于加快全市电动汽车充电基础设施建设的实施意见》
潍坊	《新能源汽车充换电设施建设运营管理实施意见》
青海	《青海省人民政府办公厅关于加快电动汽车充电基础设施建设的实施意见》
江西	《江西省人民政府办公厅关于加快电动汽车充电基础设施建设的实施意见》
许昌	《许昌市新能源汽车充电基础设施建设实施方案（2016—2020 年）》
武清	《武清区 2016 年新能源汽车公共充电基础设施建设实施方案》
温州	《温州市关于加快电动汽车充电基础设施建设的通知》
浙江	《浙江省电动汽车充电基础设施“十三五”发展规划的通知》
金华	《金华市电动汽车充电基础设施建设管理实施方案》
山西	《山西省电动汽车充电基础设施专项规划（2016—2020 年）》
天津	《滨海新区 2016 年电动汽车充电基础设施建设实施方案》
海南	《加快电动汽车充电基础设施建设工作方案》

资料来源：本书作者整理。

2. 财政资金补贴

通过对各省市的补贴政策①进行对比总结，可将财政资金补贴分为四类（如表 8－6 所示）：一是按照充电设施的功率大小为标准对补贴加以区分，如深圳和南京；二是以充电设施的种类为标准给予不同的补贴，如晋城；三是以投资额度为标准对投资主体给予一定补贴，

① 赵丽君、吴福象：《政府研发补贴与经济发展质量研究——基于供给侧结构性改革的视角》，《经济问题探索》2016 年第 12 期。

如北京、唐山、厦门等地；四是建设补贴和运营补贴的双重补贴模式，如上海。

表 8-6　各省市的激励政策对比

补贴类型	介绍	典型城市
按功率大小补贴	以充电设施的功率大小为标准给予不同的补贴	深圳、南京
按充电类型补贴	以充电设施的种类为标准给予不同的补贴	晋城
按投资总额补贴	以投资额度为标准对投资主体给予一定补贴	北京、唐山、厦门
建设及运营补贴	建设补贴和运营补贴的双重补贴模式	上海

资料来源：本书作者整理。

3. 用电优惠政策

各地方政府在电价优惠方面也出台了相应的政策①，如重庆市。重庆市是我国西南地区的直辖市，经济相对比较发达，重庆市政府在新能源汽车充电设施发展方面做出了明确的规定：只要是新建小区，必须建设或者预留电动汽车充电桩。到 2020 年时，要保证重庆市的每个大型主干道或者交通枢纽中必须存在一个大型换电站。在收取电费方面，政府也给出了优惠政策，居民使用充电桩进行充电，将按照普通居民用电的二分之一来收取电费。

4. 规范和标准

随着新能源汽车尤其是电动汽车的发展，作为使用保障的充电基础设施建设也成为一个新兴的行业。为保障基础设施建设与使用的安全性和便利性，在相关的国家标准出台之前，地方政府对于本地的基础设施建设和发展提出了行业规范和标准。例如《宁波市新能源汽车推广应用实施方案》中明确要求市质监局负责组织制订宁波市新能源汽车相关充电系统技术规范。北京市政府 2017 年发布了《关于推进本市电动汽车及自用充电设施新国标升级改造工作的通知》，明确电动

① 汤颖梅、王明玉：《政府研发补贴对高新技术企业研发支出的影响——基于企业生命周期理论》，《企业经济》2016 年第 35 期。

汽车生产企业要根据用户需求[①]，按照新国标要求免费对旧标准的电动汽车充电接口及自用充电设施进行升级改造，确保2018年年底前完成电动汽车用户的车桩兼容，保障车辆安全稳定运行。自2017年1月1日起，电动汽车生产企业新生产、销售的电动汽车及为用户免费配套安装的自用充电设施均须严格执行新国标要求。上海市交通委员会发布《关于经营性集中式充换电设施认定条件的通知》，通知指出，充换电设施应具有一定的规模，充换电设施用电设备装接容量不小于350kW，至少配建3台直流充电桩（单机功率不低于30kW）。此外，经营性集中式充换电设施经营场地系新能源汽车充换电服务专用场地，主要为电动汽车充换电提供服务，不提供专门的停车服务。

三　行业层面具体激励政策

1. 优化服务政策

作为电力行业的主力军，国家电网公司为了响应国家号召，全面打开新能源汽车充电换电基础设施市场，于2014年5月发布了《关于做好电动汽车充换电设施用电报装服务工作的意见》，对参与慢充、快充等不同类型的电动汽车充换电市场的社会资本表示大力支持；并于同年10月发布了《关于简化业扩手续提高办电效率工作意见》，使充换电设施用电报装服务的程序更为明确化、相关业扩手续简便化并将办电流程进行了优化。2016年4月6日国家能源局发布《关于开展电动汽车充电基础设施安全专项检查的通知》，要求全面排查电动汽车充电基础设施建设运营安全隐患，消除安全风险，推动建立电动汽车充电基础设施安全管控体系，促进电动汽车充电基础设施建设和新能源汽车产业健康发展[②]，重点对电动汽车充电基础设施建设运营企业以及相关充换电设施进行检查，包括电动汽车充电基础设施安全管

① 孙海波、林秀梅、焦翠红：《政府税收、研发补贴与产业结构变迁》，《经济评论》2016年第6期。

② 郭燕青、李磊、姚远：《中国新能源汽车产业创新生态系统中的补贴问题研究》，《经济体制改革》2016年第2期。

理、设备设施及监控系统安全运行、建设标准执行等情况。

2. 出台供给侧相应措施

近年来，中央和一些地方政府在新能源汽车市场的供给侧和需求侧方面出台了相应的措施，在市场供给侧加快了充电设施等基础设施的建设；需求侧则主要实施的是消费价格补贴政策。这些政策为我国新能源汽车市场的发展起到了重要的作用，但是，鉴于充电设施建设是现阶段我国新能源汽车供给侧改革政策实施的重点内容，推广是否应当以新能源汽车基础设施建设这类供给侧为主，我国相关政策并没有给出明确的方向。因此，我国的基础设施建设的地位应该进一步得到加强，从供给侧加快以充电基础设施建设为主要内容的公共资源投入和优化配置①，对于促进我国新能源汽车的消费使用有着重要的作用。

3. 建立行业联盟

在国务院、国家能源局、工信部等部门领导的关怀和指导下，在广大行业单位积极参与和支持下，2015 年 10 月成立了中国电动汽车充电基础设施促进联盟（EVCIPA）（下文简称“充电联盟”）。截至 2017 年 12 月，充电联盟已有成员单位 150 余家，几乎涵盖行业协会、能源企业、运营商、设备制造商、平台开发商、整车企业、科研机构、高校、互联网公司等在内的充电设施全产业链，围绕互联互通、充电技术发展、搭建交流合作平台、行业自律、促进产业健康发展等方面开展了积极有效的工作。

充电联盟重点开展互联互通、行业自律、促进解决行业问题、政策研究、技术标准贯彻执行、新技术应用研究、重点课题研究等方面工作，对产业进步、提升发展质量、促进跨产业合作、促进国际交流与合作方面发挥了积极作用，相关成果已在“中国充电联盟 2018 年度工作会议”期间发布。充电联盟积极搭建成员交流合作平台，为成员单位提供咨询服务。推动新能源汽车分时租赁企业与充电设施运营企业战略合作、充电桩生产企业与停车场运营企业合作、充电设施运营

① 韩民春、樊琦：《战略性 R&D 补贴、自主创新与我国汽车产业结构优化研究》，《科技进步与对策》2010 年第 27 期。

企业与新能源汽车生产企业合作。在联盟的积极推动下，东软瑞驰达等新能源汽车运营企业与青岛特来电新能源有限公司、万帮充电设备有限公司签署战略合作协议，在全国范围内开展智能充电还车、插枪还车技术、网络运营平台、APP 数据互联互通等方面的合作。此外，充电联盟加强了与地方政府沟通协调，先后与上海、黑龙江、吉林、辽宁、广西、重庆、四川、福建、北京、安徽 10 个省级政府主管部门交流并提供相应咨询工作，建立长效联络机制。同时，联盟也与安徽、贵州、浙江、广东等省级充电行业协会建立起了联络机制。

第四节　国内新能源汽车充电设施建设激励政策存在的问题

虽然国内新能源汽车充电设施建设从中央层面、地方层面、行业层面出台了很多政策，但在发展过程中也暴露出很多问题。

一　中央层面激励政策存在的问题

1. 政策制定缺少协同机制

在收集新能源汽车充电基础设施政策资料的过程中，笔者发现国家 2012—2016 年陆续出台的中央政策有国务院 2012 年颁布的《节能与新能源汽车产业发展规划（2012—2020 年）》，2014 年国务院颁布的《关于加快新能源汽车推广应用的指导意见》，同年 11 月由国家发改委、国家能源局、住房和城乡建设部以及工业和信息化部联合颁布的《电动汽车充电基础设施发展指南（2015—2020 年）》，2015 年 9 月由国务院办公厅颁布的《国务院办公厅关于加快电动汽车充电基础设施建设的指导意见》以及 2016 年住建部发布的《住房城乡建设部关于加强城市电动汽车充电设施规划建设工作的通知》等，这些政策中都有对新能源汽车及充电基础设施建设规定的不同程度的激励政策，但是这些激励政策属于顶层设计，多为指导性意见，加之政策的出台者为国家各部级单位，没有统一的归口部门，导致政府部门之间缺乏协同机制，对于政策制定没有统一标准，落地实施时效果不尽如人意。因此，如何规划布局、设计运营模式、保障充电服务质量等问题成为政策制定及实施过程中亟待研究解决的重要课题。

2. 政策执行缺乏可操作性

尽管各种补贴政策一直在陆续出台，但总体而言，这些政策为我国充电基础设施建设起到的效果并不乐观，对充电设施建设的正向激励不足，受限于产权、土地等多方面原因，充电设施建设运营企业仍处于不盈利的状态，导致了即便是在一线城市，我国充电设施依旧满足不了消费者的需求。可以说，充电设施短缺是阻碍新能源汽车发展长期存在的亟待解决的关键问题。[①] 尽管这些补贴政策针对用地问题、土地规划等问题都进行了规定，但落实到各省市，相关细则依旧不够。此外，充电设施建设过程非常复杂，涉及安全性、管理运作等多方面问题，而这些都需要借助政府的力量。很多大城市在推广新能源公共汽车的道路上频繁受阻，很大一部分原因就在于，市中心的土地资源非常有限，而充电场所建设需要大量的场地，用地需求和供地有限之间的矛盾影响了推广进程。

二 地方层面激励政策存在的问题

1. 政策推广存在局限性

有许多地方的政府没有认识到充电基础设施建设对我国新能源汽车推广的重要性，对新能源汽车的发展路径定位不清，对于政策的推广做得不到位，先进区域的发展模式仍无法在全国范围内得到有效推广，比如万帮新能源充电模式虽然在上海、北京等地获得了较好的推广效果[②]，但总体而言，推广区域范围依旧过窄，并未有效形成由点到面的格局。这些显在问题无法吸引社会资本的投入。目前，上海、

① 史玉茜：《绿色环保汽车——太阳能汽车》，《节能技术》2009 年第 27 期。

② 张琪、黄东、郑宏飞：《太阳能在汽车上应用的前景与挑战》，《太阳能》2006 年第 4 期。

江苏城市群、浙江城市群、河北城市群、长株潭、青岛、广东城市群等在地方政策的刺激下，新能源汽车规模发展较快，目标完成率较高（见表8－7）。

表8－7　截至2015年年底部分城市（区域）新能源汽车累计示范推广规模

序号	城市（区域）	推广目标（辆）	推广规模（辆）	目标完成率（%）
1	上海	10000	55712	557.12
2	深圳	35000	34361	98.17
3	北京	35000	32805	93.73
4	江苏城市群	18085	26689	147.58
5	浙江城市群	10100	25353	251.02
6	河北城市群	15141	21323	140.83
7	长株潭	6100	19282	316.10
8	广东城市群	10000	16662	166.62
9	广州	10000	14572	145.72
10	天津	12000	13738	114.48
11	青岛	5200	12035	231.44
12	武汉	10500	10539	100.37
13	合肥	5720	8907	155.72
14	成都	5000	6658	133.16
15	江西城市群	5300	6470	122.08
16	郑州	5500	6420	116.73
17	临沂	5690	6139	107.89
18	芜湖	5110	5470	107.05
19	大连	5000	5221	104.42
20	西安	11000	5074	46.13

资料来源：本书作者整理。

2. 补贴政策预期效果不显著

我国各地政府大力倡导发展新能源产业，因此，越来越多的新能源企业开始投入到充电桩的建设中，但每个城市给予的财政补贴有所不同。北京市补贴政策为，如果企业要发展充电桩产业，那么政府可以出资总项目资金的30%作为补贴；重庆市补贴政策为，在电动车充电桩的电费收取上，降低收费标准，实行普通用电额度，用户通过充电桩为汽车充电，可按照正常居民用电的二分之一电费进行收取。此外还有针对购买新能源汽车出台的财税补贴政策，政府不同程度地从新能源汽车及充电设施的供给侧和需求侧给予了一定的财税补贴，但仍无法刺激供给侧用户和需求侧用户的投资购买需求，这与配套政策的实施情况有直接的关系。新能源汽车推广政策和充电基础设施建设的财税激励政策存在不匹配的现象，较新能源汽车的发展速度而言，充电基础设施的发展建设具有明显的滞后性。然而据统计，截至2015年年底我国新能源汽车数量约为37.89万辆，而充电站数量为3600座，各种类型的交直流充电桩的数量仅有4.9万个。充电桩数量与车辆相比，明显供不应求。即便国家出台了建设奖励机制，地方政府也相继发布了相应的充电基础设施建设资金补贴政策，但从实际的充电桩建设情况来看，并不理想，仍无法满足新能源汽车用户的日常运行需求。2011—2015年电动汽车产销量与充电桩运营数量见图8-3。

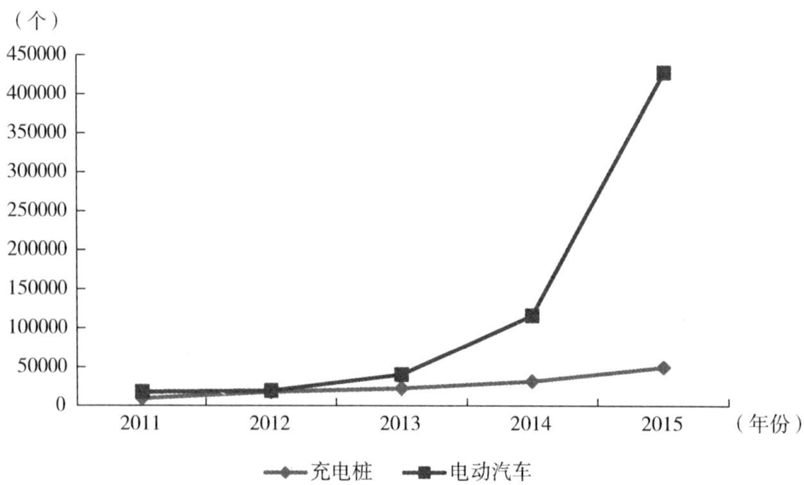

图8-3 2011—2015年电动汽车产销量与充电桩运营数量对比

资料来源：本书作者整理。

3. 建设新能源汽车充电设施费用高

由于建设一个普通的慢充充电桩成本在30000—50000元，每度电按0.8元的充电标准计算，再加上后期维护成本，如果要收回投资成本至少也要4—5年的时间。这直接增加了企业投资难度和资金回笼周期，增加了企业的经营风险。目前虽然有国家和地方政策支持，但是仍显得杯水车薪。据统计，一个配备10台充电机的充电站基础设施成本为240万元，配电设施成本为190万元，运营成本为21万元。[①] 这意味着，仅一个小型的充电基础设施建设费用就高达约450万元之多，还不包括建设所需购置土地的费用。这样投资规模大、回报期限过长且回报率低的产业，难以聚集私人资本参与该市场。[②] 当然，除了建设成本问题，土地资源紧张也是制约其建设的因素之一，北京、深圳、上海等一线城市寸土寸金，人口众多，停车位常人满为患，充电设施若想在这些地方建设需要花费大量的资金购买或者租赁土地，建设成本高昂，仅靠充电服务费进行成本回收更是遥遥无期。

三　行业层面激励政策存在的问题

1. 规范和标准不统一

目前各地出台的政策中对充电设施充换电设备的装接容量制定了不同的规范意见和充电接口的标准，造成了充电设备标准不统一，充电接口标准多样，直接导致各地区充电设备标准存在差异性。充电基础设施的标准不一致，将导致充电设施建设运营企业对设施建设的重复率增加，更不利于企业进行管理，这样必然会造成充电基础设施资源的极大浪费，更影响消费者的使用体验，从而抑制新能源汽车的购买需求。例如：新能源汽车充电设施制造企业根据地理

① 张芳、邹俊：《促进新能源汽车充电基础设施建设运用PPP模式的对策》，《重庆科技学院学报》（社会科学版）2017年第4期。

② 马均明、葛瑞原：《新能源汽车发展前景光明》，《安徽科技》2010年第3期。

环境、用户需求以及设备功率等因素制造出充电接口型号各异的充电设施，这样虽然满足了少部分用户的使用需求，但从宏观角度来看，既浪费了充电设施资源，又不能从根本上解决充电设施少、充电难的问题。相反，使充电设备接口标准杂乱不统一，影响了用户的体验感,① 降低了消费者的购买欲望，给新能源汽车的发展带来了不利影响。

2. 政策推广与行业信息不对称

新能源汽车推广政策和充电设施建设的激励政策存在不对称的现象,② 政府对充电基础设施的规划与建设缺乏充分的考虑，并未结合当地的实际情况设身处地地为充分利用而建立，电力供应缺乏顶层设计，没有从行业大数据层面进行统一的疏导与管理。例如，新能源汽车充电网络通常处于独立不联通的状态，新能源汽车用户在支付充电费用、寻找充电桩的过程中经常面临不必要的麻烦，公共区域、居民居住区、公共停车场等安装困难，缺乏协调和推动，很多充电桩都存在着维护不及时或无法使用的问题。信息联通不畅导致了许多公众资源的浪费，充电桩损坏后无法得到及时有效的维修和更换，进一步加大了充电桩的闲置率，造成当下充电难的现象。

第五节　国外新能源汽车充电设施建设激励政策及启示

一　国外新能源汽车充电设施建设激励政策

1. 日本新能源汽车充电设施建设相关激励政策

对于土地面积较小、石油的需求主要依赖于进口的日本来说，新能源汽车的推广能够减轻国家经济、能源等多方面的压力，因此日本

① 王嘉诚：《中国新能源汽车产业发展分析》，硕士学位论文，上海师范大学，2012 年。

② 毕于榜：《我国汽车企业自主创新面临的困境及其应对措施》，《环渤海经济瞭望》2012 年第 1 期。

非常重视对新能源汽车的技术研发和应用。充电设施建设是各国发展新能源汽车需要解决的首要问题，[①] 为了弥补其在建设规模方面的不足，日本政府不断出台新的保障政策，如2000年出台的《日本氢能和燃料电池汽车示范计划》、2002年出台的《日本氢能及燃料电池示范项（2002—2004）》、2010年出台的《新一代汽车战略2010》，等等。通过这些政策可以看出，日本对新能源汽车的相关技术和发展，尤其是燃料电池领域以及加氢站方面的发展非常重视，并为其制订了一系列合理的计划措施，对基础设施的建设扶持优惠和目标建设数量都进行了明确的规定。

东京电力站在2009年建立了200个充电桩，到2016年2月底，日本已建成19308个充电桩，包括慢速充电桩12426个，快速充电桩6882个，完成了前期推广准备工作。[②] 此外，针对地域和使用区域的差异，日本对于充电设施类型的推广主要集中于快速充电站和普通充电器两大类，普通充电器主要用于面积小的地区和岛屿，或者风景游览区，在原有的电力设施的基础上，对普通充电器进行架设。快速充电器则多用于高速公路的服务区、经济繁荣的城市中心等，并于2015年9月开展了两期试点实验，在部分区域投放一定数量的超小型电动汽车，并为其设立了100多个车位，60多处租车换车点。此次试点实验一是为了让汽车用户更好地体验，通过互联网进行网上预约的用户即可享受在公路免费驾驶3个小时的优惠；二是为了将其商业化，逐步面向全国推广。

2. 德国新能源汽车充电设施建设相关激励政策

德国有关可再生能源以及新能源电力的立法已有20多年的历史，享有盛誉并为世界各国所借鉴。2009年8月，德国政府出台了《国家电动汽车发展计划》，该计划规划了德国在2020年预计投放使用电动汽车100万辆，并将其发展路径划分为电网配套设施、充电站的建造

① 赵世佳：《中国新能源汽车充电基础设施发展现状与应对策略》，《中国科技论坛》2017年第10期。

② 陈歌：《扶持政策对新能源汽车产业发展的影响研究》，硕士学位论文，山东大学，2017年。

运营、配套设施和基础设施所需的技术人才培养等几个方面。此外，德国政府认为在配套设施和充电站建造运营方面，应突出预见性，制定出国际化的标准，以满足全世界人的需要。由于新能源汽车充电的基础设施建设需要解决诸多的技术难题，亟须借助互联网的力量，所以，德国政府要求网络运营商、电池制造商、停车场业主等多方主体依据差异化的运营模式的需求，共同为相关技术的发展完善发力。首都柏林响应国家号召，为新能源汽车的大力推广做了一系列准备工作，2009 年，柏林政府就宣布将为新能源汽车充电基础设施的建设提供位于市区中心的部分土地以满足建立充电设施的需求，并提出将建立 550 个充电站的计划。

3. 美国新能源汽车充电设施建设相关激励政策

美国政府在新能源汽车基础设施建设扶持方面做出了较大的努力，除了对其进行资金保障，还出台了一系列法律法规规范该市场，并对基础设施建设的优惠与建设数量进行了规划，从而引导新能源汽车行业稳定发展。2002 年，为了实现燃料电池多元化，美国提出了 Freedom CAR 协作计划，同时还对氢站建设的配套升级进行了细化。2005 年颁布的《能源政策法案》更是首次采用税收抵扣的优惠方式来促进新能源基础设施建设，并在此基础上于 2008 年出台了《紧急经济稳定法案》进一步完善电动汽车的税收优惠政策。

此外，美国非常重视纯电动汽车产业的发展，为扩大充电设施的覆盖范围，投入了近 4 亿美元。在对纯电动汽车进行推广的过程中，洛杉矶政府在充电桩建设区域和解决长途充电问题上做出了表率。一方面，为了方便充电设施及时安装，政府为用户提供了 24 小时在线客服，并承诺在接到申请安装的七个工作日内提供安装服务，① 以保证用户充电的需求和便捷；另一方面，洛杉矶市政府还与基础设施建设的设施供应商积极联系、合作，对旧的充电桩及时更新，不断完善充电设施。此外，洛杉矶市政府还对基础设施投资者和个人充电使用安

① 陈歌：《扶持政策对新能源汽车产业发展的影响研究》，硕士学位论文，山东大学，2017 年。

装行为提供了财政补贴。[①]

4. 法国新能源汽车充电设施建设相关激励政策

在法国，电力企业为方便电动汽车充电，在城市建设了很多的充电站。另外，电动汽车完全可以在家里充电。

从2007年开始法国已经有比较成熟的分时租赁模式，此种方式以巴黎最为成熟，其中最普及的一项就是电动车的共享计划。充电桩除了公共电动车可以共享充电，私家车也可以利用公共充电桩给自己的电动车充电，只是充电时间限制在每次2小时15分钟内，超出时间范围电费翻倍。分时段租赁比较适合短途使用，由于现在电动车的续航能力有限，所以在一般情况下远程距离比较少见。此外，自2008年起，法国政府的汽车补贴累计达到23亿欧元，扶持购买了390万辆新产低污染汽车。2012年政府为每辆低碳汽车提供2000—5000欧元的激励补贴支持。法国环境能源管理署（ADEME）也同样针对低碳四轮车和某些重型车提出了鼓励性措施。

二 国外新能源汽车充电设施建设激励政策对我国的启示

他山之石可以攻玉，针对我国新能源汽车基础设施建设激励政策层面存在的不足，日本、德国、美国和法国的做法，为我们解决问题提供了新的思路。

1. 提高政策补贴优化建设布局

2008年至2012年，法国政府加大政策补贴力度，对新能源汽车补贴累计达到23亿欧元，并且政府为鼓励消费者购买新能源汽车，对每辆购买的新能源汽车给予2000—5000欧元的补贴支持，[②] 这样的激励政策大大激发了新能源汽车的购买力，购买数量达到390万辆；美国政府通过颁布《能源政策法案》更是首次采用税收抵扣的优惠方式

① 陈歌：《扶持政策对新能源汽车产业发展的影响研究》，硕士学位论文，山东大学，2017年。

② 侯清亮：《电—电混合纯电动汽车整车控制器研究》，硕士学位论文，合肥工业大学，2012年。

来促进新能源基础设施建设，并在此基础上于2008年出台了《紧急经济稳定法案》进一步完善电动汽车的税收优惠政策；日本针对不同地域和使用区域的差异，采用差异化的设施布局方法。我国国土面积广阔，城市人口众多且相对集中，高速公路通车里程较长，差异化布局的策略有助于新能源汽车的推广，因此加大政策补贴力度，优化布局建设基础设施对我国的新能源汽车发展有很大的帮助。

2. 统一政策标准推行通用体系

新能源汽车企业多，产品目录多，为了满足新能源汽车推广的需要，迫切需要推出统一的充电桩技术标准。德国政府认为在配套设施和充电站建造运营方面，应突出预见性，制定出国际化的标准，以满足全世界人的需要。德国的这种做法为我国充电桩设施建设提供了宝贵的经验。

3. 加强政策引导鼓励多种运营模式

我国现行的充电设施建设规模小、分布广，充电桩运营模式主要有充电、换电两种，不利于形成竞争局面。德国政府引进了网络运营商、电池制造商、停车场业主等多方主体，依据差异化的运营模式，极大丰富了运营模式。我国借鉴国外丰富的经验，引进、支持一些国际资本对充电基础设施建设进行投资，这对技术和管理的创新非常有利。在政府的扶持与引导下，各方运营商、企业才有可能为充电基础设施的建设与运营注入更多创新动力。

目前，中国政府在产业政策制定和执行方面都采取了大量的措施，在相关政策的扶持下逐渐步入了良性发展的轨道，也面临着巨大的发展机遇，然而新能源汽车基础设施的建设并未有较大改观，建设数目和速度依旧较为落后，达不到计划要求水平。以上国家的成功为我国新能源汽车的推广提供了宝贵的经验。

第六节　新能源汽车充电设施建设激励政策优化对策

目前，由于新能源汽车推广不够，很多制度、政策还赶不上需求，中国的新能源汽车充电基础设施的激励政策应继续完善，并在规划布局、商业模式、资金投入、智能化和网联化建设等多个方面着重发力。[①]

一　统一政策制定　强化协同机制

2016 年，财政部、科技部、工业和信息化部、国家发展和改革委员会、国家能源局五部委联合发布了《关于“十三五”新能源汽车充电基础设施奖励政策及加强新能源汽车推广应用的通知》，同年，财政部、科技部、工业和信息化部、国家发展和改革委员会联合发布了《关于调整新能源汽车推广应用财政补贴政策的通知》，均说明政策的制定及出台已然不再是有限范围的闭门造车，需要加强沟通，通过相关部门的合力协同办公，统一政策内容，减少政策重复与不匹配现象。为了加快新能源汽车及充电设施建设的步伐，各部委需要强强联手，出台加快居民区、企事业单位内部停车场、公共停车场等区域充电设施建设的鼓励政策，未来将督促各地方政府出台配套的实施细则，同时加强政策执行监管，持续提升充电设施网络的服务能力。各地方政府按照国家补贴政策指示，将逐渐将地方车辆购置补贴转向补贴充电运营，减轻运营商投资压力。此外，国家与地方政府之间、地方政府与企业之间也需要加强协同机制。

二　完善政策管理　鼓励资金投入

要改善充电桩投资的整体环境，使激励政策更具可操作性和实用性。首先，各地应加紧落实国务院办公厅 2015 年印发的《关于加快电动汽车充电基础设施建设的指导意见》，从简化建设审批手续、完善财政政策、拓宽融资渠道、加大用地支持力度等方面强化支撑保障。

① 赵世佳：《中国新能源汽车充电基础设施发展现状与应对策略》，《中国科技论坛》2017 年第 10 期。

以完善财政政策为例，各地应针对国务院办公厅的指导意见出台适合当地实际情况的具体规定，相关企业在充电设施建设活动中才能真正享受到政府所提供的扶持福利。其次，赋予充电桩等设施以专项建设基金项目，为其配备适当的资金扶持①，我国当前计划发行的专项建设基金的投资项目主要包括：轨道交通等城市基础设施建设、中西部铁路等重大基础设施建设、民生改善等建设工程。而如果能将充电桩项目建设适当纳入其中，无论是对充电桩建设还是新能源汽车的发展都能起到巨大的推动作用。再次，由于地方政府是具体政策的制定与施行主体，因此，充电桩建设项目的顺利运作离不开政府的扶持。②以上海为例，上海市政府就对符合扶持条件的充换电运营公司给予小于30%的财政扶持资金，广州、深圳等地也出台了类似的政策。这些扶持政策取得了可喜的成绩，是值得在全国范围内推广的。最后，对充电基础设施建设所需用地给予保障，适当享有优先权。对于集中式充换电站而言，因其需要独立占地，所以可以将这类设施划入公共设施营业网点用地的范围，参照的是传统的加油站用地建设模式，对其优先规划土地供应条件，供应新建项目用地需配建充电基础设施的，可将配建要求纳入土地供应条件，允许土地使用权取得人与其他市场主体合作，按要求投资建设运营充电基础设施。当然，降低审批门槛，简化土地使用权的审批流程是最为重要的。③

三　加强政策引导　扶持模式创新

就政府而言，因电动汽车充电设施建设的规模小而又分布极广，需要地方政府加强对相关企业参与市场的引导。引导发电企业进入充电基础设施和充电桩的建设投资，是遵循深化电力体制改革精神的体

① 李良、郭艺：《充电桩建设面临的突出问题及亟待落实的政策》，《中国能源》2016年第38期。

② 雷芳芳：《我国新能源汽车的发展》，《汽车工程师》2009年第5期。

③ 李良、郭艺：《充电桩建设面临的突出问题及亟待落实的政策》，《中国能源》2016年第38期。

现，更是新能源汽车发展的需要。就售电配电企业而言，鼓励其对充电设施建设进行投资，除了能够为基础设施建设的完善助力，更有助于推动售电侧改革的不断深化。[①] 除此之外，还有外资企业，由于美国、日本等国在充电基础设施建设方面具有非常丰富的经验积累，拥有先进的技术和较高管理水平的新能源企业，若能引进、支持一些国际资本对充电基础设施建设进行投资[②]，对技术和管理的创新非常有利。

通过加大对充电设施模式创新的扶持力度，如给予充电设施建设用地保障、廊道通行等激励政策，带动具有创新能力的各方经济主体对充电设施模式创新的积极性，吸引更多的社会资源加入该领域[③]，形成一种资本多样化的商业模式。此外，政策规划透明性、保障公平竞争是政府在激励企业加入该领域首先应当切实做到的。公平的市场竞争能够对投资主体起到优胜劣汰的效果，保障投资主体的质量，以保证其在充电基础设施领域拥有与国有资本相当的公平市场竞争平台，此外，为了保证新能源汽车充电设施能源供给可以满足充换电设施运营的需要，还应为充电基础设施提供更多的便利条件，如限时结办、开辟绿色通道等。在政府的扶持与引导之下，企业才有可能为充电基础设施的建设与运营注入更多创新动力。

就相关企业而言，首先，充电运营企业可以探索一套与整车企业合作的路径，如将线上与线下服务相结合，为用户提供电子商务、广告以及智能充放电等相关增值服务，使企业的盈利能力得到增加，满足消费者的服务需求，使企业发展能力可持续化。其次，充电设施运营企业采用加盟商等方式，容纳更多充电场站及停车资源，进一步扩大充电平台信息涵盖范围，实现企业利益最大化。同时，应结合移动互联等技术，促进电动汽车与电网之间能量和信息的双向互动。

---

① 王海啸、缪小明：《我国新能源汽车研发补贴的博弈研究》，《软科学》2013 年第 27 期。

② 李良、郭艺：《充电桩建设面临的突出问题及亟待落实的政策》，《中国能源》2016 年第 38 期。

③ 赵世佳：《中国新能源汽车充电基础设施发展现状与应对策略》，《中国科技论坛》2017 年第 10 期。

四　加大政策补贴力度　优化建设布局

国家和地方政府继续加大资金政策补贴，包括税收补贴、用电优惠补贴、奖励政策等方式，从需求侧与供给侧给予了不同程度的政策补贴，对加强发展充电设施建设有一定的帮助。优化中央财政充电基础设施奖补资金拨付和使用方式、推动地方政府补贴资金用于充电、各地方政府按照物业类型加快公共充电基础设施建设。通过加大供给侧财政资金补贴的方式，提高吸收社会资本的投入，才能有效缓解有车无桩、有桩无车的现象。同时，政府应当完善配套政策，为充电基础设施建设运营企业提供各种便利条件，以加快公共充电基础设施建设。公共充电设施、公共充电桩将发挥基础性作用。首先要重点解决居民小区充电桩建设协调难题。居民小区协调仍将是充电桩建设难度最大的环节，需要精准布局、定向协调、专项解决。此外，各地政府应根据各地的实际条件将充电基础设施建设的比例与当地新能源汽车实际使用用户和用户的充电需求相结合，尽可能地优化充电基础设施的布局，避免建设运营企业出现资源浪费现象。将不同类型的充电桩分门别类地进行布局。因不同类型的充电桩所需的建设成本差异明显，因此，根据用户不同情况下的不同需求来对充电基础设施进行规划建设，能够大幅度地提高新能源汽车充电基础设施的利用率，不仅如此，还能优化土地资源，使充电基础设施的建设成本降低，从而达到社会效益最大化。

五　规范政策标准　健全通用体系

充电基础设施的标准不一致，将导致充电设施建设运营企业对设施建设的重复率增加，更不利于企业进行管理，这样必然会造成充电基础设施资源的极大浪费，更会影响消费者的使用体验，从而抑制新能源汽车的购买需求。因此，政府应当制定统一的充电设施标准体系，使充电基础设施建设运营企业的建设有法定的标准，为企业完善建设的参照标准。为了使多样化的充电服务平台彼此之间的互联互通性得到满足，提高充电设施的利用率，国务院办公厅在2015年发布了《关于加快电动汽车充电基础设施建设的指导意见》，该意见明确了“统一标准、通用开放”的原则，并专门对充换电关键技术标准做了修订。但是，统一的标准并非一蹴而就，标准的统一仍然任重道远。为了及早实现标准统一，首先，有关部门必须加紧制定对通信协议、充电接口等相关重要的国家标准的规范；其次，当新国家标准确定之后，还应对现存的充电基础设施做及时全面的改造升级，为尽早完成全国充电标准的统一创造条件；此外，还应对计费、计量以及结算等运营服务管理规范进行规定，以方便企业管理，使管理更具可操作性和可预见性。

六　强化政策推广　促进网联智能化建设

随着移动通信、互联网技术的飞速发展，充电基础设施不仅是简单的线下操作，更是与互联网紧密联系并逐渐趋向于网联化、智能化。将充电设施网联化不仅能够使消费者的使用体验以及充电设施的运营效率得到极大提高，更能带动一批增值创新服务通过线上获得发展，因此，推动网联化、智联化的充电基础设施建设可以有效融合信息数据平台、交通和电网领域，有助于形成智能化网络。那么，该如何推动充电设施智能化、网联化？就充电设施建设智能化而言，首先，相关企业可以对充电服务智能化水平进行全方面的提升，例如，利用监控系统对充电设施位置以及远程预约、使用现状等情况进行及时掌握，同时，为了使充电效率达到最大化，针对充电停车难的问题，一方面，可以推出智能化地锁，减少占位停车的现象；另一方面，可以对充满电的用户发送充电实时提醒，针对不需要给电动汽车充电的占位停车用户收取数额较大的超时停车费。其次，企业可以充分利用信息数据服务平台的数据优势和信息技术手段使停车存量流动起来，恢复运作产生效益。据不完全统计，大多数汽车超过90%的时间是处于停止状态，而企业利用信息平台数据统计汇总充电需求，使电力资源得到合理调配，能够实现用户受益、企业降低成本以及电网稳定运作的多赢局面。

就充电设施建设的网联化而言，大中城市的政府应充分发挥其在发展智能充电桩网络中所起的作用，第一，各地区对充电新国际标准应严格贯彻并大力推进旧桩改造实施工程建设，使充电基础设施之间保持互联互通，使上传数据、充电接口和上传数据的标准化问题得到妥善解决。第二，为提升充电效率，各地应积极实现区域内充电桩数据的互联互通以及其与电网之间的智能互联互通，致力于打造全国范围内的先进智能充电服务的示范区，以此给全国的互联互通打下良好的基础。以四川为例，四川当地居民可以通过互联网进行新能源汽车的销售、租赁、保养维修，采用分时租赁和众筹建桩等多种商业运作试点模式，使互联网与车联网、桩联网有效融合并覆盖全省。第三，配置好电力资源，完成有效配电，有序配电。

第七节　小结

电动汽车推广应用离不开充电基础设施的支撑，充电设施作为一种能源供给的新型基础设施，是一种极具商机的新型产业，它的便捷与安全性是影响用户对新能源汽车接受程度的重要参考因素。因此，充电设施建设是事关新能源汽车未来可持续发展的重要环节之一。[①]当前，尽管充电设施建设激励政策不断出台，但未能改变目前我国充电设施不足的现状，很大一部分原因是充电设施相关政策的激励作用没有达到预期的效果，导致了充电设施建设过程遇到诸多问题，阻碍了充电设施建设进程。

针对中国充电设施目前的主要问题，本书建议：国家和各地方政府应从充电设施用电价格、补贴政策、协同机制等方面对加快充电设施建设提出指导意见，多角度对充电设施建设运营企业给予足够的正

① 赵世佳：《中国新能源汽车充电基础设施发展现状与应对策略》，《中国科技论坛》2017年第10期。

向激励对策，最大化地利用各类资源，探索出一条创新型可盈利的商业运作模式。此外，推动充电设施行业联盟建设，使充电基础设施运营效率和用户体验得到全面提升。当然，还应对新能源汽车的市场规模以及消费者的充电需求进行重点研究，对充电基础设施的发展规划作系统的制定并及时更新。最终，通过充电基础设施的快速稳健建设，支撑并助力中国新能源汽车产业的可持续发展。我国正处于新能源汽车发展、实现汽车产业转型升级的重要战略机遇期，充电基础设施的一系列难题必须加快解决步伐。充电设施的发展是我国电动汽车产业发展的重要基础，随着国家充电设施建设激励政策的不断完善，充电基础设施建设的瓶颈必将迎刃而解。

第九章　基于多回路竞争的新能源汽车技术创新政策研究

第一节　基于多回路竞争的新能源汽车技术创新政策研究

在石油危机、环境保护双重压力下，发展新能源汽车刻不容缓。[①]从2005年开始，我国石油进口量一路攀升，石油对外依存度在2009年首度超过50%并持续增长，于2011年逼近56%，已超过美国石油对外依存度（见图9－1）。由于我国正处于工业化快速发展期，污染程度已经远远高于世界平均水平。汽车是消耗石油资源的重要载体，也是环境污染的重要原因，因此，交通工具的技术变革是消除危机的战略性选择。

2001年的“863计划”是国家正式启动支持新能源汽车的标志，“863计划”专门成立新能源汽车研发专项小组，自此，我国新能源汽车开始迅速发展。[②]此后，国家陆续出台相关政策，在新能源汽车准入条件、税收优惠、财政补贴、示范运行、政府采购等方面制定优惠政策，在这些政策的激励下，新能源汽车推广取得了很大进步，销售量从2006年的3924辆增加到了2012年的1.28万辆。

同样，在政策的支持下，我国科研机构在新能源汽车技术创新方

① 刘兰剑：《中国汽车节能减排政策与美、日比较研究》，《中国科技论坛》2010年第6期。

② 李京京、庄幸：《我国新能源和可再生能源政策及未来发展趋势分析》，《中国能源》2010年第4期。

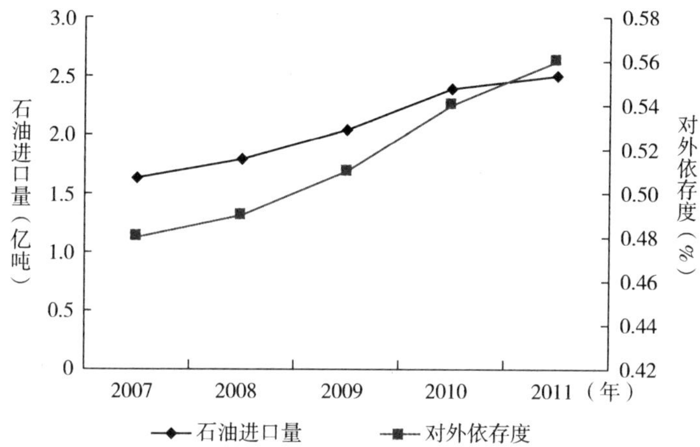

图 9-1　我国石油进口量以及对外依存度

资料来源：本书作者整理。

面取得了较大成就[①]，截至 2011 年，一些重要科研单位申请的专利数（见表 9-1）。

表 9-1　部分科研机构专利申请数量

科研机构	清华大学	上海交通大学	北京理工大学	吉林大学	同济大学
专利数量	425	195	177	158	143

资料来源：本书作者整理。

从 2001 年"863 计划"首次支持新能源汽车至今，我国的新能源汽车产业取得了很大成就。同时也面临诸多问题，关键技术领域如电池、电机、电控技术与发达国家仍然有较大差距，自主创新研发能力不足；电池标准不统一，推广纯电动汽车难度大，等等。诸多问题产生的根源是创新机制不合理，创新网络运行不顺畅。政府主导的创新模式不但难以推动新能源汽车产业的发展，而且挤出了民间投资，不利于整个创新网络的运行。

① 陈丁跃、陈李吴、A. K. Agrawal：《新能源节能动力汽车及电工电子设计研发》，《中国科技论坛》2007 年第 12 期。

本书在分析当前新能源汽车产业及创新政策的基础上，提出了多回路竞争模型，运用市场机制，在企业充分竞争的情形下推动新能源汽车核心技术的进步。①

我国是电动自行车与电动摩托车使用大国，在一定程度上促进了蓄电池的发展，也为电动车的推广奠定了基础，但是在新能源汽车关键技术方面缺乏核心技术，一些创新政策设计存在的问题不利于新能源汽车的创新。

一是没有形成统一的行业标准。2007 年出台的《新能源汽车生产准入管理规则》对新能源汽车的定义作了明确解释，对有资格进入新能源汽车行业的企业也做了详细的说明。但自此之后，并没出台更多的细则来统一新能源汽车行业，造成新能源汽车行业混乱的局面。

因为缺乏相应的行业标准，国内汽车生产企业各自为政，山东等地的中小型民营企业在利益的驱使下，主要生产以铅酸电池为主的小型电动车，这种车性能不稳定，也没有经过专业检测，一定程度上存在安全隐患。行业标准的缺失还导致电池的生产以及充电设施的建设难以向通用化方向发展，充电模式或换电模式面临的最大问题就是各企业生产的电池规格不同。

二是财政补贴力度大，成效小。首先，为什么要对新能源汽车产业实行财政补贴？新能源汽车价格居高不下的原因是由于高成本导致高价格，高价格导致低销量，而销量低会使得新能源汽车及其关键零部件无法批量生产，反过来使得成本更高（见图 9－2）。

目前财政补贴的实质就是对新能源汽车企业进行补贴，使售价降低，增加销量，这样就可以反过来促进规模化生产，以此降低成本（见图 9－3）。

加入补贴之后是否可以破解新能源汽车产业的“死循环”？早在 2008 年，财政部便作了对新能源汽车产业投入 50 亿元的财政预算，《节能与新能源汽车发展规划》对新能源汽车产业投入上千亿元。即

① 刘兰剑、陈双波：《基于多回路竞争的新能源汽车技术创新政策研究》，《科学管理研究》2013 年第 31 期。

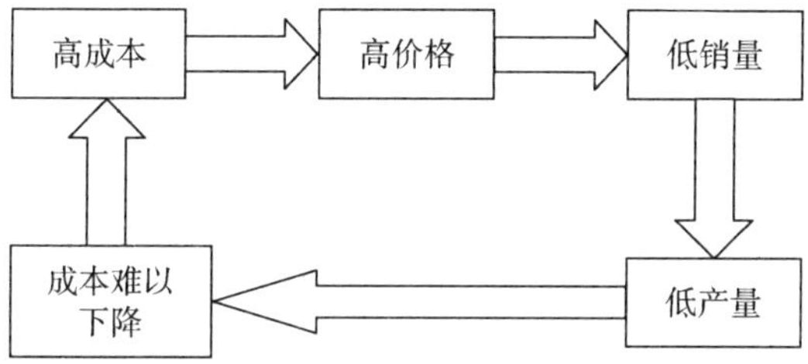

图 9－2　新能源汽车陷入“死循环”

资料来源：本书作者整理。

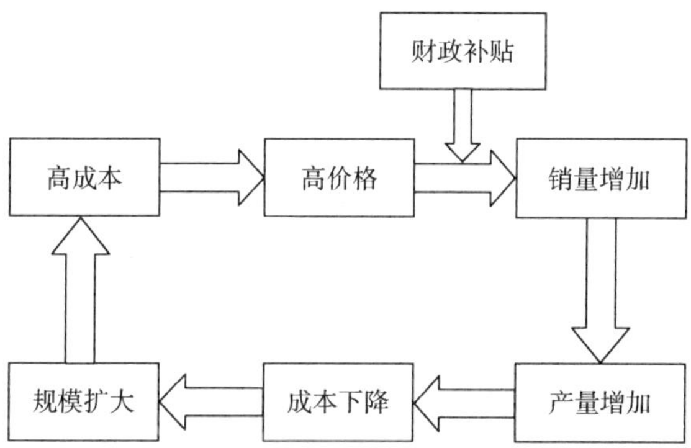

图 9－3　基于财政补贴的新能源汽车创新政策设计

资料来源：本书作者整理。

使在强大的财政补贴支持下，2011 年新能源汽车的销量也只有 8159 辆，没有达到预计的效果，与 2009 年在汽车产业调整与振兴规划中提出的新能源汽车保有量要达到 50 万辆的目标相差甚远。核心技术专利数也没有明显增加，以混合动力汽车的专利申请量为例，我国汽车企业在世界新能源汽车专利份额所占比例仅为 1%，而日本占到了 78%，与欧美的差距也较大（如图 9－4 所示）①。

财政补贴为什么没能起到预期的效果？主要原因是缺乏完善的政策体系，大量资金投入后缺乏评估体系以及监管部门，导致很多车企仅仅为了获得财政补贴进行研发。当前的创新政策导致的结果是具有

① 顾瑞兰：《促进我国新能源汽车产业发展的财税政策研究》，博士学位论文，财政部财政科学研究所，2013 年。

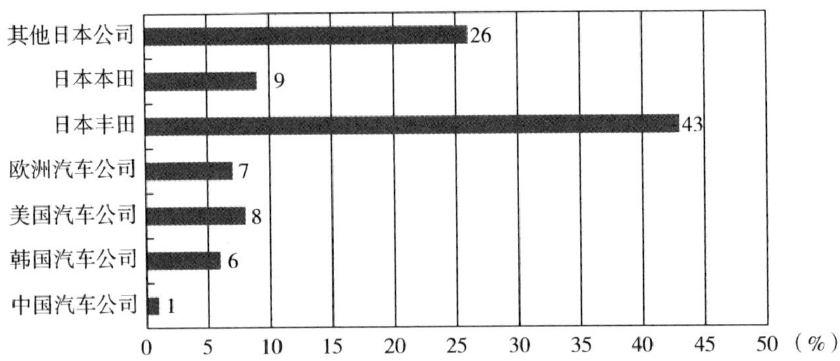

图9－4 国际汽车公司混合动力汽车专利份额

资料来源：本书作者整理。

创新精神的中小型民营企业拿不到补贴，而获得大量资助的大型车企却观望下一步的政策动向，很少有企业真正投入研发工作，财政补贴没有起到推动技术进步的作用。

三是创新模式不合理。新能源汽车研发以企业为主导，产学研相结合的模式建设仍然存在问题。作为新兴产业，政府投入资金引导是必要的，等到技术和市场比较成熟的时候，应该利用市场机制引导企业主导开展合作研发活动，如果一贯政府主导，依靠财政投入推动，市场机制作用发挥不充分，部分寡头车企瓜分创新资源，缺乏足够的市场竞争，难以真正推动新能源汽车技术创新活动。

第二节 新能源汽车创新的多回路竞争模型及政策操控分析

本节从多回路竞争模型的解析以及以模型为基础的政策设计两个方面进行分析。

一 多回路竞争模型推动新能源汽车技术进步的机理分析

目前我国新能源汽车产业主导的发展方向是纯电动汽车，而推广纯电动汽车最可行的模式即循环加电模式（见图9-5）。在图9-5中，汽车企业提供不含电池裸车，电池企业将标准化的电池放置在换电站供消费者选择租赁，由供电企业为换电站提供电源，政府通过创新政策调控整个产业链的运行，消费者根据个人偏好在换电站选择不同品牌的电池。这种模式可以大幅度降低新能源汽车的价格，将单车成本控制在10万元以下，足以抵消当前政策体系中的财政补贴。

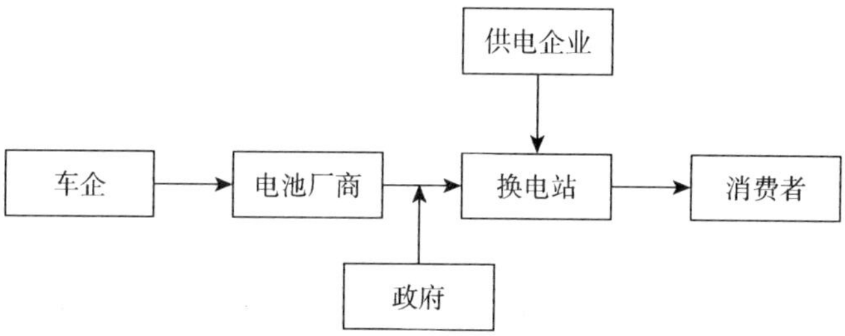

图9-5 新能源汽车循环加电模式

资料来源：本书作者整理。

这种模式的核心是多回路竞争。在这个链条中，第一个回路是车辆制造商之间的竞争，第二个回路是电池生产商之间的竞争，第三个回路是换电站运营商之间的竞争，每一个竞争参与者通过市场机制促进各自技术的发展（见图9-6）。

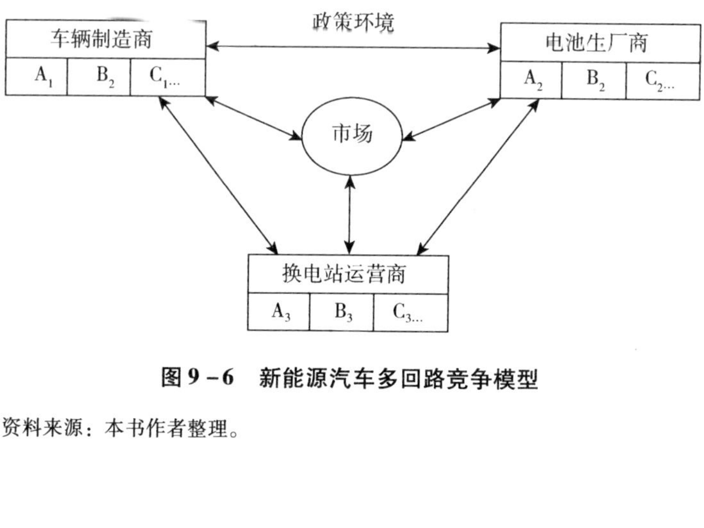

图9-6 新能源汽车多回路竞争模型

资料来源：本书作者整理。

该模式的核心思想是技术与市场的相互作用关系，循环加电模式下的新能源汽车产业，只有技术成熟的企业（车企或电池生产商）才能得到消费者的认可，才能在市场获得成功，在获得市场成功的情况下进一步促进技术的提升。多回路竞争模型放弃了从政府财政补贴推动技术进步的思路，运用市场机制实现优胜劣汰，迫使企业只有改进技术，才能获得市场成功。

在回路一，即车辆制造商之间的竞争中，车辆制造商面临成本、性能、安全、操控性等方面的市场竞争，通过竞争推动整车制造的技术进步。

在回路二，即电池生产商的竞争中，国家在统一电池标准后，厂商面临着国内、国际竞争所带来的威胁。在新能源汽车领域，专利申请数量前 10 位的公司中有 6 家来自日本。我国的电池生产商在技术层面如锂电池的制造与回收、外围设备与使用都与国外存在差距。在市场竞争中，消费者必然会选择性价比高、安全系数高的电池，技术落后、质量差的电池自然会被淘汰，市场会迫使面临双重压力的电池企业改良技术、降低成本，从而推动电池、电机、电控等关键技术的进步。

在回路三，即换电站运营商的竞争中，如果允许私人建设换电站，并在建设用地等方面给予政策优惠，将增强换电站运营商的竞争。换电站将电池免费提供给消费者，消费者仅需支付充电费用，这样就可以破解新能源汽车价格居高不下的问题。换电站利用峰电价格与谷电价格的差异获得利润，抵消换电站投资及电池自身成本。消费者根据换电站提供的电池种类、服务质量、换电池的单位时间等因素选择换电站与电池品牌。竞争迫使换电站进行技术创新、服务创新，以迎合消费者的需要，从而推动电池及换电技术的进步。

二 多回路竞争模型中政策可控性分析

下面分析在多回路竞争模型中，哪些环节政府可以采取措施，引导新能源汽车的技术创新。分别对三个回路面临的问题及其可控性进行分析。

回路一中涉及新能源汽车换电接口的标准问题。2011 年 12 月，在国家四部委的联合推动下，出台了关于电动汽车充电接口以及通信协议的标准，随后南方电网又确定了“换电为主，充电为辅”的模式，这两件事无疑对新能源汽车产业的发展极其重要。但是，换电模式也遭到了很多车辆企业的反对，原因主要在于标准的缺失导致汽车企业各自为政，一旦确立标准，对一些企业而言，之前的投入等于浪费。在这种情况下，应该及时出台政策，明确换电模式下接口等标准问题。

回路二涉及电池标准及售后维修回收问题。换电模式下要求电池生产商生产统一标准的电池，包括电池租赁过程中产生的维修、保养、回收等问题，需要通过强制性政策规定，由电池生产商完成车用电池整个生命周期内的服务。

回路三涉及垄断及基础设施建设问题。换电站运营商很大程度上依赖供电企业，由于自然垄断的原因，需要强制性的政策来保护行业健康的竞争环境。如规定供电企业只是单纯提供电源而不参与充电服务的其他竞争环节，限定新能源汽车充电电价等。符合一定条件的私人建设换电站时，应给予政策优惠，等等。

第三节　基于多回路竞争的新能源汽车政策设计

新能源汽车作为重大战略性项目，对我国未来汽车工业的发展具有深远的影响；作为世界性新兴产业，良好的政策环境以及支持对于新能源汽车产业发展的作用是巨大的。本部分从竞争环境、行业标准、财政补贴结构与挤出效应、示范运行、电池回收五个方面分析政策设计的思路。

一　打破行业垄断，创建良好的竞争环境

新能源汽车技术创新的多回路竞争模型的推行离不开良好的政策

环境，如何让电池企业、汽车生产商、换电站运营商在市场中充分竞争是政策设计的关键。

多回路竞争模型中，电池企业、汽车生产商、换电站运营商都可以自由进入市场，各自形成竞争关系并通过与市场实现优胜劣汰。在行业垄断的情况下，良好的竞争反馈机制会被破坏，企业不能自由进入市场。在换电运营商之间的竞争回路上，由于换电站的经营是建立在供电企业提供充足电源的基础上的，如果供电企业限制电源提供或者以高出正常水平的价格提供电源，换电站利润就会减少甚至无法盈利，最终导致换电站被供电企业控制，形成行业垄断。形成垄断之后，供电企业就会控制绝大部分市场份额，这样不仅不利于服务与技术的提升，而且价格也会随之增长，最终导致整个创新网络运行失败。因此，这个回路上的政策设计核心是打破供电企业对换电站的垄断，保持充分竞争。规定供电企业不得进入该领域，核准电价，鼓励民间资本进入新能源汽车充换电领域，打破行业垄断，防止地方保护主义，保证市场秩序，建立公平、开放的竞争环境。

二 调整补贴结构，缓解挤出效应

政府对新能源汽车的财政补贴不仅因为新能源汽车作为新兴产业对于我国具有战略意义，更重要的是通过补贴培育新能源汽车市场，促使企业合理分工，充分竞争。但是长期大规模的政府在市场端的补贴会产生相反的作用，挤出民间投资，抑制创新。高宏伟（2011）的研究表明：过多的政府补贴降低了大型国企研发投入总规模，而且政府补贴的结构也挤出了大型国企的研发投入，通过减少政府与企业之间关于经营活动信息的不对称，改变现有的补贴结构等措施，可以有效地增加大型国有企业在研发方面的投入，增强企业的创新能力。①

当前新能源汽车的市场化过程中，补贴消费者以及生产者都不能

① 高宏伟：《政府补贴对大型国有企业研发的挤出效应研究》，《中国科技论坛》2011 年第 8 期。

很好地推动新能源汽车产业化，而且大量补贴会挤出私人投资，降低竞争程度。因此，对新能源汽车产业的财政补贴应集中到基础研究与共性技术上，而在市场化阶段的财政补贴应该退出。共性技术的外部性很强，投入大而且回报慢，如果由市场机制主导，共性技术的投入将会严重不足。政府应设立共性技术研发的专项资金，利用严格的项目管理方法建立、监管关键技术的协同创新平台。在新能源汽车电池、电机、电控等关键技术方面应该加大投入，为企业的进一步技术创新奠定技术基础。

三　制定行业标准，发挥产业联盟的作用

行业标准的缺失是目前我国新能源汽车产业发展亟待解决的问题。在多回路竞争模型中，如果不对电池以及新能源汽车车辆进行标准化，新能源汽车技术创新机制就难以正常运行。

首先，应该尽快出台关于电池以及新能源汽车车辆换电接口的标准。自 2001 年以来，我国新能源汽车行业一直处于混战的局面，发展模式如充电还是换电一直都得不到确切的方向，使得该行业方向不明确，不仅不利于技术的进步反而浪费了大量的资源。然而，一旦行业标准确定，就会引起一些汽车厂商的反对，因为他们前期已经投入了大量人力、物力、财力，所以应及时制定标准，在市场准入方面严格把关，只允许符合规定标准的企业进入新能源汽车行业，企业必须按照该标准生产电池和车辆，从而形成良好的竞争。

其次，应该充分发挥产业联盟的作用。产业联盟最大的作用就体现在行业标准的制定以及示范推广方面，目前虽然成立了不少的新能源汽车产业联盟，但还没有达到预期的效果，新能源汽车产业联盟应该在行业标准等方面发挥积极作用，促进新能源汽车产业的发展。

四　示范推行新能源汽车技术创新的多回路竞争模型

建立并推广新能源汽车多回路竞争模型需要有广泛的认知程度，

成功的案例可以引导区域间的模仿。在“十城千辆示范推广工程”的基础上，进一步选取具备基础的城市试点多回路竞争模型，在示范推广过程中发现问题并及时改进，以增加模型的适应性。以换电站运营商为例，据调查，建设一个换电站，除去土地费用，一个能够容纳50辆公交车同时换电的换电站需要投入约3000万至4000万元。照这样推算，以西安市为例，在新能源汽车只占汽车保有量25%的情况下，建设8个换电站，一个换电站收回成本的时间在两年左右，所以在运营初期，政府可以对换电站运营商在土地使用上提供优惠条件，这样换电站成本回收期将会缩短，完全可以在市场机制下盈利。可以在示范运营过程中检验这一思路，为全国性推广积累经验。

五　鼓励企业回收电池，完善电池回收管理

新能源汽车电池的成本相当高，在多回路竞争模型中，为了降低消费者的购买成本，电池是通过换电站运营商免费提供给消费者，利用电价差异回收成本。电池相当于一辆新能源汽车整车成本的60%—70%，即使通过峰谷差价赚取的利润相当可观，在当前的电池技术水平下，仍难以弥补电池寿命衰减等技术问题产生的成本。也就是说，如果电池回收过早，电池企业难以收回成本；如果回收过晚，以电池企业收回成本为分割点的话，不利于消费者的使用，从而影响到整体模型的运行。因此，需要出台政策鼓励电池企业回收电池，在回收环节给予财政补贴，解决废旧电池带来的环境污染问题。该补贴的数额和时间随着技术进步动态调整，避免产生新的挤出效应。这样既不会挫伤电池企业的积极性，也不会让消费者的利益受到损失。

第四节　小结

新能源汽车是汽车产业的发展趋势，而新能源汽车产业发展的直接推动力就是国家的扶持政策。通过对国内外新能源汽车创新政策的梳理与评价，可以发现国内外新能源汽车技术创新政策存在着三同三

异。“三同”是指：都在对技术研发和消费两个环节进行巨额的投入；都对新能源汽车进行政府采购；都重视对基础设施的投入。“三异”一是指新能源汽车的发展路径不同；二是对消费者的引导方式不同；三是政策扶持的思路不同。新能源汽车的技术创新对于我国汽车行业的发展具有深远的影响。当前新能源汽车技术创新中出现了很多难题，制约了产业的进一步发展。多回路竞争模型可以破解这些问题。多回路多重竞争机制的设计，使整车企业、电池企业以及换电站运营企业之间产生激烈的竞争，在财政补贴退出后的市场机制调节下实现优胜劣汰，促进技术进步。当前政策设计的侧重点是调整财政补贴结构，优化竞争环境。

总体来看，我国电动汽车和世界其他国家一样面临着三个难题：一是电池的高成本；二是充电设施的不完善；三是没有具有明显优势的充电模式。除此之外，我国电动汽车还具有自身的四个障碍：一是我国分散的汽车工业缺乏生产世界一流水平电动汽车的技术。到目前为止，利用中外合资企业实现技术转移完全不成功；二是为防止外国企业在我国销售电动汽车而存在的贸易障碍。进口汽车不但没有政府补贴，而且如果要在国内销售，就必须满足严格的知识产权转移条件。省际及市际也如同国际壁垒一样，阻碍了全国电动汽车供应链和生产制造的有效分配；三是政府过分强调与关注高端电动车，直接影响了企业对中低端电动车的开发热情，特别是低速电动车，我国低速电动自行车目前在世界市场上领先，尽管政府不支持，却在快速增长；四是用以煤炭为主要燃料的电力生产来满足电动汽车的用电需求，电动汽车的环保效应会被发电厂的排放所抵消，如果不改变我国的电力供应结构，发电厂排放的有害物质会使空气质量变得更差。

在分析专利数据、日本、美国及我国新能源汽车技术创新网络案例的基础上，结合上述7个方面的障碍，本书为我国新能源汽车政策调整提出以下建议。

第一，调整战略支持方向，从有效支持销售到有效支持研发。当前，我国虽然在各个方面都制定了相应的政策措施，但相比较而言，支持销售的政策比支持研发的政策效果更为明显。而核心技术是产业国际竞争力强弱的关键，如果支持研发的政策能够取得更为明显的业绩，则我国新能源汽车在未来世界汽车产业的地位将会提高，也将彻底解决我国汽车产业“技术空心化”的问题。

第二，探寻有效的创新网络治理机制，化解机会主义行为。和国外相比，我国成立的新能源汽车技术创新网络数量更多。但和美国的情况类似，我国的创新网络没有很好地解决合作创新的机会主义行为问题，造成网络参与者众多，实际真正投入精力进行合作研发的企业不多的局面。因此，应该向日本学习，建立长期、有效的合作机制，推进我国新能源汽车的技术进步。

第三，合理引导低速电动汽车发展，利用市场机制推进技术进步。我国在低速电动车领域处于世界领先地位，但是由于目前对于低速电动车的政策不明朗，导致企业不敢大量投资。完全可以采用一定技术标准，在安全、速度、续航里程等方面对低速电动车进行规制后，利用市场机制推动电动汽车的技术水平不断提高，形成技术由低级阶段到高级阶段的进步阶梯。

第四，打破地方保护主义，在全国范围内推动技术进步。在当前的新能源汽车示范运营阶段，我国各地采取了不同的措施，鼓励本地汽车企业的销售和研发活动，在一定程度上形成了地方保护主义，排斥外地产品在本地销售的局面，在新能源汽车产业内部形成内耗。应该采取有效措施，打破地方保护行为，在全国范围内推动新能源汽车的技术进步。

第五，财政补贴初步退出市场，积极探索电动汽车的新商业模式。当前我国新能源汽车销售量迅速增加的主要原因是大量的财政补贴激励的产物。在产业发展初期进行适当的财政补贴是必要的，但补贴应该主要应用在研究和开发方面，特别是应资助产业共性技术的研发。目前的大量财政补贴投入在销售方面，对技术进步的贡献不大，应该探索诸如多回路竞争模型的商业模式，充分利用市场竞争机制，迫使企业把更多精力投入到改进产品质量的技术创新等方面，而不是仅仅追求销量。

第六，改变能源结构，降低环境污染。电动汽车对大气污染的改善有帮助，政府必须保证提供给电动汽车的电力更加清洁。但电动汽车的供电来源大部分是煤电，火力发电是大气污染的重要来源之一。因此，应当调整能源供给结构，增加风能、水能、太阳能等可再生能源在我国能源供给中的比重，从源头上解决污染问题。

参考文献

白胜:《CHRISTENSEN 破坏性创新理论的逻辑演进》,《科技进步与对策》2012 年第 29 期。

毕于榜:《我国汽车企业自主创新面临的困境及其应对措施》,《环渤海经济瞭望》2012 年第 1 期。

蔡宁、潘松挺:《网络关系强度与企业技术创新模式的耦合性及其协同演化——以海正药业技术创新网络为例》,《中国工业经济》2008 年第 4 期。

蔡宁、徐梦周:《产业集群网络失灵及其政策启示》,《重庆大学学报》(社会科学版)2008 年第 14 期。

蔡翔:《创新、创新族群、创新链及其启示》,《研究与发展管理》2002 年第 6 期。

操龙灿、杨善林:《产业共性技术创新体系建设的研究》,《中国软科学》2005 年第 11 期。

曹孜:《区域创新网络结构特征及对企业创新能力的影响》,硕士学位论文,中南大学,2008 年。

查默斯、约翰逊:《通产省与日本奇迹:产业政策的成长(1925—1975)》,吉林出版集团有限责任公司 2010 年版。

陈傲、柳卸林、吕萍:《创新系统各主体间的分工与协同机制研究》,《管理学报》2010 年第 10 期。

陈丁跃、陈李吴、A. K. AGRAWAL:《新能源节能动力汽车及电工电子设计研发》,《中国科技论坛》2007 年第 12 期。

陈歌：《扶持政策对新能源汽车产业发展的影响研究》，硕士学位论文，山东大学，2017 年。

陈婧、万国新：《南京市国家科技计划实施效率评价》，《江苏科技信息》2011 年第 12 期。

陈静：《花垣县锰矿业可持续发展现状及对策》，《产业与科技论坛》2008 年第 2 期。

陈开朗：《新能源汽车行业中政府、企业和消费者三方的博弈分析》，《经济研究导刊》2015 年第 12 期。

陈柳钦：《美国新能源汽车发展政策走向》，《时代汽车》2011 年第 9 期。

陈柳钦：《国外支持新能源汽车产业发展的政策管窥》，《中国高新区》2010 年第 10 期。

陈柳钦：《日本新能源汽车发展及其政策支持》，《汽车与配件》2011 年第 35 期。

陈柳钦：《新能源汽车产业发展的政策支持》，《南通大学学报》（社会科学版）2010 年第 26 期。

陈柳钦：《中国新能源汽车政策盘点》，《汽车工业研究》2012 年第 3 期。

程一卿、莫凡、彭亚南：《新能源汽车发展态势及其轻量化》，《科技创新导报》2016 年第 13 期。

崔旭、邵力军：《产学研合作模式与合作稳定性关系研究》，《创新》2009 年第 3 期。

代明、梁意敏、戴毅：《创新链解构研究》，《科技进步与对策》2009 年第 26 期。

范玉宏、张维、陈洋：《国外电动汽车发展分析及对我国的启示》，《华中电力》2010 年第 23 期。

方鹏：《基于 SD 的产业链与创新链向产业创新链协同演进机制研究》，硕士学位论文，南华大学，2016 年。

冯蕊：《我国新能源汽车产业发展及政府扶持政策探析》，硕士学位论文，吉林大学，2018 年。

傅荣：《产业集群参与者交互偏好与知识网络演化：模型与仿真》，《中国管理科学》2006 年第 4 期。

高锋健：《电动汽车无刷直流电机控制系统的研究与设计》，硕士学位论文，山东理工大学，2011 年。
高宏伟：《政府补贴对大型国有企业研发的挤出效应研究》，《中国科技论坛》2011 年第 8 期。
高建良、梁桂枝：《基于 HHA 分析的中国原油进口风险研究》，《湖南财经高等专科学校学报》2007 年第 5 期。
葛少云：《电动汽车充电站规划布局与选址方案的优化方法》，《中国电力》2012 年第 45 期。
耿国彪：《新能源汽车的沉与浮》，《绿色中国》2011 年第 8 期。
顾瑞兰：《促进我国新能源汽车产业发展的财税政策研究》，博士学位论文，财政部财政科学研究所，2013 年。
郭成林：《中国海油科技创新水平评价认识》，《现代经济信息》2014 年第 13 期。
郭燕青、李磊、姚远：《中国新能源汽车产业创新生态系统中的补贴问题研究》，《经济体制改革》2016 年第 2 期。
哈昊天：《多国发布新政拥抱新能源汽车》，《经济研究参考》2016 年第 42 期。
韩民春、樊琦：《战略性 R&D 补贴、自主创新与我国汽车产业结构优化研究》，《科技进步与对策》2010 年第 27 期。
韩喜平、巩瑞波：《“以人民为中心”三个问题的理论界说》，《湖北社会科学》2018 年第 11 期。
洪志生、周城雄、王鑫：《欧美日与我国新能源汽车产业政策体系比较研究》，第十四届中国软科学学术年会，2018 年。
侯清亮：《电—电混合纯电动汽车整车控制器研究》，硕士学位论文，合肥工业大学，2012 年。
胡登峰、刘洁、程楠：《新能源汽车产业创新网络的内涵、演化及其取向》，《重庆社会科学》2012 年第 2 期。
胡适、蔡厚清：《我国新能源汽车发展现状、问题及对策探讨》，《武汉金融》2010 年第 4 期。
胡莹：《新能源汽车产业共性技术创新体系研究》，《汽车工业研究》

2010 年第 12 期。
黄乃文、郑之向：《新能源汽车补贴政策合理性分析模型》，《经济师》2012 年第 6 期。
黄燕、吴婧婧、商晓燕：《创新激励政策、风险投资与企业创新投入》，《科技管理研究》2013 年第 33 期。
贾健：《浅述新能源汽车发展与应用》，《黑龙江科技信息》2011 年第 18 期。
贾中华、项源：《中国中小企业科技自主创新现状及对策研究》，《中国发展》2012 年第 12 期。
江王林、王瑞敏：《电动汽车制动过程受力分析及制动能量回收策略研究》，《汽车实用技术》2012 年第 3 期。
蒋涛：《我国充电桩大规模应用面临的问题及对策研究》，《东北电力技术》2017 年第 38 期。
雷芳芳：《我国新能源汽车的发展》，《汽车工程师》2009 年第 5 期。
李东卫：《我国新能源汽车产业的挑战及对策》，《广东经济》2011 年第 2 期。
李国义、曲洪建、王凯宏：《论政府投资方式的选择》，《学术交流》2006 年第 6 期。
李济广：《国家对企业财政科技投入方式的改革与优化》，《中国科技论坛》2008 年第 11 期。
李建蕊：《汽车尾气污染控制法律制度研究》，硕士学位论文，山西财经大学，2011 年。
李京京、庄幸：《我国新能源和可再生能源政策及未来发展趋势分析》，《中国能源》2010 年第 4 期。
李良、郭艺：《充电桩建设面临的突出问题及亟待落实的政策》，《中国能源》2016 年第 38 期。
李维安、周建：《网络治理：内涵，结构，机制与价值创造》，《天津社会科学》2005 年第 5 期。
李晓菲：《美国四措施促新能源汽车发展》，《商用汽车新闻》2013 年第 37 期。

李支东、章仁俊：《企业创新网络促进技术创新：综述》，《江苏科技大学学报》（社会科学版）2011 年第 11 期。

李志刚：《产业集群网络结构与企业创新绩效关系研究》，《科学学研究》2007 年第 4 期。

李志刚：《基于网络结构的产业集群创新机制和创新绩效研究》，硕士学位论文，中国科学技术大学，2007 年。

廖家勤、孙小爽：《新能源汽车财税政策效应研究》，《税务与经济》2017 年第 1 期。

林海波：《现代服务业产业集群创新网络知识共享与绩效关系的研究》，硕士学位论文，浙江大学，2008 年。

林衡博、陈运兴：《弗里曼国家创新体系理论的改进初探》，《当代经济》2003 年第 6 期。

林淼：《技术链、产业链和技术创新链：理论分析与政策含义》，《科学学研究》2001 年第 4 期。

林善浪：《家电产业生命周期：以电视机和电冰箱为例》，《东南学术》2005 年第 1 期。

刘红、王刚：《少数民族地区环境法制建设研究》，《贵州民族研究》2018 年第 39 期。

刘宏程、仝允桓：《产业创新网络与企业创新路径的共同演化研究：中外 PC 厂商的比较》，《科学学与科学技术管理》2010 年第 31 期。

刘兰剑、陈双波：《基于多回路竞争的新能源汽车技术创新政策研究》，《科学管理研究》2013 年第 31 期。

刘兰剑、宋发苗：《国内外新能源汽车技术创新政策梳理与评价》，《科学管理研究》2013 年第 1 期。

刘兰剑：《创新网络 17 年研究文献述评》，《研究与发展管理》2009 年第 4 期。

刘兰剑：《中国汽车节能减排政策与美、日比较研究》，《中国科技论坛》2010 年第 6 期。

刘满凤：《基于效益视角的创新链合作机制研究》，《科技进步与对策》2009 年第 26 期。

柳卸林：《技术创新经济学》，中国经济出版社 1993 年版。

栾春娟、王贤文、侯海燕：《国内外共性技术及其测度研究综述》，《科学学与科学技术管理》2011 年第 32 期。

［美］迈克尔·波特、［日］竹内广高：《日本还有竞争力吗》，陈小悦等译，中信出版社 2002 年版。

马红、张媛媛：《基于政府、企业和消费者博弈的电动汽车补贴政策建议》，《服务科学和管理》2015 年第 4 卷第 4 期。

马均明、葛瑞原：《新能源汽车发展前景光明》，《安徽科技》2010 年第 3 期。

［日］南亮进：《日本的经济发展》，毕志恒、关权译，经济管理出版社 1992 年版。

欧阳惠芳：《促进广东节能与新能源汽车健康发展》，《机电工程技术》2011 年第 40 期。

彭娜君：《加速我国新能源汽车发展的政策初探》，《化学工程与装备》2016 年第 7 期。

彭正银：《网络治理理论探析》，《中国软科学》2002 年第 3 期。

秦字兴、朱阁：《基于政府、企业和消费者三方博弈的电动汽车市场推广分析》，《工业工程》2015 年第 18 期。

清洁能源网，日本新能源汽车发展规划，http：//www.21ce.cc/statistics/Detail_ 25704.aspx.2011。

饶建业：《中外风电并网技术规定对比》，《电网技术》2012 年第 36 期。

阮国祥、阮平南、宋静：《创新网络成员知识共享演化博弈仿真分析》，《情报杂志》2011 年第 30 期。

塞诺丹、辛格索尔：《创业国度——以色列》，《经济导刊》2012 年第 7 期。

沙永康：《新能源汽车：急需摆脱“政策依赖症”》，《家用汽车》2014 年第 7 期。

生延超：《创新投入补贴还是创新产品补贴：技术联盟的政府策略选择》，《中国管理科学》2009 年第 16 期。

史玉茜：《绿色环保汽车——太阳能汽车》，《节能技术》2009 年第 27 期。

舒锐：《产业政策一定有效吗？——基于工业数据的实证分析》，《产业经济研究》2013 年第 3 期。

斯珀林、戈登、王乃粒：《20 亿辆汽车：驶向可持续发展的未来》，上海交通大学出版社 2011 年版。

孙大林：《车载储氢技术的发展与挑战》，《自然杂志》2011 年第 33 期。

孙海波、林秀梅、焦翠红：《政府税收、研发补贴与产业结构变迁》，《经济评论》2016 年第 6 期。

孙雪：《中国发展电动汽车的前景展望》，《当代石油石化》2015 年第 23 期。

汤颖梅、王明玉：《政府研发补贴对高新技术企业研发支出的影响——基于企业生命周期理论》，《企业经济》2016 年第 35 期。

仝晓烈：《城市基础设施投资效率问题》，《商场现代化》2012 年第 6 期。

佟岩：《从模仿学习到自主创新》，博士学位论文，辽宁大学，2007 年。

万钢：《我国节能与新能源汽车发展模式的思考与探索》，《交通与运输》2008 年第 24 期。

王昌文：《我国新能源汽车零部件发展必须解决 7 大问题》，《汽车工程师》2010 年第 5 期。

海啸、缪小明：《我国新能源汽车研发补贴的博弈研究》，《软科学》2013 年第 27 期。

王红梅、邱成利：《技术创新过程中多主体合作的重要性分析及启示》，《中国软科学》2002 年第 3 期。

王嘉诚：《中国新能源汽车产业发展分析》，硕士学位论文，上海师范大学，2012 年。

王健、周宇华、杨永征：《科技成果转化过程中科研院所的制约因素》，《中国科技论坛》2005 年第 4 期。

王静、朱桂龙：《新能源汽车产业产学研合作专利分析》，《中国科技论坛》2012 年第 1 期。

王显哲：《大连新能源汽车补贴政策效果研究》，硕士学位论文，大连理工大学，2016 年。

王元京：《政府投资方式适用性研究》，《经济研究参考》2006 年第 4 期。

王月辉、王青：《北京居民新能源汽车购买意向影响因素——基于 TAM 和 TPB 整合模型的研究》，《中国管理科学》2013 年第 21 期。

吴贵生、李纪珍：《产业共性技术供给体系研究》，《科学技术与工程》2003 年第 4 期。

吴虹雨、毛德华、冯立攀：《城市土地低碳利用中政府、企业和消费者的演化博弈分析》，《地域研究与开发》2015 年第 34 期。

吴腾宇：《技术创新网络治理的影响因素研究》，硕士学位论文，西安理工大学，2010 年。

吴晓波、吴东：《论创新链的系统演化及其政策含义》，《自然辩证法研究》2008 年第 24 期。

肖阳、薛寒欣、陶桂芬：《领先顾客的消费者创新性对新能源汽车采用意愿的影响》，《技术经济》2016 年第 35 期。

谢梦、庞守林、彭佳：《政府补贴、新能源汽车市场价值与企业研发投资——基于交换期权和演化博弈理论的实证分析》，《投资研究》2016 年第 35 期。

谢青、田志龙：《创新政策如何推动我国新能源汽车产业的发展——基于政策工具与创新价值链的政策文本分析》，《科学学与科学技术管理》2015 年第 36 期。

阳立高、刘建江、杨沿平：《略论加大 R&D 投入推进汽车产业自主创新》，《经济问题》2010 年第 12 期。

杨贝：《电动汽车充电站及充电桩的发展前景与典型设计的探讨》，《上海节能》2017 年第 7 期。

杨峰、傅俊：《纯电动汽车经济性比较与分析》，《武汉理工大学学报》（信息与管理工程版）2009 年第 31 期。

杨利锋、陈凯华：《中国电动汽车技术水平国际比较研究——基于跨国专利的视角》，《科研管理》2013 年第 3 期。

杨玉荣：《浅析汽柴油价格上升形势下新能源汽车行业的发展方式》，《北方经济》2011 年第 12 期。

杨志勇：《基于创新链模型的创新链管理研究——硅谷经验及对中国企业的启示》，《商场现代化》2006 年第 31 期。

姚良：《金融产品创新链研究》，《武汉理工大学学报》（信息与管理工程版）2010 年第 32 期。

苑春荟、霍煜梅、刘官华：《创新链中高校的定位及其创新机制分析》，《北京邮电大学学报》（社会科学版）2007 年第 6 期。

岳为众、张晶、刘颖琦：《产业政策与市场表现关联研究——以中国电动汽车充电基础设施为例》，《经济与管理研究》2019 年第 40 期。

［美］詹姆斯、布坎南：《自由，市场与国家》，上海三联书店 1989 年版。

张传远：《我国新能源汽车产业发展路径和策略研究》，硕士学位论文，华北电力大学（北京），2018 年。

张春勋：《我国汽车零部件产业技术创新能力提升路径》，《重庆工商大学学报》（西部论坛）2007 年第 3 期。

张芳、邹俊：《促进新能源汽车充电基础设施建设运用 PPP 模式的对策》，《重庆科技学院学报》（社会科学版）2017 年第 4 期。

张琪、黄东、郑宏飞：《太阳能在汽车上应用的前景与挑战》，《太阳能》2006 年第 4 期。

张倩：《我国新能源产业共性技术创新平台构建研究》，《当代社科视野》2011 年第 Z1 期。

张田：《新能源汽车技术创新政策评估研究》，《科技经济市场》2018 年第 2 期。

张巍：《比较情境因素对合作技术创新企业间知识转移的影响研究》，硕士学位论文，西安理工大学，2008 年。

张雯、霍翠婷：《国家间专利比较中的不同数据基准分析研究》，《情报理论与实践》2014 年第 37 期。

张雯、凌锋、杨兴兵：《不同数据基准下的国家间专利比较研究——以电动汽车锂离子电池为例》，《情报杂志》2013 年第 32 期。

张延：《中国财政政策的“挤出效应”——基于 1952—2008 年中国年度数据的实证分析》，《金融研究》2010 年第 1 期。

张勇、蒲勇健、史乐峰：《电动汽车充电基础设施建设与政府策略分析》，《中国软科学》2014 年第 6 期。

张泽一：《产业政策有效性问题的研究》，硕士学位论文，北京交通大学，2010 年。
张炤虎：《新能源补贴政策无效》，《车市面临更多不安》2010 年。
赵福全、刘宗巍：《我国建设汽车强国的行动方向》，《汽车工业研究》2014 年第 10 期。
赵丽君、吴福象：《政府研发补贴与经济发展质量研究——基于供给侧结构性改革的视角》，《经济问题探索》2016 年第 12 期。
赵世佳：《中国新能源汽车充电基础设施发展现状与应对策略》，《中国科技论坛》2017 年第 10 期。
赵彦霖、穆兴睿、秦燕国：《浅谈节能及新型能源汽车的发展》，《电脑迷》2017 年第 3 期。
郑代良：《改革开放以来中国高新技术产业政策研究》，博士学位论文，华中科技大学，2011 年。
周琳：《我国政府投资方式改革浅议》，《理论导刊》2001 年第 10 期。
周振华：《产业政策的经济理论系统分析》，中国人民大学出版社 1991 年版。
朱云欢、张明喜：《我国财政补贴对企业研发影响的经验分析》，《经济经纬》2010 年第 5 期。
祝毓：《世界新能源汽车发展动态》，《电工文摘》2011 年第 4 期。
卓越、杨嵘：《我国政府投资的挤出效应分析》，《湖南财经高等专科学校学报》2009 年第 25 期。
《"十五"数控技术与装备科技攻关及 863 计划主要成果介绍》，《数控机床市场》2005 年第 7 期。
《车事荟萃》，《时代汽车》2010 年第 7 期。
《各方资本侵袭之下的新能源汽车背后金矿》，《变频器世界》2017 年第 2 期。
《全球新能源汽车观察》，《装备制造》2014 年第 8 期。
《中国公路学报》编辑部：《中国公路交通学术研究综述》，《中国公路学报》2012 年第 25 期。
Acs, Z. J. , L. Anselin, and A. Varga, "Patents and innovation counts as measures of regional production of new knowledge", *Research policy*,

Vol. 31, No. 7, 2002.

Ahman, M., "Government policy and the development of electric vehicles in Japan", *Energy Policy*, Vol. 34, No. 4, 2006.

Amsden, A. H., "Asia's next giant: South Korea and late industrialization", Oxford University Press, 1992.

Arrow, K., "Economic welfare and the allocation of resources for invention, in The rate and direction of inventive activity: Economic and social factors", *Princeton University Press*, 1962.

Beason, R. and D. E. Weinstein, "Growth, economies of scale, and targeting in Japan (1955—1990)", *The Review of Economics and Statistics*, Vol. 78, 1996.

Benartzi, S., R. Michaely, and R. Thaler, "Do changes in dividends signal the future or the past?", *The Journal of Finance*, Vol. 52, No. 3, 1997.

Brodd, R. J., "Factors Affecting US Production Decisions: Why are There No Volume Lithium-Ion Battery Manu-facturers in the United States, Advanced Technology Program, National Institute of Standards and Technology: Gaithersburg", 2005.

Bush, V., *Science, the Endless Frontier: A Report to the President*, New York: Washington U. S. Govt, 1945.

Clarysse, B., M. Wright, and P. Mustar, "Behavioural additionality of R&D subsidies: a learning perspective", *Research Policy*, Vol. 38, No. 10, 2009.

Collantes, G. and D. Sperling, "The origin of California's zero emission vehicle mandate", Transportation Research Part A: Policy and Practice, Vol. 42, No. 10, 2008.

De la Potterie, B. v. P., "The quality factor in patent systems", *Industrial and Corporate Change*, Vol. 20, No. 6, 2011.

Dickson, P. R. and M. R. Czinkota, "How the United States can be number one again: resurrecting the industrial policy debate", *The Colum-*

bia Journal of World Business, Vol. 31, No. 3, 1996.

Evans, P., "Embedded Autonomy: States and Industrial Autonomy", Princeton University Press, Princeton, 1995.

Florida, R. L. and M. Kenney, "The breakthrough illusion: Corporate America's failure to move from innovation to mass production", *Basic Books (AZ)*, 1990.

Frietsch, R. and U. Schmoch, "Transnational patents and international markets", *Scientometrics*, Vol. 82, No. 1, 2010.

Fuchs, E. R., "Rethinking the role of the state in technology development: DARPA and the case for embedded network governance", *Research Policy*, Vol. 39, No. 9, 2010.

Grupp, H., G. Münt, and U. Schmoch, "Ssessing different types of patent data for describing high-technology export performance", A. *Innovation, patents and technological strategies*, 1996.

Hausmann, R. and D. Rodrik, "Doomed to choose: Industrial policy as predicament", John F. Kennedy School of Government, 2006.

Hemphill, T. A., "POLICY DEBATE: The Obama innovation strategy: How will it influence US business innovation and R&D management? Innovation", Vol. 15, No. 3, 2013.

Jones, C., W. S. Hesterly, and S. P. Borgatti, "A General Theory of Network Governance: Exchange Conditions and Social Mechanisms", *The Academy of Management Review*, Vol. 22, No. 4, 1997.

Kadena, K., K. Nakayama, and N. Shinomiya, "Network failure recovery with tie-sets, in Advanced Information Networking and Applications (WAINA)", 2011 IEEE Workshops of International Conference on, 2011, IEEE.

Kauko, K., "Effectiveness of R&D subsidies—a sceptical note on the empirical literature", *Research Policy*, Vol. 25, No. 3, 1996.

Keller, M. R. and M. Negoita, "Correcting Network Failures: The Evolution of US Innovation Policy in the Wind and Advanced Battery Industries", Competition & Change, Vol. 17, No. 4, 2013.

Kitagawa, F., "The regionalization of science and innovation governance in Japan?", Regional Studies, Vol. 41, No. 8, 2007.

Koyamada, T. and H. Ishihara, "Research and development program of lithium battery in Japan", *Electrochimica acta*, Vol. 40, No. 13, 1995.

Krugman, P. R. and M. Obstfeld, "International Economics: Policy and Theory", *Canada: Pearson (Addison-Wesley)*, 2009.

Lanjouw, J. O. and M. Schankerman, "Patent quality and research productivity: measuring innovation with multiple indicators", *The Economic Journal*, Vol. 114, No. 495, 2004.

Lawrence, R. Z. and D. E. Weinstein, "Trade and growth: import-led or export-led? Evidence from Japan and Korea", National bureau of economic research, 1999.

Lee, J. -W., "Government interventions and productivity growth in korean manufacturing industries", *National Bureau of Economic Research*, 1995.

Lowe, M., et al., *Lithiumion batteries for electric vehicles*, The US Value Chain, Contributing CGGC researcher: Ansam Abayechi, 2010.

Lowendahl, J., "Business Model Innovation Examples in Education", Gartner Research Note, 2013.

MacNeil, I. G., *An introduction to the law on financial investment*, 2012: Bloomsbury Publishing.

Margolis, R. M. and D. M. Kammen, "Underinvestment: the energy technology and R&D policy challenge", *Science*, Vol. 285, No. 5428, 1999.

Msden, A. H., "Asia's next giant: South Korea and late industrialization", *Oxford University Press*, 1992.

Nelson, R. R. and S. G. Winter, "An evolutionary theory of economic change", Cambridge: Belknap Press of Harvard University Press Cambridge,

Mass, 1982.

Nelson, R. R. , "Government and Technical Progress: a cross-industry analysis", 1982: Pergamon.

Nooteboom, B. , Innovation and inter-firm linkages, "new implications for policy", *Research policy*, Vol. 28, No. 8, 1999.

Patchell, J. , "Creating the Japanese electric vehicle industry: the challenges of uncertainty and cooperation", Environment and Planning A, Vol. 31, No. 6, 1999.

Peltzman, S. , "Toward a more general theory of regulation", *National Bureau of Economic Research Cambridge*, *Mass*, 1976.

Pisano, G. P. and W. C. Shih, "Restoring American Competitiveness", *Harvard business review*, Vol. 87, No. 7 – 8, 2009.

Rodrik, D. , "Industrial policy: don't ask why, ask how", Middle East Development Journal, Vol. 1, No. 1, 2009.

Rothwell, R. and W. Zegveld, "Industrial innovation and public policy: preparing for the 1980s and the 1990s", Greenwood Pub Group, 1981.

Schoonmaker, M. G. and E. G. Carayannis, "Assessing the Value of Regional Innovation Networks" Journal of the Knowledge Economy, Vol. 1, No. 1, 2010.

Solow, R. , "Technical change in an aggregative model of economic growth", *International Economic Review*, Vol. 6, 1957.

Solow, R. M. , "A contribution to the theory of economic growth", *The quarterly journal of economics*, Vol. 70, No. 1, 1956.

Sperling, D. and D. Gordon, "Two billion cars: driving toward sustainability", *Oxford University Press*, 2009.

SWINE-NRC, N. R. O. , *National academic of sciences*, 1998, Washington: NRC.

Takalo, T. and T. Tanayama, "Adverse selection and financing of innovation: is there a need for R&D subsidies?", *The Journal of Technology*

Transfer, Vol. 35, No. 1, 2010.

Tommy H. Clausen, "Do Subsidies Have Positive Impacts on R&D and Innovation Activities at the Firm Level?", *Structural Change and Economic Dynamics*, Vol. 20, No. 4, 2009.

Wayne, L., " $25 Billion for Electric Cars Is Still Untouched", *The New York Times*, February 27, 2009, B1.

Woolgar, L., "New institutional policies for university-industry links in Japan", Research Policy, Vol. 36, No. 8, 2007.

Yang, L. and K. Chen, "The international comparative study of China's electric vehicle technologies: Based on the view of transnational patents", Science Research Management, Vol. 3, 2013.

Zheng, C. and D. M. Kammen, "An innovation-focused roadmap for a sustainable global photovoltaic industry", *Energy Policy*, Vol. 67, 2014.

"The Manhattan Project, the Apollo Program, and Federal Energy Technology R&D Programs: A Comparative Analysis", CRS Report for Congress, 2009.